suhrkamp taschenbuch
wissenschaft 2302

Kritische Theorie ist ein scharfsinniger Unsinn. Kritik – das bedeutet Prüfen, Unterscheiden, Urteilen. Theorie – das bedeutet eine Erkenntnisstruktur. Laut Kant bildet die Kritik darum eine »Propädeutik« zur Theorie. Wer beides zusammenschließt, verwickelt sich in einen Widerspruch. Von diesem scharfsinnigen Unsinn der kritischen Theorie handeln Gunnar Hindrichs' Studien, die sich gegen die Meinung richten, kritische Theorie bilde ein sinnvolles Element im Gefüge der Wissenschaften. Ihr Geschäft, so Hindrichs, besteht vielmehr darin, die Krise des Sinns durchzuführen. In der vielfältigen Krise unserer Gegenwart aber wird ein Denken, das die Form der Krise in sich aufgenommen hat, auf neue Weise bedeutsam.

Gunnar Hindrichs ist Professor für Philosophie an der Universität Basel. Im Suhrkamp Verlag sind erschienen: *Philosophie der Revolution* (2017) und *Die Autonomie des Klangs. Eine Philosophie der Musik* (stw 2087).

Gunnar Hindrichs

Zur kritischen Theorie

Suhrkamp

Bibliografische Information der Deutschen Nationalbibliothek
Die Deutsche Nationalbibliothek verzeichnet diese Publikation
in der Deutschen Nationalbibliografie;
detaillierte bibliografische Daten sind im Internet
über http://dnb.d-nb.de abrufbar.

Erste Auflage 2020
suhrkamp taschenbuch wissenschaft 2302

Umschlag nach Entwürfen
von Willy Fleckhaus und Rolf Staudt
Druck: Druckhaus Nomos, Sinzheim
Printed in Germany
ISBN 978-3-518-29902-9

Inhalt

Vorwort

Kritische Theorie ist ein scharfsinniger Unsinn. Kritik – das bedeutet: Prüfen, Unterscheiden, Urteilen. Theorie – das bedeutet: eine Erkenntnisstruktur. Mit Theorie darf Kritik darum nicht verwechselt werden. Sie bildet, wie Kant sagt, eine »Propädeutik« zu ihr. Wer beides zusammenschließt, formuliert ein Oxymoron.

Vom scharfsinnigen Unsinn der kritischen Theorie sprechen die folgenden Studien. Das stellt sie in einen Gegensatz zur ihrer Lage. Seit langem ist die kritische Theorie in die Organisation der Wissenschaften integriert. Es gibt Einführungskurse in sie; sich auf sie zu spezialisieren eröffnet Karriereoptionen; sie kann zum Markenkern einer Universität gehören; sie bildet eine internationale Währung. Hier ist nichts unsinnig, sondern alles sinnvoll. Aber mit ihrem Namen bekennt sich die kritische Theorie als Oxymoron. Als solches sperrt sie sich gegen ihre Integration in die Wissenschaftsorganisation. Entsprechend muß eine kritische Theorie, die sich integriert, die Verknüpfung der unvereinbaren Bestimmungen aufgeben, die ihr Name eigentlich beansprucht. Sie darf kein hölzernes Eisen sein. Deshalb zerfällt sie in ihre beiden Momente. Sie wird entweder als Kritik betrieben oder als Theorie: als Theorie des kommunikativen Handelns und der Anerkennung einerseits, als Kritik der Macht und der Lebensform anderseits. An die Stelle des scharfsinnigen Unsinns der kritischen Theorie tritt der Sinn neuer Formen der traditionellen Theorie und der traditionellen Kritik.

Für diese Lage der kritischen Theorie sind nicht ihre Vertreterinnen und Vertreter verantwortlich. Vielmehr ist sie sachlich begründet. Denn der scharfsinnige Unsinn droht die kritische Theorie zu einem Selbstwiderspruch zu machen. Erfolgreich bewältigt werden kann er nur dann, wenn der Geltungsanspruch einer der beiden Seiten abgemildert oder zumindest umgedeutet wird. Eben das vollzieht die integrierte kritische Theorie durch die Trennung ihrer Momente. Doch mit der Auflösung des scharfsinnigen Unsinns geht das Entscheidende der kritischen Theorie verloren. Aus der Rhetorik wissen wir vom Oxymoron, daß es Unsagbares zum Ausdruck bringt, indem es dieses in ein Gegensatzpaar zwingt. Weiter wissen wir, daß das Gegenteil zum Oxymoron der Pleonasmus, die Verdoppelung des Sinnes ist. Beides betrifft die Bestimmtheit kritischer Theorie. Sie will »gegen Wittgenstein sagen, was nicht sich sagen läßt« (Adorno), also Unsagbares zum Ausdruck bringen. Und sie deutet die traditionelle Theorie als Verdoppelung dessen, was der Fall ist, also als Pleonasmus der Tatsachen. Indem die kritische Theorie einen scharfsinnigen Unsinn darstellt, bekennt sie sich daher mit ihrem Namen dazu, sowohl den Pleonasmus des Bestehenden zu sprengen als auch das Unsagbare auszusagen, das das Bestehende übersteigen könnte. Wer sie in ihre Momente zerlegt, verzichtet darauf.

Das ist nicht nur eine Angelegenheit der Form des Denkens. Es betrifft auch das Verhältnis der Philosophie zu ihrer Zeit. Denn indem der scharfsinnige Unsinn der kritischen Theorie die Verdoppelung des Bestehenden nicht mitmacht und auf das zu sagende Unsagbare ausgerichtet bleibt, widerspricht er den unterschiedlichen Formen dessen, was der Fall ist, und bezieht sich auf das, was anders gegenüber diesem wäre. Entsprechend fällt er über den geschichtlich-gesellschaftlichen Stand ein Urteil, entwirft Alternativen zu dessen traditioneller Erkenntnis, sucht nach Möglichkeiten neuer Erfahrung – stets unter dem Gesichtspunkt des extremen Gegenteils zur pleonastischen Sagbarkeit.

In ihrer heutigen Lage hingegen trennt sich die kritische Theorie von dem radikalen Widerspruch gegen das, was der Fall ist. Statt des Unsagbaren sagen ihre neuen traditionellen Theorien, wie die Dinge in der Gesellschaft liegen. Und ihre neuen traditionellen Kritiken verurteilen das Bestehende auf der Grundlage einer Tatsache: der Tatsache diversifizierter Lebensformen. Darum vollziehen sie einen neuen Pleonasmus der Tatsachen. Sie verdoppeln das Faktum der Diversität, deren Anerkennungsverhältnisse und Lebensformen, zur Norm. Hier kann Adornos Satz »Erkenntnis hat kein Licht, als das von der Erlösung her auf die Welt scheint«, in dem der scharfsinnige Unsinn der kritischen Theorie zuletzt gründet, weil er gegen die Immanenz des Tatsächlichen das Unsagbare am radikalsten ausdrückt, weder eine theoretische noch eine kritische Bedeutung erlangen. Er erlangt keine theoretische Bedeutung, da die Theorien des kommunikativen Handelns oder der Anerkennung ihre Themen nicht als erlösungsbedürftig betrachten. Und er erlangt keine kritische Bedeutung, da die Kritiken der Macht oder der Lebensform Änderungen nur als Störungen, Konkurrenzen und Neugestaltungen innerhalb des Immanenzzusammenhanges begreifen können. Die kritische Theorie ist positiv geworden.

*

Dem scharfsinnigen Unsinn der kritischen Theorie gehen die hier vorgelegten Studien nach. Sie bedenken ihn im Horizont der europäischen Philosophie, zumal im Horizont des Denkens von Kant und Hegel sowie dessen anvisierter Aufhebung durch Marx. Jede Studie verfolgt einen in sich geschlossenen Gedankengang und kann für sich gelesen werden. Dafür wurden gelegentliche Wiederholungen in Kauf genommen. Zumal der Gedanke einer unendlichen Vorgeschichte der Menschheit – des gescheiterten Überganges in ihre selbstbestimmte Geschichte – macht sich in den meisten der Studien geltend, ebenso der mit ihm verbundene Hintergrund einer Auseinandersetzung um die Vernunft der Wirklichkeit. In jeder Studie aber wird die Sache der kritischen Theorie unter einem anderen Gesichtspunkt entfaltet. So kann erst der Zusammenhang der Einzeluntersuchungen, die über einen Zeitraum von zwanzig Jahren entstanden sind, beanspruchen, diese Sache zur Darstellung zu bringen.

Hierzu richten sich die Untersuchungen vor allem auf die Versuche Horkheimers und Adornos. Sie haben das Problem einer kritischen Theorie hervorgebracht, ohne deren Selbstwiderspruch bewältigen zu wollen. An ihnen kann daher der scharfsinnige Unsinn am besten begriffen werden. Die hier vorgelegten Studien untersuchen aber auch die Transformation der kritischen Theorie durch Jürgen Habermas und ihre Folgen. Habermas' Projekt – und sein Denken versteht sich selber als »Projekt«: als das »unvollendete Projekt der Moderne« – bewältigt den Selbstwiderspruch der kritischen Theorie, indem es die Theorie von der Kritik wieder trennt. Dieses Projekt bestimmt die heutige Verfassung der kritischen Theorie noch dort, wo sie sich von ihm abwendet. Daher muß es begriffen werden. Marx und Engels hatten die traditionelle Kritik ihrer Zeit als »kritische Kritik« verspottet, die selbstherrlich über die Wirklichkeit zu Gericht sitzt, ohne ihre eigene Verwicklung in diese zu erkennen, und sie hatten die traditionelle Theorie als eine bloße Interpretation der Welt angeklagt, die vor deren Veränderung verstummt. Mit ihrem scharfsinnigen Unsinn suchte die kritische Theorie das zu beheben. Es gehört zu den Eigentümlichkeiten unserer Zeit, daß die heutigen Versionen der kritischen Theorie jenem Spott eine neue Gegenwart zu bereiten scheinen, indem sie sich selber wieder in Formen der traditionellen Theorie oder der traditionellen Kritik gießen.

Wer hieraus auf eine Mißachtung dieser Versionen schlösse, hätte allerdings den Zusammenhang nicht begriffen. Die kommunikationstheoretische Wende, an der ihre anerkennungstheoretische Weiterführung und letztlich sogar die Macht- und Lebensformkritik hängen, antwortet ja auf das Oxymoron der kritischen Theorie. Entsprechend darf diese Wende nicht als Sündenfall verstanden werden, hinter den zurück es in den Garten des richtigen kritischen Denkens zu gelangen gelte. Vielmehr gehört sie zu der Artikulation des Problems, für das die kritische Theorie mit ihrem Namen plädiert. Das ändert nichts am Fehlgang von Habermas und seinen Folgen. Doch der Fehlgang ist kein Fehltritt vom rechten Weg, sondern gehört zur Sache der kritischen Theorie selber. Denn als Oxymoron ist sie ohne den Fehlgang, der sich aus der Einsicht in ihre Widersprüchlichkeit nährt, nicht zu verstehen.

Das führt zu einem letzten Punkt. Nach dem Gesagten ist die kritische Theorie krisenhaft. Ihr scharfsinniger Unsinn drückt die Krise des Sinnvollen aus, und ihre Zerlegung in neue Formen der traditionellen Theorie und der traditionellen Kritik vollzieht die Krise ihres eigenen Konzeptes. Diese Krisenhaftigkeit könnte ihr zum Vorteil gereichen. Nachdem unsere Lage lange Zeit für stabil gehalten wurde – sowohl in der bleiernen, postmodernen Stabilität zur Spätzeit des kurzen zwanzigsten Jahrhunderts als auch in der dynamischen, akkumulierenden Stabilität nach dem vorläufigen Endsieg über den Sozialismus –, ist seit mehr als zwei Jahrzehnten das Bewußtsein einer vielfältigen Krise wach. Sie ist die »Siegkrise des Westens« (Ulrich Beck). Wenn nicht alles täuscht, dann hat die Philosophie diese Krise bisher nicht an sich herangelassen. Sie spricht zwar von ihr, bleibt aber in ihrer Verfassung von ihr unberührt. Entsprechend kann ein Denken auf neue Weise bedeutsam werden, das die Form der Krise in sich aufgenommen hat. Die hier vorgelegten Studien verfolgen darum nicht nur eine erläuternde Absicht. Vielmehr hoffen sie, durch Nachdenken über den scharfsinnigen Unsinn der kritischen Theorie in den Reflexionsverhältnissen der Krise klüger zu werden.

Aus der Krise hinaus führt die kritische Theorie freilich nicht. Das könnte erst eine Revolution der Denkart, die eine Denkart der Revolution wäre. Wie sie aussähe, müßte nach der Erfahrung eines Zeitalters der Extreme neu begriffen werden.

Kritik – Theorie – Krise

I

Das Konzept »kritische Theorie« verknüpft den Begriff der Kritik mit dem Begriff der Theorie. Hierbei verwendet es jenen adjektivisch und diesen substantivisch. Wäre es umgekehrt, so läge statt einer kritischen Theorie eine theoretische Kritik vor. Dieser Unterschied verdeutlicht die Stoßrichtung des Konzeptes. Sie muß ernst genommen werden. Oft vollzieht das, was als »kritisch« auftritt, keine kritische Theorie, sondern eine theoretische Kritik an gewissen Tatbeständen. Es geht dann darum, seitens einer Theorie etwas zu kritisieren. Man bestimmt die Kritik mittels der Theorie. Die kritische Theorie hingegen hat anderes im Sinn. In ihr wird nicht die Theorie zu dem Adjektiv einer substantivischen Kritik, sondern die Kritik wird zu dem Adjektiv einer substantivischen Theorie. Das bedeutet: nicht soll seitens einer Theorie etwas kritisiert werden, sondern die Theorie soll kritisch werden. Entsprechend geht es in dem Konzept »kritische Theorie« um eine Neubestimmung von Theorie. An dem Konzept zu arbeiten erfordert daher den Einstieg bei dem die Theorie neu bestimmenden Begriff: dem Begriff der Kritik.

II

Der Ausdruck »Kritik« hat bekanntlich eine griechische Wurzel in dem Wort κρίνειν. Es läßt sich in dem Bedeutungsbereich von »unterscheiden«, »entscheiden«, »urteilen« übersetzen. Dieser griechischen Wurzel zufolge besteht Kritik in der unterscheidenden Entscheidung eines Urteils. Von den verschiedenen Feldern des modernen Kritikbegriffes – Medizin, Recht, Philologie, Kunst – wird diese Grundbestimmung bestätigt. Das medizinische Feld bezieht den Begriff auf den Zustand der Entscheidung eines Körpers zwischen Sterben oder Gesundung. Das juristische Feld bezieht den Begriff auf den richterlichen Spruch in einem Rechtsfall. Das philologische Feld bezieht den Begriff auf die Echtheit oder Korruptheit eines Textes. Und das ästhetische Feld bezieht den Begriff auf die Beurteilung des Kunstwerkes. Diese vier Felder ergeben zusammen die folgende Bestimmung: Kritik ist ein richterliches Denken, das das Wahre vom Falschen, das Authentische vom Korrupten, das Schöne vom Häßlichen scheidet und so zu einem Urteil gelangt, das einen schlechten Zustand der Unentschiedenheit überwindet. Das bedeutet: Die Kritik weiß etwas in seiner Eigenbestimmtheit von anderem zu trennen; sie geht hierbei auf ein Urteil über es; und sie entscheidet einen urteilslosen Zustand. Eine kritische Theorie wäre demnach eine Theorie, die sich in der sondernden Entscheidung eines Rechtsspruches vollzieht.

III

Eine solche Theorie ist in einer Konstellation ungleicher Konzepte genauer zu verorten, die mit ihren Bestimmungen verbunden zu sein scheinen. Auf den ersten Blick könnte man die kritische Theorie in den Kreis der Unternehmen einreihen wollen, die auf der Bestimmung der »Entscheidung« beruhen. Dieser Kreis wird von Ansätzen geprägt, die der kritischen Theorie gewöhnlich entgegengesetzt werden, zumal von den Ansätzen Martin Heideggers, Carl Schmitts und Ernst Jüngers. Eine kritische Theorie wäre dann gleichsam die »linke« Variante einer Philosophie der Entscheidung. Aber die Vorstellungswelt der Jünger, Schmitt, Heidegger ist vom Begriff der Kritik grundverschieden. Denn sosehr die Positionen der Entscheidung es mit dem Unterschied und dem Richterspruch halten, so sehr verkürzen sie die Entscheidung auf das Entweder-Oder eines nackten Faktums. Ihr Richterspruch ist nicht das Ergebnis eines Rechtsprozesses, sondern die Kundgebung einer Tatsache jenseits des Rechtes. Bei dem Juristen Carl Schmitt liegt das offen zutage. Sein Begriff der Entscheidung bezeichnet die Entscheidung des Ausnahmezustandes durch den rechtsetzenden Souverän, der jenseits des Rechtes steht und darum das Recht auch wieder aufzuheben vermag. Hier bedeutet die Entscheidung eine vorrechtliche Faktizität. Bei Jünger und Heidegger ist das weniger klar. Aber auch bei ihnen tritt dieselbe Struktur auf. Jüngers heroische Entscheidung zum Kampf erfolgt jenseits des Richtens über den Krieg, und Heideggers Entschlossenheit des Daseins, das aus der Verfallenheit an das Man zu seiner Eigentlichkeit gerufen wird, geschieht im Hören auf das Sein, nicht im Abwägen von Rechtsgründen. In beiden Fällen weicht das richterliche Denken, von dem die Kritik bestimmt wird, einem Faktum, das man entschieden aufgreift. Entsprechend richten die Konzepte der Entscheidung zwar ihre Gegenwart, gewinnen ihr Urteil jedoch nicht in einem Rechtsprozeß, sondern im Gehorsam gegenüber einer höheren Instanz: Heroik, Seinsentbergung, Souveränität. Ganz anders die kritische Theorie. Ihre sondernde Entscheidung eines Rechtsspruches kennt keine Tatsachen, die über dem Recht stehen. Sie verfolgt einen Rechtsprozeß statt einer Kundgebung des entschlossen Hinzunehmenden.

IV

Die Bedeutung des Rechtsprozesses ergibt eine wichtige Präzisierung des Konzepts »kritische Theorie«. Wenn die Kritik einen Rechtsprozeß verfolgt, dann verlangt sie nach der Durchführung rechtsförmiger Verfahren. Sie verlangt nach einem ordentlichen Gericht. In diesem Sinn stellt Marmontels klassischer Artikel »Critique« aus d'Alemberts und Diderots *Encyclopédie* fest, daß die Kritik alle bestehenden Ansprüche vor »das Gericht der Wahrheit« (*tribunal de la vérité*) lade. Der Artikel spricht den Kern des richterlichen Denkens der Kritik aus. Die sondernde Entscheidung des Rechtsspruches geschieht nicht naturwüchsig, sondern als Rechtsprozeß im Zeichen der Wahrheit. Kant hat diese rechtliche Verfassung der Kritik dann ausdrücklich zum Wesenszug seiner, ja aller Philosophie gemacht, die als Wissenschaft wird auftreten können. Ihm zufolge bildet die Kritik der reinen Vernunft den »oberste[n] Gerichtshof aller Rechte und Ansprüche unserer Spekulation« (*KrV* A 669 = B 697). Das ist keine leere Metaphorik. Vielmehr begründet es die Form und den Inhalt der philosophischen Argumentation. So bilden die transzendentale Deduktion der Kategorien und die Antithetik der reinen Vernunft – beides Kernmomente einer Kritik der reinen Vernunft – in ihrer jeweiligen Argumentform ausdrücklich Rechtsverfahren, in denen die Ansprüche der Vernunft auf Erkenntnis vor ihrem eigenen Gerichtshof verhandelt werden. Entsprechend verfolgen sie keine Tatsachenfrage (*quaestio facti*), sondern eine Rechtsfrage (*quaestio iuris*) (*KrV* B 116). Nur in deren Beantwortung gewinnen sie die Grundgehalte der wissenschaftlichen Philosophie: Kategorien, Grundsätze, Ideen. Ohne die Rechtsverfahren ergäben diese Gehalte keinen Sinn. Als Gerichtshof der Vernunft verrechtlicht die Vernunftkritik darum das Denken. Sie bildet das Modell für die Kritik insgesamt. Kritik besteht in einer Verrechtlichung des Denkens. Eine kritische Theorie hat diese Verrechtlichung in sich aufzunehmen.

V

Ihre Verrechtlichung hilft dabei, die kritische Theorie nun auch gegenüber einem zweiten philosophischen Verfahren zu verorten, mit dem sie verbunden zu sein scheint. Gemeint ist das Verfahren der Analyse. Die Analyse unterscheidet komplexe Zusammenhänge in ihre Elemente. Die Kritik geht ebenfalls durch Unterscheidung und Sonderung vor. Etwas zu kritisieren heißt auch, etwas in seine Momente zu unterscheiden und deren mögliche Verdeckungen und Verschleifungen aufzuklären. Dadurch wird die Kritik mit dem analytischen Zugriff auf Sachverhalte gekoppelt. Das kritische und das analytische Denken sind verwandt. Indessen besitzt das analytische Denken sein methodisches Vorbild in der Analysis der Mathematik. Entsprechend wäre auch das mit ihm verwandte kritische Denken nicht nur juridisch, sondern ebensosehr mathematisch verfaßt. Doch diese Gleichrangigkeit besteht nicht. Denn die Analyse besitzt für die Kritik eine nur unterstützende Aufgabe. Sie dient als Beweismethode in einem Rechtsprozeß. Indem komplexe Sachlagen auf ihre einfachen Bestandteile zurückgeführt werden, lassen sie sich durchschauen; die Verwirrungen, die ein komplexer Sachverhalt aufgrund seiner Vielschichtigkeit auslösen kann, vermag man aufzulösen und methodisch zu beseitigen; und die Rechtsgründe der zu verhandelnden Ansprüche treten zutage. Auf diese Weise können die Ansprüche, die vor dem Gerichtshof der Wahrheit verhandelt werden, mittels der Analyse in ihrem Recht bestätigt oder widerlegt werden. Deshalb sind Kritik und Analyse zwar verwandt, aber sie stehen nicht auf gleicher Linie. Vielmehr erfüllt das analytische Denken eine Funktion für das kritische Denken, und die der Mathematik abgewonnene Analysis wird in ein Vollzugsorgan der rechtsförmigen Philosophie überführt. Auch die kritische Theorie kann deshalb keine analytische Theorie sein, sondern muß die Analyse als eine nachrangige Hilfsmethode betrachten.

VI

Ähnliches gilt für ein drittes Konzept, in dessen Nähe die kritische Theorie gerückt werden könnte. In der Philosophie nicht erst des zwanzigsten Jahrhunderts, sondern bereits des späten Altertums gewann der Gedanke einer therapeutischen Philosophie, die sich der Heilung des Denkens und Sprechens sowie der entsprechenden Form des Lebens widmet, große Bedeutung. Die Medizin wiederum bildet – wie eingangs erwähnt – eines der Felder des modernen Kritikbegriffes. Indem sie ihn in Analogie zur Entscheidung zwischen Sterben und Gesundung mit der Entscheidung des schlechten Zustandes der Urteilslosigkeit verbindet, könnte sie die Kritik auch mit dem medizinischen Verfahren der Therapie verbinden. Daher könnte die Kritik als ein heilendes Verfahren von Erkrankungen der modernen Rationalität und Gesellschaft verstanden werden. Und in der Tat wird nicht zuletzt im Zusammenhang der kritischen Theorie von »Pathologien der Vernunft« oder »Pathologien des Sozialen« gesprochen. Aber die Therapie von Pathologien unterläuft das Niveau der Kritik. Deren Gedanke, daß widerstreitende Ansprüche zu einer Gerichtsverhandlung drängen, verschwindet zugunsten der Vorstellung, daß Lebensformen und Denkweisen Krankheiten darstellen. Das Konzept der Therapie orientiert sich so am Bild der Ärztin, die ihre Patientinnen kuriert, statt am Bild der Richterin, die widerstreitende Ansprüche von Rechtsparteien verhandelt. Die Richterin ist durch eine allgemeine Gesetzgebung und ein verfaßtes Organ zum Urteilsspruch legitimiert. Dieses Legitimationsmodell wird von der therapeutischen Konzeption aufgegeben. Sie zieht sich auf die Autorität der Ärztin zurück, die im heilsamen Umgang mit Krankheitsbefunden gründet. Entsprechend ersetzt die therapeutische Philosophie die Legitimation des Denkens durch dessen Autorität. Die rechtliche Verfassung spielt in ihr nur eine äußerliche Rolle. Wenn daher das therapeutische Moment eine Bedeutung im kritischen Denken erlangen soll, so muß es den Rahmen der therapeutischen Philosophie verlassen und sich in das Moment eines Rechtsprozesses verwandeln. Hierzu hat es die Verstrickungen in Vernunft und Gesellschaft, die von der therapeutischen Philosophie als Pathologien aufgefaßt werden, so zu begreifen, daß sie die Rechtsgründe gewisser Positionen untergraben. Das therapeutische Moment wird dann aus einem Verfahren der Heilung zu einem Mittel der Urteilsfindung, und die von ihm diagnostizierten Pathologien werden zu Argumenten gegen Ansprüche. Eine kritische Theorie hat auch das zu beachten.

VII

Die Abgrenzung der kritischen Theorie gegen die nackte Entscheidung, gegen die philosophische Analyse und gegen die therapeutische Philosophie erfolgte durch die Rechtsförmigkeit der Kritik. Sie hat eine weitreichende Folge. In einem Prozeß werden Geltungsansprüche geschieden und beurteilt. Sie sind Rechtssachen, keine Tatsachen. Tatsachen sind bestehende Sachverhalte. Sie können beschrieben, im strengen Sinn aber nicht beurteilt werden. Beurteilt werden kann nur ein Geltungsanspruch, der angesichts von Tatsachen erhoben wird, etwa der Anspruch der Behauptung, ob etwas eine Tatsache sei, oder der Anspruch darauf, daß aus einer Tatsache etwas folge. Darum ist die Tatsache selber kein Rechtsgegenstand, sondern nur der auf sie bezogene Geltungsanspruch. Eben mit diesem Geltungsanspruch wiederum ist die Rechtssache eröffnet. Rechtssachen sind die Größen im Raum der Geltung. Denn Geltung wird nicht beschrieben, sondern in einem Rechtsurteil zugesprochen oder abgesprochen. In der kantischen Terminologie gesagt: Tatsachen – Fakten – sind die Gegenstände einer *quaestio facti*, Rechtssachen sind die Gegenstände einer *quaestio iuris*. In diesem Sinn stellt die Kritik die Rechtsfrage und geht auf Rechtssachen statt auf Tatsachen.

VIII

Man kann den umrissenen Zusammenhang auch so ausdrücken: Die Kritik ist nicht deskriptiv, sondern präskriptiv. Das heißt nicht, daß sie mit deskriptiven Größen nichts zu tun hätte. Zur Verhandlung kann ja der Geltungsanspruch einer Aussage einer

Tatsache stehen, und solche Aussagen sind deskriptive Größen, die bestehende Sachverhalte beschreiben. Aber der Geltungsanspruch einer Aussage ist selber keine Aussage. Er beansprucht vielmehr das Recht der Aussage auf Geltung. Dieses Recht der Aussage auf Geltung kann man nicht beschreiben. Man muß es beurteilen, und man beurteilt es, indem man Gründe und Gegengründe für die Aussage anführt. Entsprechend bewegt sich die Beurteilung eines Geltungsanspruches im Raum der Rechtssachen statt im Raum der Tatsachen. An ihrem Ende steht ein richterliches Urteil. Das bedeutet: Die Kritik der Ansprüche von deskriptiven Größen ist selber präskriptiv. Auf diese Weise handelt sie von Rechtsverhalten.

IX

Hieraus ergibt sich ein Problem für das Konzept »kritische Theorie«. Die Rechtsfrage und die Rechtssachen als Thema der Kritik trennen diese von der Theorie. Die Theorie spricht nicht von Rechtssachen, sondern von Tatsachen, die sie in einen methodisch geordneten Zusammenhang bringt. Man darf sich hier von Titeln wie »Rechtstheorie« oder »Ethische Theorie« nicht täuschen lassen. Diese Titel scheinen Theorien zu bezeichnen, die gerade nicht von Tatsachen sprechen, sondern von Rechtssachen. In Wahrheit sind die Titel Verlegenheitsworte, um ein Denken zu bezeichnen, das sich systematisch und grundlegend mit präskriptiven Größen – Gesetzen, Normen, Regeln, Forderungen, Ansprüchen usw. – beschäftigt und eigentlich keine Theorie darstellen sollte. (Es war ein Fehler, daß Kant in Parallele zur Metaphysik der Natur eine Metaphysik – das heißt: eine Theorie – der Sitten schrieb. Und es ist kein Wunder, daß seine Metaphysik der Sitten heute den Vorzug gegenüber der Kritik der praktischen Vernunft genießt. Der Glaube an sittliche Tatsachen entlastet von der Verhandlung sittlicher Rechtssachen.) Nun ergibt ein Streit über den Sinn solcher Titel selber keinen Sinn. Die Titel sind hinzunehmen. Aber zu berücksichtigen ist, daß eine Theorie von der Rechtsfrage absieht. Sie setzt deren Behandlung voraus, statt sie selber zu vollziehen. Auch jene Titel werden oft von Unternehmen getragen, die die Rechtssachen, mit denen sie sich beschäftigen, wie Tatsachen behandeln. Solche Unternehmen sehen von der Rechtsfrage ab und bringen den Bestand präskriptiver Größen in einen deskriptiven Zusammenhang. Das zeigt den Unterschied zwischen Kritik und Theorie auf. Während jene auf die sondernde Entscheidung eines Urteilsspruches geht, geht diese auf die ausgewiesene Erfassung dessen, was ist.

X

Kant hat den Unterschied von Kritik und Theorie in verschiedenen Gegensatzpaaren ausgesprochen, von denen zwei besonders wichtig sind: das Paar »Kritik und System« und das Paar »Kritik und Doktrin« (*KrV* B 25). Sie laufen auf den Unterschied zwischen der Beschäftigung mit Rechtssachen und der Beschäftigung mit Tatsachen hinaus. Während die Kritik die Ansprüche des Denkens prüft, bringt die Theorie die Gedanken des in seinen Ansprüchen von der Kritik bestätigten Denkens in ihren sachlichen Zusammenhang (System) und entwickelt dadurch eine Lehre über das, was ist (Doktrin). Das bedeutet keine zwanghafte Trennung von beidem. Erstens ist ohne Systematik keine Kritik vollziehbar. Aber die Kritik verwendet die systematischen Erwägungen zur Entscheidung eines Rechtsprozesses, nicht zur methodischen Ordnung einer Lehre über Tatsachen. Und zweitens darf man aus ihrer Verschiedenheit nicht auf einen Positivismus der Theorie schließen. Unter Positivismus kann die Versteinerung von Gedanken zu Gegebenheiten verstanden werden. Solche Gegebenheiten sind dann zu schlucken. Wenn nun die Theorie sich von der Kritik durch ihren Übergang von der Prüfung des Denkens zu der lehrbaren Darstellung eines Gedankensystems unterscheidet, dann könnte sie die Prüfung durch einen Komplex aus Gegebenheiten ersetzen. In der Tat ist das ein Kennzeichen vieler Theorien. Aber es gehört nicht zur Bestimmtheit von Theorie. Schlagend ist hier Kants Abweisung der mathematischen Methode. Die mathematische Methode errichtet ein axiomatisiertes System, in dem Sätze sich auf der Grundlage von ersten Prinzipien auseinander herleiten lassen. Ein solches System stellt Gedanken als Gegebenheiten dar, weil sie nichts anderes sind als Ableitungen aus Erstgedanken, die als Axiome gegeben sind: keinen Beweis erlaubend, aber auch keines Beweises bedürftig. Gegen eine solche Methode des theoretischen

Denkens macht Kant dessen kritische Grundlegung geltend. Statt von axiomatischen Lehrsätzen soll die Theorie von transzendentalen Grundsätzen ausgehen. Solche Grundsätze unterscheiden sich von gegebenen Axiomen dadurch, daß sie die Rechtssachen, deren Ansprüche die Kritik der Vernunft beglaubigt hat, nunmehr als Erstauskunft für alle Tatsachenordnung darstellen. Sie bilden daher keine gegebenen Axiome. Vielmehr sind sie die Erzeugnisse einer Eigenprüfung des Denkens. Der sachliche Zusammenhang der Theorie wird dadurch stets im Blick auf den Rechtszusammenhang der Kritik gestaltet. Unterschieden ist er von diesem dadurch, daß er die Kritik nicht selber durchführt, sondern auf ihren Erzeugnissen einen sachlichen Zusammenhang von Gedanken aufbaut. Er deutet daher die Rechtssachen der Kritik als Tatsachen zur Theoriebildung um. Damit geht die Theorie vom kritischen Denken zum systematischen und doktrinalen Denken über. Und umgekehrt wird die Kritik zur »Propädeutik« (*KrV* B 25) der Theorie: zur Vorbildung ihrer Begriffe und Verfahren.

XI

Aber der Zusammenhang von Kritik und Theorie ist verwickelter, als ihre an Kant gewonnene Trennung es nahelegt. Das macht eines der Gründungsdokumente des europäischen Denkens deutlich: das Lehrgedicht des Parmenides. In ihm wird zum ersten Mal der Begriff der Kritik maßgeblich. Das Lehrgedicht handelt über den Weg zur Einsicht in die Wahrheit. Dieser Weg grenzt sich von dem »kritiklosen Haufen« (ἄκριτα φῦλα) ab und verlangt im Gegenzug, »mit dem Denken zu kritisieren« (κρῖναι δὲ λόγῳ). Der Weg zur Einsicht in die Wahrheit ist also der Weg der Kritik gegen die Kritiklosigkeit. Er führt zu der Unterscheidung von Sein und Nichtsein. Angesichts ihrer Verbindung mit dem Begriff der Wahrheit ist die Unterscheidung von Sein und Nichtsein genauer als die Unterscheidung zwischen dem Wahrsein und dem Unwahrsein zu lesen. Anders als der kritiklose Haufen mit dem Denken kritisieren heißt demnach: Wahrsein und Unwahrsein in ihrem Gegensatz erfassen und die Dinge im Blick auf sie beurteilen. Nun stammt das griechische Wort, das hier als »Denken« übersetzt wurde: das Wort λόγος, aus dem Bedeutungsfeld von »Lesen«, »Sammeln«, »Versammeln«.

Dieser Herkunft nach vollzieht sich das Denken dadurch, daß es die Dinge sammelt und versammelt, mithin zueinander in Beziehung setzt. Mit dem Denken kritisieren bedeutet daher im vollen Sinn: die Dinge so aufeinander beziehen, daß man sie im Blich auf ihr Wahrsein und ihr Unwahrsein beurteilt. Der kritiklose Haufen sieht hiervon ab.

XII

Ein Denken, das die Dinge so aufeinander bezieht, daß es sie im Blick auf ihr Wahrsein und Unwahrsein beurteilt, betrachtet alles unter der Entscheidung zwischen Wahrsein und Unwahrsein (ἡ δὲ κρίσις περὶ τούτων ἐν τῷδ' ἔστιν· ἔστιν ἢ οὐκ ἔστιν). Und indem ein solches Denken alles unter dieser Entscheidung betrachtet, vollzieht es selber die Entscheidung zwischen dem Weg, der alles unter die Entscheidung zwischen Wahrsein und Unwahrsein stellt, und dem Weg, der diese Entscheidung verwirrt und die Dinge durcheinandermengt. Das kritische Denken schlägt den ersten Weg ein. Auf ihm wird das Wahrsein der Dinge erst zugegen. Dann aber lassen sich das Denken, das diesen Weg einschlägt, und das Wahrsein der Dinge nicht mehr streng voneinander trennen. Das Wahrsein gelangt nur im kritischen Denken zu seiner Darstellung. In diesem Sinn hält das Lehrgedicht mit den Worten, an denen das europäische Denken sich bis heute abarbeiten sollte, fest: »Erfassen und (Wahr-)Sein sind dasselbe« (τὸ γὰρ αὐτὸ νοεῖν ἐστίν τε καὶ εἶναι). Und entsprechend geht das Denken, das die Entscheidung zwischen dem Weg, der alles unter die Entscheidung zwischen Wahrsein und Unwahrsein stellt, und dem Weg der Kritiklosigkeit zugunsten des ersten getroffen hat, allein auf das Wahrsein der Dinge. Es findet sich in ihm wieder: ist dasselbe wie jenes.

XIII

Eben aus diesem Grund ist das Wahrsein, wie die zweite berühmte Formel des Parmenides sagt, »ganz, eins, zusammenhängend« (πᾶν, ἕν, συνεχές). Zusammenhängend ist es, weil die elementare Trennung – die Trennung zwischen Wahrsein und Unwahrsein – nicht mehr innerhalb des Wahrseins erfolgt und das Wahrsein selber somit keine Trennung kennt. Eins ist es, weil das Wahrsein statt durch viele eigene Formen durch seinen einfachen Gegensatz zum Unwahrsein bestimmt ist und somit seine Vielzahl ausschließt. Ganz ist es, weil die Unvollständigkeit des Wahrseins einen Bereich des noch nicht Wahren als etwas Drittes neben dem Wahrsein und dem Unwahrsein einführen und somit die kritische Entscheidung zurücknehmen würde. Folglich mündet das kritische Denken, das sich im Gegensatz zum kritiklosen Haufen vollzieht, in die Einsicht in das Ein und Alles des Wahrseins. Von ihm wird es eingenommen, und zu ihm läßt es sich auf seinem Weg hinreißen. Dieser Sachverhalt aber schließt die Kritik und die Theorie zusammen. Denn auf das »hingerissene Eingenommensein« (Gadamer) vom Wahren läuft das griechische Verständnis von Theorie (θεωρία) hinaus. Ihm gemäß ist die Theorie nicht irgendein Gebilde aus Behauptungen und Annahmen. Sie ist eine Haltung des Denkens, der ein Moment der Unverfügbarkeit zukommt, insofern das Wahrsein nicht in der Gewalt des Denkens steht und gerade dadurch mit diesem »dasselbe« wird. Denn das kritische Denken entscheidet sich zwar zwischen den beiden Wegen, aber seine Entscheidung ist kein Indifferenzpunkt, der dem Weg zum Wahrsein und dem Weg, auf dem das Wahrsein und das Falschsein miteinander vermengt werden, gegenüberstünde. Vielmehr ist die Entscheidung des Denkens eine Entscheidung, die selber bereits unter dem Gesichtspunkt dessen erfolgt, welcher Weg denn der wahre Weg sei. Die Voraussetzung der Entscheidung zur Wahrheit ist darum die Wahrheit. Hierdurch erweist sich das Wahrsein als unverfügbar, und das kritische Denken darf so verstanden werden, daß es dazu hingerissen wird, sich auf den Weg zur Wahrheit zu machen. Auf diesem Weg wird es von der Wahrheit eingenommen, was umgekehrt die Wahrheit im kritischen Denken erst zur Sprache gelangen läßt. Beides aber, Hingerissenwerden und Eingenommensein des Denkens vom Wahrsein, machen die unverfügbare Haltung der Theorie aus. In diesem Sinn entpuppt sich der Weg des kritischen Denkens als Weg der Theorie. Die Kritik bildet keine Propädeutik zur Theorie. Vielmehr fällt sie mit der Theorie – dem »hingerissenen Eingenommensein« vom Wahrsein – in eins.

XIV

An zwei Stellen kommt die Kritik im Lehrgedicht des Parmenides ins Spiel. An der ersten Stelle besteht sie in der Unterscheidung zwischen den Wegen des Denkens. Und an der zweiten Stelle besteht sie in der Unterscheidung zwischen dem Wahrsein und dem Unwahrsein. Die sondernde Entscheidung eines Rechtsspruches, als die die Kritik eingangs bestimmt wurde, verschachtelt sich hier. Sie entscheidet die Wege des Denkens, die sie selber wieder daraufhin betrachtet, ob sie die sondernde Entscheidung treffen oder nicht. Um zwischen den Denkwegen unterscheiden zu können, ist daher die Unterscheidung zwischen dem Wahrsein und dem Unwahrsein bereits zu vollziehen, vermittels deren jene Wege sich voneinander sondern lassen. Das bedeutet, die Kritik der beiden Wege kann nur das Denken vollziehen, das sich bereits auf den Weg gemacht hat, der die Kritik des Wahrseins und Unwahrseins verfolgt. Folglich verschachtelt sich die Kritik in einem einzigen Zug. Indem sie das Wahrsein und das Unwahrsein voneinander unterscheidet, unterscheidet sie Denkwege voneinander, die diese Unterscheidung vollziehen oder nicht vollziehen, und indem sie Denkwege voneinander unterscheidet, die die Unterscheidung zwischen dem Wahrsein und dem Unwahrsein vollziehen oder nicht vollziehen, unterscheidet sie das Wahrsein vom Unwahrsein. Bei Parmenides ist darum die Kritik ein in sich gespiegeltes Unternehmen.

XV

Nun ist der Weg, der die kritische Unterscheidung zwischen dem Wahrsein und dem Unwahrsein verfolgt, von der Einsicht in das »ganze«, »eine«, »zusammenhängende« Wahrsein bestimmt. Ja, er ist sogar dasselbe wie dieses. Denn das Denken, das zwischen dem Wahrsein und dem Unwahrsein zu unterscheiden vermag, hatte sich als die Vergegenwärtigung des Wahrseins erwiesen und war deshalb als »dasselbe« wie dieses bestimmt worden. Sein Weg wiederum besteht in gar nichts anderem als dieser Unterscheidung. Folglich ist er gleichfalls dasselbe wie das Wahrsein. Der kritische Weg wiederum hat sich als Weg eines in sich gespiegelten Unternehmens erwiesen. Hieraus ergibt sich, daß das »ganze«, »eine«,

»zusammenhängende« Wahrsein sich als ein Weg von Unterscheidungen vergegenwärtigt. Und es ergibt sich weiter, daß die in sich gespiegelte Kritik, die diesen Weg bildet, mit der Einsicht in das Wahrsein selber verschmilzt. Aber Parmenides artikuliert die Verschmelzung von Theorie und Kritik nicht. Er arbeitet ausschließlich mit Begriffen der All-Einheit: »ganz«, »eins«, »zusammenhängend«. Ersichtlich können diese Begriffe die sondernde Entscheidung des kritischen Denkens nicht formulieren. Sie sind Begriffe der reinen Theorie vom Wahrsein. Zugleich wiederum ist die All-Einheit des Wahrseins inwendig kritisch gegliedert. Die reine Theorie ist nicht nur auf etwas Ganzes, Eines, Zusammenhängendes bezogen, sondern auch auf etwas Gesondertes, Entschiedenes, Beurteiltes. Das bedeutet, ihre inwendige Gliederung bleibt hier begrifflich unausgeführt, obwohl sie im parmenideischen Denken notwendig ist. So harrt der Zusammenhang von Theorie und Kritik weiterhin seiner Erklärung.

XVI

Das Lehrgedicht des Parmenides vollzieht sich als Mythos. Es hebt an mit einer Wagenfahrt, öffnet ein Tor, an dem sich Tag und Nacht scheiden, kennt böse Sterne und Heliaden. Seine Ausführungen über Kritik, Denkwege und Wahrheit kommen aus dem Mund einer Göttin. Dennoch ist der Gehalt des Gedichtes nicht mythisch. Vielmehr entwickelt er eine Ordnung, die im modernen Konzept der Kritik weiterlebt, sosehr sie auch von der Kennzeichnung verdeckt wird, die die Kritik als Propädeutik zur Theorie versteht. Denn Marmontels Bestimmung der Kritik als Gerichtshof der Wahrheit schließt unterderhand ebenfalls die Kritik mit der Theorie zusammen. Sie verbindet den Rechtsspruch mit der Darstellung von Wahrheit. Das zeigt der folgende Zusammenhang: In der sondernden Entscheidung seines Urteils bringt der Gerichtshof der Wahrheit das zur Sprache, was wahr ist und was unwahr ist. Das Wahre zur Sprache zu bringen aber ist die Sache der Theorie. Formal kann die Theorie als eine Erkenntnisstruktur verstanden werden: als eine Aussagenmenge mit Operationen auf dieser Menge, die von der Grundoperation bestimmt wird, das Wahrsein vom Unwahrsein zu sondern. Als Grundoperation hängt diese

Sonderung selber von keiner vorgängigen Operation des Denkens mehr ab. Daher muß sich das Denken zu ihr hinreißen lassen. Sich zur Sonderung des Wahrseins vom Unwahrsein hinreißen lassen heißt wiederum: sich vom Wahrsein hinreißen lassen. Denn die Unterscheidung von Wahrsein und Unwahrsein soll ja selber wahr sein. Daher muß das Denken sich nicht nur zu jener Grundoperation, sondern auch zum Wahrsein hinreißen und sich von ihm einnehmen lassen, um die Grundoperation überhaupt vollziehen zu können. Diese Entscheidung von Wahrsein und Unwahrsein vollzieht der Gerichtshof der Wahrheit. Entsprechend instituiert er das hingerissene Eingenommensein vom Wahren. Der Gerichtshof der Wahrheit ist der Ort der Theorie. Der Gerichtshof der Wahrheit wurde aber als Bestimmung der Kritik eingeführt. Somit verschmelzen in ihm Kritik und Theorie. Und darum ist der Gerichtshof der Wahrheit – das Sinnbild des modernen Denkens – ein parmenideischer Ort.

XVII

Wenn der Gerichtshof der Wahrheit ein parmenideischer Ort ist, dann betrifft das Problem, in das das Lehrgedicht mündet, auch ihn. Das Problem lautete: Der Zusammenhang von Kritik und Theorie harrt seiner Erklärung, solange das Wahrsein nur in Begriffen der All-Einheit formuliert wird. Lösen läßt sich das Problem demnach dann, wenn die All-Einheit mit der sondernden Entscheidung verbunden wird, ohne eine der beiden Seiten zu beschädigen. Den Zugang hierzu bietet der oben gewonnene Sachverhalt, daß die Kritik ein in sich gespiegeltes Unternehmen ist. Aus ihm folgt für den Zusammenhang von Kritik und Theorie: Auch die Theorie und das von ihr dargestellte Wahrsein müssen in sich gespiegelt sein, wenn sie mit der Kritik verschmelzen können sollen. Nun sind Theorie und Wahrsein nach dem Voranstehenden »dasselbe«, und das Wahrsein hat sich als »ganz«, »eins«, »zusammenhängend« erwiesen. Sofern Theorie und Wahrsein in sich gespiegelt sind, bilden sie demnach eine zusammenhängende All-Einheit von Widerspiegelungen. Anders gesagt: Sie bilden deren Gesamtzusammenhang. Mit dem vertrauten Fremdwort kann eine Widerspiegelung als »Reflexion« bezeichnet werden. Ein in sich gespiegeltes Wahrsein wäre also eine zusammenhängende All-Einheit von Reflexionen. Entsprechend würde die Lösung des Problems lauten: Kritik und Theorie schließen sich als Reflexionsgesamt zusammen.

XVIII

Widerspiegelungen im Reflexionsgesamt dürfen nicht als einfache Wiedergaben mißverstanden werden. Weil sie Vollzüge der Kritik darstellen, beziehen sie sich vielmehr dadurch auf Gehalte, daß sie diese voneinander unterscheiden und beurteilen. Deshalb vollziehen sich Widerspiegelungen im Reflexionsgesamt stets in der Form von Verneinungen. Ihr Gesamtzusammenhang ist demnach ein Gesamtzusammenhang aus Verneinungen. Als solcher umfaßt er Gehalte, die zueinander im Verhältnis der Andersheit stehen. Ihre Andersheit allein kann aber seine Bestimmtheit noch nicht ausmachen. Denn wenn Gehalte, die zueinander im Verhältnis der Andersheit stehen, sich als Widerspiegelungen in einem Gesamtzusammenhang verstehen lassen, dann kann unter dessen Gesichtspunkt ein jeder Gehalt auch als ein Ausdruck des Gesamtzusammenhanges verstanden werden. Entsprechend spiegelt sich in jedem Gehalt, der von anderen Gehalten als ein zu ihnen anderer Gehalt verneinend widergespiegelt wird und diese Gehalte wiederum selber verneinend widerspiegelt, auf eingeschränkte Weise der Gesamtzusammenhang wider. Das Reflexionsgesamt von Widerspiegelungen spiegelt sich in den Widerspiegelungen. Doch auch die Widerspiegelung des Gesamtzusammenhanges in seinen Momenten ist keine einfache Wiedergabe. Denn sofern der Gesamtzusammenhang der Widerspiegelungen deren verneinende Seite nicht beschädigt, sondern zur Geltung kommen läßt, hat er die Andersheit eines jeden Gehaltes auch als eine Andersheit gegenüber ihm selber darzustellen. Das bedeutet, das Reflexionsgesamt spiegelt sich in den Widerspiegelungen als in seinem Anderen. Es ist in seinem Anderen bei sich. In diesem Begriff der Reflexion besteht der Schlüssel zu dem Zusammenhang von Kritik und Theorie.

XIX

Bis hierher wurde das Konzept einer in sich gespiegelten All-Einheit von der All-Einheit aus entwickelt, um den Zusammenhang von Kritik und Theorie zu gewinnen. Soweit steht es als die Möglichkeit eines eigentümlichen Gesamtzusammenhanges da. Mit dem gleichen Recht läßt sich jenes Konzept aber auch von der Kritik aus gewinnen. Es steht dann als die Notwendigkeit der Voraussetzung eines gängigen Denkens da. Der Ansatzpunkt hierfür besteht in dem Begriff der Reflexion. An Kants Vernunftkritik kann gesehen werden, daß die sondernde Entscheidung eines Urteilsspruches der Reflexion des Denkens auf sich selbst bedarf. In der Kritik der reinen Vernunft bedenkt die Vernunft ja ihre Möglichkeiten und Grenzen. Sie kehrt aus der Beschäftigung mit den Dingen zu ihrer Eigenbestimmtheit zurück, um im Blick auf sie ihre Ansprüche zu prüfen und zu rechtfertigen. Auf diese Weise wendet sich das Denken auf sich selbst. Kritisches Denken ist reflexives Denken. Freilich wendet sich das kritische Denken insofern auf sich selbst, als es seinen Bezug auf Anderes prüft und rechtfertigt. Es will ja seine Möglichkeiten und Grenzen im Hinblick auf die Erkenntnis der Dinge bedenken. Das kritische Denken kehrt somit gerade aus seiner Beschäftigung mit den Dingen zu sich zurück. Hierin besteht die Wendung des kritischen Denkens auf sich selbst. Sie ist sein »Beisichsein im Modus seiner Rückkehr aus dem Außersichsein« (Hans Wagner). Eine solche Reflexion des Denkens führt zu der Hinterfragung hingenommener Meinungen und Verfahrensweisen; die Hinterfragung der Meinungen und Verfahren gebiert einen urteilslosen Zustand; aus ihm entspringt der Rechtsprozeß des Denkens, der den Streit von Geltungsansprüchen in eine befriedete Argumentation bringt; der Urteilsspruch des Prozesses schließlich vollendet die Reflexion des Denkens auf sich selbst durch eine Auskunft darüber, welcher Geltungsanspruch, den die Reflexion auf seine Rechtsgründe befragte, legitim sei. Kurz, ebendas Beisichsein im Modus einer Rückkehr aus dem Außersichsein vollzieht die Kritik. Deren Kern besteht daher in der Reflexion des Denkens auf sich selbst.

XX

Die Reflexion des Denkens auf sich selbst führt indessen auf ein Problem. Wenn die Kritik sich als Reflexion des Denkens vollzieht, dann wird irgendwann auch der Punkt erreicht, an dem das Denken sich in seiner kritischen Funktion kritisiert. Nicht nur die Möglichkeiten und Grenzen des Denkens, das die Dinge erkennt, auch die Möglichkeiten und Grenzen des Denkens, das die Erkenntnis der Dinge kritisiert, werden dem Denken, das auf sich reflektiert, zum Thema. Die Kritik wird selber der Kritik unterzogen. Es liegt deshalb in dem Anspruch der Kritik beschlossen, daß sie sich am Ende auf sich selber erstreckt. Nun würde eine auf sich selber erstreckende Kritik ihre eigene Geltung überprüfen. Da die Kritik den Gerichtshof der Wahrheit bildet, bedeutet das, eine auf sich selber erstreckende Kritik würde die Geltung dieses Gerichtshofes überprüfen. Sie würde dessen Legitimität entscheiden. Die Rechtsförmigkeit der Kritik erfordert demnach eine Art verfassungsgebender Versammlung. Der *pouvoir constitué* des kritischen Denkens muß in einem *pouvoir constituant* verankert werden. Ersichtlich müßte die Konstituante in der Selbstbegründung des kritischen Denkens bestehen. Ansonsten würde entweder etwas Vorkritisches oder etwas Metakritisches eingeführt, auf dem die Kritik beruhte, was ihrem Anspruch auf die Prüfung aller Ansprüche widerspräche. Aber um sich selber zu begründen, müßte die Kritik sich selber zum Thema werden. Das ist nicht möglich. Denn die Kritik setzt zu ihrer Prüfung sich selbst bereits voraus. Auch in der Prüfung der Legitimation ihrer Prüfung ist sie bereits vorausgesetzt. Im Rahmen der Kritik vermag die Kritik sich darum nicht einzuholen. Sie ist immer schon verfaßte Kritik, nie verfassungsgebende Kritik. Alles, was sie vermag, ist, ihre Verfassung zu erhellen. Vor der Konstituante ihrer Verfassung muß sie hingegen haltmachen.

XXI

Trotzdem treibt die Reflexion des Denkens über die Verfassung der Kritik hinaus. Indem sie alles Gegebene, auch die Verfassung der Kritik selber, der Kritik unterzieht, kann sie diese nicht nur erhellen, sondern muß sie auch prüfen und entscheiden. Daher entsteht die Frage: Wie läßt sich eine verfassungsgebende Versammlung der Kritik entwerfen, ohne diese in einer Metakritik oder im Rückfall auf Vorkritisches zu beschädigen? Die Antwort hierauf lautet: Indem die Kritik sich zu einer Einheit zusammenschließt, die selber nicht mehr kritisiert werden kann, weil sie alle Kritik in sich aufgenommen hat, aber zugleich nur als der Zusammenschluß der Kritik bestimmt wäre. Eine solche Einheit wäre der *pouvoir constituant* der Kritik. Weil alle Kritik in ihr ihre jeweilige Bestimmtheit besäße, gäbe sie ihr ihre Verfassung. Zugleich griffe sie nicht auf etwas Gegebenes zurück, sondern vollzöge die Selbstbegründung der Kritik, indem sie gar nichts anderes darstellte als deren Zusammenschluß. Hier führte die Selbstkritik der Kritik weder in die Metakritik noch in die Vorkritik. Vielmehr führte sie in die gelingende Einheit aller Kritik. Das ist die Anspruchsbestimmtheit des kritischen Denkens.

XXII

Ersichtlich wird die Anspruchsbestimmtheit des kritischen Denkens von dem bereits eingeführten Konzept eines Gesamtzusammenhanges von Widerspiegelungen erfüllt. Denn weil der Gesamtzusammenhang von Widerspiegelungen alle Reflexion in sich faßt, faßt er einerseits alle Kritik in sich, deren Kern ja in der Reflexion des Denkens auf sich besteht, und steht anderseits in keiner übergeordneten Reflexion mehr, unterliegt also selber keiner Kritik mehr. Als in sich gespiegelter Gesamtzusammenhang von Widerspiegelungen – als in sich reflektierte Reflexion – schließt er die Kritik in sich zusammen. Somit verfaßt er sie und entscheidet ihre Legitimität durch die Einheit aller Kritik. Das Reflexionsgesamt rechtfertigt den Gerichtshof der Wahrheit. Auch das Reflexionsgesamt ist folglich eine Rechtssache. Von der Kritik her gewonnen, besitzt es seine Bestimmtheit im Rahmen einer *quaestio iuris*, die nach dem Recht der Kritik fragt. Das bedeutet, daß der Gesamtzusammenhang von Widerspiegelungen die Rechtssache ist, die die kritische Prüfung aller Rechtssachen legitimiert. In seinem Konzept besteht daher die Erfüllungsbestimmtheit des kritischen Denkens.

XXIII

In dem Gesamtzusammenhang von Widerspiegelungen finden Kritik und Theorie ihre artikulierte Verbindung. Oben wurde die Theorie als eine Erkenntnisstruktur eingeführt, deren Grundoperation die kritische Entscheidung dessen darstellt, was wahr ist und was unwahr ist. Weiter wurde eingeführt, daß die Theorie darum einen Begriff des Wahrseins voraussetzt, der dessen All-Einheit mit der sondernden Entscheidung zu verbinden mag, ohne eine der beiden Seiten zu beschädigen. Nichts anderes als diesen Begriff des Wahrseins hat der Gesamtzusammenhang von Widerspiegelungen vermittelt. Als Gesamtzusammenhang stellt er die All-Einheit des Wahrseins dar; es kann ja nichts Wahres mehr außer ihm geben. Und als Gesamtzusammenhang von Widerspiegelungen hat er alle sondernde Entscheidung in sich aufgenommen. Folglich ist der Gesamtzusammenhang der Theorie zugleich der Gesamtzusammenhang der Kritik. Und folglich besitzt das Wahrsein, von dem die Theorie sich hinreißen und einnehmen läßt, in dem Gesamtzusammenhang von Widerspiegelungen derart seine Darstellung, daß es die sondernde Unterscheidung der Kritik als seine Eigenordnung aufweist. Der Gedanke des Parmenides, daß der Weg der Kritik und das Wahrsein dasselbe seien, hat seine Ausformulierung gefunden.

XXIV

Ersichtlich ist das eingeführte Konzept eines Gesamtzusammenhanges von Widerspiegelungen ein hegelianisches Konzept. Es ist das Konzept eines in sich reflektierten Gesamtverhältnisses. Es überrascht daher nicht, daß der Gesamtzusammenhang von Widerspiegelungen von einer berüchtigten Hegelschen Bestimmung getroffen wird. Sie lautet: Das in sich reflektierte Gesamtverhältnis enthält seine eigene Wirklichkeit. Es bildet ein durch sich selbst verwirklichtes Gesamtverhältnis. Diese Bestimmung ergibt sich aus der Sachlage, daß das Verhältnis zwischen einer Sache und ihrer Wirklichkeit ebenfalls als eine Widerspiegelung formuliert werden kann. Denn einerseits sind die Sache und ihre Wirklichkeit voneinander unterschieden; sonst könnte man die Sache nicht auch als unverwirklicht denken. Und anderseits trägt die Wirklichkeit einer Sache keinen eigenen Gehalt zu der Sache bei; vielmehr verwirklicht sie den Sachgehalt. Entsprechend zeigt die Sache, sofern sie verwirklicht ist, sich in einem anderen Medium. Sie spiegelt sich in ihrer Wirklichkeit wider. Aus diesem Grund ist das Verhältnis zwischen einer Sache und ihrer Wirklichkeit ein Reflexionsverhältnis. Aus ihm folgt die Selbstverwirklichung des Gesamtzusammenhanges von Widerspiegelungen. Denn wenn das Reflexionsgesamt seine Wirklichkeit nicht selbst enthielte, dann enthielte es das Reflexionsverhältnis zwischen ihm und seiner Wirklichkeit nicht und wäre nicht das Reflexionsgesamt. Also schließt der Gesamtzusammenhang von Widerspiegelungen seine Wirklichkeit ein.

XXV

Außer der Wirklichkeit des Gesamtzusammenhanges von Widerspiegelungen ist keine Wirklichkeit. Denn jede Wirklichkeit einer einzelnen Sache bildet das Moment einer Widerspiegelung. Alle vereinzelte Wirklichkeit ist daher in dem Reflexionsgesamt. Wer hiervon absieht, verfehlt die Bestimmtheit einer Einzelwirklichkeit: ihr Momentsein. Weil wiederum der Gesamtzusammenhang von Widerspiegelungen auch in sich gespiegelt ist, läßt sich alle vereinzelte Wirklichkeit als eine Widerspiegelung des Gesamtzusammenhanges insgesamt begreifen. Entsprechend verwirklicht eine Einzelwirklichkeit nicht nur eine einzelne Sache, sondern bezieht sich zugleich auf den Gesamtzusammenhang von Widerspiegelungen.

XXVI

Über die Widerspiegelungen geht die Figur der Krise in den Gesamtzusammenhang ein. Wie gesehen, bilden die Widerspiegelungen die Form, in der die Kritik zu ihrer All-Einheit zusammengeschlossen wird. Jede Kritik wiederum setzt an einer entscheidungsbedürftigen Sachlage an. Diese Sachlage besteht in der Krise von Geltung. In ihr ist die Geltung von Ansprüchen unentschieden, ungleiche Ansprüche prallen aufeinander, und eine Entzweiung hat statt. In diesem Rahmen einer entzweiten Welt und ihrer Krise bewegt sich die Kritik. Denn ohne die Krise der Geltung wäre eine Gerichtsverhandlung zu ihrer Klärung unnötig. Weil nun der Gesamtzusammenhang von Widerspiegelungen die kritische Verfassung in die Form seiner All-Einheit aufgenommen hat, hat er auch die Figur der Krise in seine Form aufgenommen. Jede Widerspiegelung beinhaltet eine Krise, indem sie eine Verneinung vollzieht und damit einen Geltungsanspruch bestreitet. Solche Krisen haben unterschiedliche Reichweiten. Die Widerspiegelung einer Sache in ihrer Wirklichkeit etwa braucht nicht über die Krise dessen hinauszugehen, daß eine Sache und ihre Wirklichkeit nicht deckungsgleich sind und dadurch eine elementare Entzweiung beinhalten, die als Übereinstimmung oder Nicht-Übereinstimmung entschieden werden kann. Aber weil der Gesamtzusammenhang von Widerspiegelungen die All-Einheit sämtlicher krisenhafter Verhältnisse bildet, können die Krisen in ihm auch eine größere Bedeutung erlangen.

XXVII

Das Gesagte gilt für auch für den Bereich der gesellschaftlichen Wirklichkeit. Die gesellschaftliche Wirklichkeit ist ein Bereich von Widerspiegelungen, in denen sich das Reflexionsgesamt widerspiegelt. Wer sich die Gesellschaft ohne diese Totalität denkt, verfehlt ihre Bestimmtheit. Das Reflexionsgesamt wiederum ist krisenhaft. Entsprechend steht auch die gesellschaftliche Wirklichkeit in Krisen. Hegel artikuliert ihren Krisenkomplex mit den Begriffen »bürgerliche Gesellschaft«, »Staat«, »Weltgeschichte«. Die bürgerliche Gesellschaft ist der Komplex aus dem System der Bedürfnisse von Individuen und seinen korporativen Institutionen. Hier sind alle Momente krisenhaft. Das System individueller Bedürfnisse ist krisenhaft, weil die Bedürfnisse der Individuen sich einerseits miteinander vermitteln müssen, um befriedigt werden zu können, und anderseits ihre Befriedigung in ökonomischer Konkurrenz verläuft. Der *homo oeconomicus*, der auf die bestmögliche Befriedigung seiner Bedürfnisse aus ist, gerät dadurch in einen wirtschaftlichen Kampf aller gegen alle. Reguliert wird dieser Kampf durch korporative Institutionen. In ihnen gewinnt das Wirtschaftsleben, zu dem das System der Bedürfnisse sich entfaltet, seine Strukturierung. Die bürgerliche Gesellschaft ist demnach durch die Reflexionsverhältnisse der Bedürfnisse untereinander und die Reflexion dieser Bedürfnisreflexion durch Institutionen bestimmt. Sodann tritt sie insgesamt in ein Reflexionsverhältnis zum Staat. Der Staat ist keine Institution zur Regulierung des Wirtschaftslebens, sondern das Institutionengefüge, das die Wirtschaftsbürger als Staatsbürger in eine Einheit integriert, die den ökomischen Konkurrenzkampf aufhebt. Den Boden hierfür bereitet das Recht. Mit ihm reflektiert der Staat die durch ihre Bedürfnisse und deren Vermittlung bestimmten Einzelnen als Rechtsgenossen einer staatlichen Einheit. So vollzieht das Recht ihre Integration. Entsprechend ist der Staat die integrale Widerspiegelung der Widerspiegelungen, die innerhalb der bürgerlichen Gesellschaft herrschen. Doch auch er bildet noch nicht den Gesamtzusammenhang der gesellschaftlichen Wirklichkeit. Denn der Staat ist geschichtlich und kulturell vereinzelt. Er begegnet anderen Staaten und muß auf sie reflektieren. Darum befindet auch er sich in einem Zusammenhang von Widerspiegelungen: im Reflexionsverhältnis der Staaten. Hegel nennt dieses Verhältnis »Weltgeschichte«. Sie ist das Reflexionsgesamt der gesellschaftlichen Wirklichkeit.

XXVIII

Auf jeder ihrer Ebenen ist die gesellschaftliche Wirklichkeit krisenhaft. Das System der Bedürfnisse ist krisenhaft aufgrund der miteinander konkurrierenden ökonomischen Ziele. Konkret heißt das: »bei dem Übermaße des Reichtums [ist] die bürgerliche Gesellschaft nicht reich genug [...][,] dem Übermaße der Armut und der Erzeugung des Pöbels zu steuern« (*Rechtsphilosophie* § 245). Die korporativen Institutionen sind krisenhaft aufgrund ihrer Anforderungen an die Einzelnen, ihre Bedürfnisse regulieren zu lassen. Konkret heißt das: »im Subjekt die harte Arbeit gegen die bloße Subjektivität des Benehmens, gegen die Unmittelbarkeit der Begierde sowie gegen die subjektive Eitelkeit der Empfindung und die Willkür des Beliebens« durchzuführen (*Rechtsphilosophie* § 187). Das Verhältnis von bürgerlicher Gesellschaft und Staat ist krisenhaft aufgrund ihrer Spaltung der Menschen in Wirtschaftsbürger und Staatsbürger. Und der Staat selber ist krisenhaft aufgrund seines außenpolitischen Verhältnisses zu anderen Staaten, dessen Extremum der Krieg darstellt. Auf allen Ebenen der gesellschaftlichen Wirklichkeit steht diese also in Krisen. Sie erfordern stets aufs neue ihre Entscheidung. Die Letztentscheidung findet auf der Ebene der umfassendsten Einheit statt. Es ist die Weltgeschichte, die die Krise des Staates im Verhältnis zu anderen Staaten und damit am Ende auch alle Krisen, die er selber rechtlich integriert, entscheidet. Die Krise aber ist die Situation, an der das richterliche Denken der Kritik ansetzt. Auf der Ebene der umfassendsten gesellschaftlichen Einheit kann diese Kritik nicht mehr von Einzelnen und auch nicht von staatlichen Institutionen geleistet werden. Vielmehr wird sie – und damit die Entscheidung des Gerichtshofes – von dem Verhältnis der Staaten untereinander vollzogen. Aus diesem Grund nennt Hegel im Rückgriff auf Schiller die Weltgeschichte »das Weltgericht« (*Rechtsphilosophie* § 340). Die Weltgeschichte leistet die letztinstanzliche Kritik der gesellschaftlichen Wirklichkeit.

XXIX

Hiernach bildet die gesellschaftliche Wirklichkeit eine Staffelung von Reflexionsverhältnissen der Krise. Indessen läßt sich diese Staffelung nur dann darlegen, wenn die Wirklichkeit insgesamt einen Gesamtzusammenhang von Widerspiegelungen bildet. Denn nur er enthält seine eigene Wirklichkeit; nur von ihm her gesehen ist daher alle besondere Wirklichkeit ebenfalls als eine Wirklichkeit von Widerspiegelungen bestimmt; allein im Bezug auf ihn kann deshalb die gesellschaftliche Wirklichkeit als Staffelung von Reflexionsverhältnissen der Krise bestimmt sein. Somit setzen ihre Reflexionsverhältnisse das Konzept des Reflexionsgesamtes voraus. Hieraus ergibt sich eine abschließende Folgerung. Das Konzept des Reflexionsgesamtes ist die Sache der mit der Kritik verschmolzenen Theorie. Erst diese Theorie also weist die gesellschaftliche Wirklichkeit als eine Staffelung krisenhafter Spiegelungen aus. Und zugleich hebt diese Theorie deren Krise auf. Denn weil das Reflexionsgesamt, das die Theorie zur Darstellung bringt, alle Krisen in sich hat, steht es selber nicht in der Krise. In der Theorie, die die gesellschaftliche Wirklichkeit als krisenhaft erfaßt, ist die Krisenförmigkeit des Wirklichen damit auch bereits bewältigt. Darum ergibt sich aus dem hegelianischen Konzept, daß die Krise der gesellschaftlichen Wirklichkeit durch den Staat zwar bis zu einem gewissen Grade abgemildert werden kann, stets aber dem Weltgericht der Weltgeschichte unterliegt, während ihre Aufhebung allein in der Theorie erfolgt. Nur in der Theorie, die mit der Kritik verschmolzen ist, vermag man daher die Krise der gesellschaftlichen Wirklichkeit hinter sich zu lassen, während sie in dieser Wirklichkeit weiterhin besteht.

XXX

Eine solche Theorie weist einen blinden Fleck auf. Sie vermag den Gesamtzusammenhang von Widerspiegelungen darzustellen, und sie vermag darzustellen, daß der Gesamtzusammenhang von Widerspiegelungen seine Wirklichkeit einschließt. Was sie hingegen nicht darzustellen vermag, ist ihre eigene Wirklichkeit. Denn die Theorie setzt sich selber bereits voraus, wenn sie die Darstellung des Gesamtzusammenhanges unternimmt. Zwar stellt sie sich als »dasselbe« wie der Gesamtzusammenhang dar. Das ist ihr parmenideisches Erbe. Sie stellt sich daher auch als wirkliche Theorie dar. Aber ihre Selbstdarstellung als wirkliche Theorie ist nicht ihre Wirklichkeit. Vielmehr setzt ihre Selbstdarstellung als wirkliche Theorie die Wirklichkeit der Theorie, die sich selber darzustellen vermag, bereits voraus. Daher zerbricht die Selbigkeit von Wahrsein und Denken. Die Wirklichkeit des Denkens kann von diesem nicht eingeholt werden. Diesen Sachverhalt hat Schelling gegen Hegel geltend gemacht. Er ist anzuerkennen. Sosehr daher auch die theoretische Darstellung die Wirklichkeit des Gesamtzusammenhanges zu beglaubigen vermag, so wenig vermag sie ihre eigene Wirklichkeit zu beglaubigen. Dann aber kann sie die krisenhafte Wirklichkeit nicht bewältigen. Statt dessen weiß sie sich selber an eine vorgängige Wirklichkeit gebunden, deren Krisen uneinholbar sind.

XXXI

Die schellingianische Einsicht bildet den Einsatzort des Denkens von Marx. Eine Theorie, die – hegelianisch – die krisenhafte Wirklichkeit durch deren Darstellung im Gesamtzusammenhang von

Widerspiegelungen bewältigt und gleichzeitig gesellschaftlich stehen läßt, ist nur als eine Theorie denkbar, die ihre eigene Wirklichkeit zu beglaubigen vermag. Weil aber das letzte nicht geht, geht auch das erste nicht. Eine Theorie, die einerseits die Wirklichkeit in Reflexionsverhältnissen begreift, sich anderseits an eine vorgängige Wirklichkeit bindet, muß die krisenhafte Wirklichkeit daher anders bewältigen. Eine solche Bewältigung kann überhaupt nicht mehr in der Theorie erfolgen. Jede Theorie ist ja an eine vorgängige Wirklichkeit gebunden, die jeder theoretischen Bewältigung vorausgesetzt bleibt. Zugleich aber ist die Einsicht in die Krisen der Widerspiegelungen nichts anderes als das Geschäft der Theorie. Folglich hat die Theorie die Bewältigung der krisenhaften Wirklichkeit selber außerhalb der Theorie ins Auge zu fassen. Sie muß ihre Selbstaufhebung ansteuern. Indem nun Marx – in den ersten Feuerbachthesen – die vorgängige Wirklichkeit zu einer Wirklichkeit der Praxis konkretisiert, kann er die Aufhebung der krisenhaften Wirklichkeit als die Selbstaufhebung der Theorie in eine Praxis bestimmen, die jene Krisen aufheben würde. Erst in einer solchen Selbstaufhebung schlösse sich der Gesamtzusammenhang von Widerspiegelungen so zusammen, daß er seine Krisen bewältigte. Das heißt: Der Zusammenschluß des Ganzen erfolgt in keinem Abschlußgedanken, sondern in einem Abschlußhandeln.

XXXII

Um das angesprochene Handeln bestimmen zu können, sind die Krisen genauer zu formulieren. Hierfür entwickelt Marx den Begriff der Gesellschaftsformation. Dieser Begriff benennt den gemeinsamen Bestimmungsgrund von bürgerlicher Gesellschaft, Staat und Weltgeschichte. Er gliedert das historische Geschehen in Großzeitalter mit jeweils elementarer Struktur, von der aus die Mannigfaltigkeit von Phänomenen sich erschließen und begreifen läßt. Ihren Fußpunkt bilden grundlegend voneinander verschiedene Wirtschaftsformen. Das Großzeitalter der Gegenwart ist die kapitalistische Gesellschaftsformation. In ihr bilden der Staat und die bürgerliche Gesellschaft die Kernkomplexe. Jener tritt dieser gegenüber als die in den Menschen- und Bürgerrechten niedergelegte Bestimmung der Einzelnen als Rechtsgenossen. Anders als bei Hegel jedoch integriert der Staat die Wirtschaftsbürger nicht nur, sondern geht als eine Voraussetzung des kapitalistischen Wirtschaftens in die Verhältnisse der bürgerlichen Gesellschaft ein. Er ist der Staat der Gesellschaft. Denn die Grundrechte der Freiheit, der Gleichheit und des Eigentums sind die Bedingungen, unter denen die kapitalistische Produktion in der bürgerlichen Gesellschaft sich zu vollziehen vermag. Diese Produktion beruht auf der Verwertung der Arbeitskraft, die als Ware auf dem Arbeitsmarkt verkauft wird, zur weiteren Warenerzeugung durch das Kapital, das durch den Verkauf der produzierten Waren einen Mehrwert zu gewinnen vermag. Ohne das freie, gleiche, wechselseitige Kaufvertragsverhältnis zwischen Lohnarbeit und Kapital gäbe es folglich kein Kapital. Das bedeutet, ohne den Staat und sein Recht gäbe es keine bürgerliche Gesellschaft, wie umgekehrt seine Rechtsverhältnisse ihre Aufgabe im Kapitalverhältnis besitzen, sosehr sie auch in der Gestalt ihrer Grundrechte den Vorschein menschlicher Würde bilden. Entsprechend lassen sich die Krisen der gesellschaftlichen Wirklichkeit nun als Krisen im Kapitalverhältnis, als Krisen in seinen Rechtsformen und als Krisen zwischen dem Kapitalverhältnis und dem Recht grundlegend bestimmen. Zuletzt laufen sie in dem Verhältnis zwischen Kapital und Lohnarbeit zusammen. An ihm hängen die Reflexionsverhältnisse in der kapitalistischen Gesellschaftsformation.

XXXIII

Marx begreift diese Reflexionsverhältnisse als so tiefgehend, daß sie alle Gegebenheiten erfassen, die ihnen vorgelagert sind. In den berühmten Worten des Kommunistischen Manifestes gesprochen:

> Die Bourgeoisie, wo sie zur Herrschaft gekommen, hat alle feudalen, patriarchalischen, idyllischen Verhältnisse zerstört. Sie hat die buntscheckigen Feudalbande, die den Menschen an seinen natürlichen Vorgesetzten knüpften, unbarmherzig zerrissen und kein anderes Band zwischen Mensch und Mensch übriggelassen als das nackte Interesse, als die gefühllose »bare Zahlung«. Sie hat die heiligen Schauer der frommen Schwärmerei, der ritterlichen Begeisterung, der spießbürgerlichen Wehmut in dem eiskalten Wasser egoistischer Berechnung ertränkt. Sie hat die persönliche Würde in den

Tauschwert aufgelöst und an die Stelle der zahllosen verbrieften und wohlerworbenen Freiheiten die eine gewissenlose Handelsfreiheit gesetzt. [...]

Die Bourgeoisie hat alle bisher ehrwürdigen und mit frommer Scheu betrachteten Tätigkeiten ihres Heiligenscheins entkleidet. Sie hat den Arzt, den Juristen, den Pfaffen, den Poeten, den Mann der Wissenschaft in ihre bezahlten Lohnarbeiter verwandelt. [...]

Die Bourgeoisie kann nicht existieren, ohne die Produktionsinstrumente, also die Produktionsverhältnisse, also sämtliche gesellschaftlichen Verhältnisse fortwährend zu revolutionieren. [...] Alle festen eingerosteten Verhältnisse mit ihrem Gefolge von altehrwürdigen Vorstellungen und Anschauungen werden aufgelöst, alle neugebildeten veralten, ehe sie verknöchern können. Alles Ständische und Stehende verdampft, alles Heilige wird entweiht, und die Menschen sind endlich gezwungen, ihre Lebensstellung, ihre gegenseitigen Beziehungen mit nüchternen Augen anzusehen.

Diese Erfassung besteht darin, alle Bestände in Wertgrößen der Warenproduktion zu verwandeln. Da nun ihre Verwertung durch das Kapital auf dessen Akkumulation abzielt, bildet die Verarbeitung von Gegebenheiten, die dem Kapitalverhältnis vorausgehen, die ursprüngliche Akkumulation. Anders als das Verhältnis von Lohnarbeit und Kapital steht die ursprüngliche Akkumulation in keinem Rechtsverhältnis, sondern beruht auf nackter Gewalt, etwa der rohen Enteignung freier Bauern, die sich dann als Lohnarbeiter verdingen müssen, oder der Entweihung des Heiligen, mit der gewisse Schranken der Verwertung fallen. Ist das erfolgt, wird die Akkumulation des Kapitals durch Reflexivwerdung weitergetrieben: durch technische Entwicklung und vor allem durch ausgefeiltere Verwertungsprozesse der Lohnarbeit, zumal durch eine oftmals versteckte Ausdehnung der Arbeitszeit. Für Marx ist das Reflexionsverhältnis von Kapital und Lohnarbeit daher, sofern einmal in Gang gebracht, selbstgenügsam.

XXXIV

Gegen diese Selbstgenügsamkeit hat Rosa Luxemburg geltend gemacht, daß die Akkumulation des Kapitals immer wieder neuer Formen einer ursprünglichen Akkumulation bedarf. Denn wenn das Kapitalverhältnis alle Gegebenheiten, die ihm vorgelagert sind, erfaßt hat, dann wird es irgendwann alle verwertbaren Größen verwertet haben und müßte zusammenbrechen. Entsprechend richtet sich die Akkumulation des Kapitals immer auch auf Akkumulationsformen aus, die aus den Rechtsverhältnissen von Lohnarbeit und Kapital in nackte Gewalt übergehen. Luxemburg erklärt hiermit die enorme innere und äußere Gewalt der bürgerlichen Staaten in den Kolonien und Weltkriegen. Hier kennt die bürgerliche Sittlichkeit keine Scham vor der Verletzung ihrer eigenen Menschen- und Bürgerrechte, weil ihre Grundlage, das Rechtsverhältnis zwischen Lohnarbeit und Kapital, ohne eine vorrechtliche Akkumulation irgendwann nichts mehr zu verwerten hätte. Die »schöpferische Zerstörung« (Joseph Schumpeter), die dem Kapitalismus eignet und die über die militärische Gewalt von Kriegen hinausgeht, kann hiermit begriffen werden. Ihre In-Wert-Setzung und Außer-Wert-Setzung ganzer Regionen und Naturgebiete schafft immer wieder neue Möglichkeiten zur ursprünglichen Akkumulation, und der verwertende Ausgriff auf menschliche Lebensvollzüge, die dem Kapital teilweise entzogen waren (Gespräch, Liebe, Bildung usw.), läßt sich ebenfalls als die Gewalt jener Akkumulationsform verstehen.

XXXV

Nach den marxistischen Überlegungen liegen die Krisen der gesellschaftlichen Wirklichkeit in dem Reflexionsverhältnis zwischen Kapital und Lohnarbeit begründet. Entsprechend muß die Selbstaufhebung der Theorie in eine Praxis, die jene Krisen bewältigt, aus diesem Verhältnis ihre Bestimmtheit erhalten. Da nun das Kapital nichts anderes ist als die Verwertung der Lohnarbeit, kann es keine andere Praxis zeitigen als eine, die dieses Verhältnis aufrechtzuerhalten sucht. Anders die Lohnarbeit. Zwar besitzt auch sie ihre Bestimmtheit nur in dem Verhältnis zum Kapital. Aber sie ist widersprüchlich. Denn Freiheit, Gleichheit, Eigentum, die ihr als Vertragspartnerin des Kapitals zukommen, werden in ihrer Verwertung zur Warenproduktion zugleich verletzt. Die Lohnarbeit macht die Menschen unfrei, weil sie sich der Heteronomie des Produktionsprozesses unterwerfen muß. Sie macht sie ungleich, weil in ihrem Zusammenhang die Menschen einander als Mittel ihrer Selbsterhaltung betrachten. Und sie raubt ihnen ihr Eigentum, weil das Arbeitsprodukt, in dem die Arbeitskraft eines Menschen sich verwirklicht, dem Kapital gehört. Diese Widersprüche können eine Praxis begründen, die das Kapitalverhältnis aufzuheben sucht. Sie wäre die revolutionäre Praxis des Proletariates. Entsprechend bedeutet die Selbstaufhebung der Theorie in eine krisenbewältigende Praxis: die Selbstaufhebung der Theorie in eine proletarische Revolution.

XXXVI

Hiernach hat die Verschmelzung von Kritik und Theorie eine neue Wendung genommen. Bestehen bleibt diese Verschmelzung, indem weiterhin die Theorie den krisenhaften Gesamtzusammenhang von Widerspiegelung zur Darstellung bringt. Aber die Verschmelzung verändert sich dadurch, daß die Theorie ihre Darstellung an eine vorgängige Wirklichkeit bindet und sich in der Folge selber in eine revolutionäre Praxis aufhebt. Entsprechend würde erst diese Praxis die Krisen entscheiden. Erst die proletarische Revolution also vollzöge die abschließende Kritik. Beides ist in vollem Ernst zu nehmen. Nur eine Theorie vom krisenhaften Reflexionsgesamt vermag die marxistische Position zu begründen. Und nur ihre Selbstaufhebung in die Revolution vermag sie zu vollenden. Hier enthält die Theorie nicht ihre eigene Wirklichkeit. Vielmehr muß sie erst von der Praxis verwirklicht werden. Entsprechend verweist der Sachverhalt, daß die Wirklichkeit der Theorie eine Widerspiegelung darstellt und also in das Reflexionsgesamt gehört, auf die Not, dieses Reflexionsgesamt überhaupt erst in einer Praxis zu vollziehen, die die Theorie nicht hinter sich läßt, sondern aufhebt. Nur in der Figur eines Gesamtzusammenhanges von Widerspiegelungen, dessen Spiegelung in der Wirklichkeit aus seiner theoretischen Darstellung hinausführt, gewönne die marxistische Position ihre Bestimmtheit. Da diese Spiegelung der theoretischen Darstellung aus ihr heraus erst die entscheidende Kritik bedeutet, folgt für die Kritik, daß sie gerade aufgrund ihrer Verschmelzung mit der Theorie zur Revolution werden muß. Theorie und Kritik verschmelzen dadurch, daß die Theorie sich in die proletarische Revolution selber aufhebt. So werden die »Waffen der Kritik« zu der »Kritik der Waffen« (Marx).

XXXVII

Aber die Figur eines Gesamtzusammenhanges von Widerspiegelungen, dessen Spiegelung in der Wirklichkeit aus seiner theoretischen Darstellung hinausführt, läßt sich selber nicht darstellen. Ihre Darstellung fände sie in der Revolution. Deren Notwendigkeit wird in der Figur eines Gesamtzusammenhanges von Widerspiegelungen dargestellt, dessen Spiegelung in der Wirklichkeit aus seiner theoretischen Darstellung hinausführt. Diese Figur erweist die Revolution als erforderlich. Doch die Figur selber bedarf umgekehrt zu ihrer eigenen Darstellung der Revolution. Vor deren Einsetzen bleibt sie eine bloße Idee, die ihrer Darstellung noch harrt. Demnach erfolgt die Darstellung dessen, daß das Reflexionsgesamt in der Revolution dargestellt würde, ebenfalls erst in der Revolution. Entsprechend wird die Notwendigkeit der Revolution vor der Revolution nicht dargestellt. Erst deren Durchführung stellt sie dar. Und darum bleibt die Notwendigkeit der Revolution undarstellbar, solange die Revolution nicht erfolgt. Mit dieser Undarstellbarkeit der Revolution vor ihrer Durchführung bleibt wiederum auch die Figur eines Gesamtzusammenhanges von Widerspiegelungen undarstellbar, dessen Spiegelung in der Wirklichkeit aus seiner theoretischen Darstellung hinausführt. Darstellbar würde sie nur mit einem Schlag: mit der Revolution selber. Ohne Revolution zerfällt sie. Der Gesamtzusammenhang von Widerspiegelungen, dessen Spiegelung in der Wirklichkeit aus seiner theoretischen Darstellung hinausführt, bleibt deshalb vor der Revolution hohl.

XXXVIII

In seinem Hohlraum nistet die kritische Theorie. Sie folgt der Verschmelzung von Theorie und Kritik, und sie folgt deren Wendung zur praktischen Reflexion des Reflexionsgesamtes in der Revolution. Aber aus der vorrevolutionären Hohlheit des Ganzen zieht sie den Schluß auf die Unmöglichkeit, den Gesamtzusammenhang von Widerspiegelungen darzustellen. Während der Gesamtzusammenhang hegelianisch durch die philosophische Theorie und marxistisch durch die revolutionäre Praxis seine Darstellung gewinnen soll, bestreitet die kritische Theorie auf dem Boden des Gesamtzusammenhanges dessen Darstellbarkeit. Das zwingt sie dazu, ihn anders darzulegen. Sie legt ihn negativ dar. Eine negative Darlegung bedeutet, etwas nicht darzustellen, aber im Darstellbaren aufzuweisen. Im Fall der kritischen Theorie besteht das Aufzuweisende in dem Gesamtzusammenhang von Widerspiegelungen. Da er nicht darstellbar ist, kann das Darstellbare nur unterhalb seiner Ebene angesiedelt sein. Die Ebene unter dem Gesamtzusammenhang ist die Ebene des Partialen und Kontingenten. Folglich muß die kritische Theorie den Gesamtzusammenhang im Partialen – klassisch: das Absolute im Kontingenten – aufweisen, ohne ihn dadurch zur Darstellung zu bringen. Das kann sie nur dann, wenn sie zwei Verfahren gleichzeitig durchführt. Erstens muß sie das Kontingente weiterhin unter dem Gesichtspunkt seiner Widerspiegelungsverhältnisse begreifen, so daß es im Geflecht von Verneinungen aufscheint. Zweitens muß sie dieses Geflecht selber ebenfalls verneinen, so daß es nicht als Gesamtzusammenhang darstellbar wird. Hieraus ergibt sich als das Grundkonzept der kritischen Theorie eine selber zu verneinende Totalität von Verneinungen. Auf diese Weise wird die All-Einheit negativ dargelegt. Es ist das Konzept eines negativen Spiegelbildes der positiven All-Einheit.

XXXIX

Dieser Sachverhalt gewinnt seine Präzisierung im Bezug auf das Wahrsein und Unwahrsein. Unter den bisherigen Voraussetzungen würde der Gesamtzusammenhang von Widerspiegelungen das Wahrsein zur Darstellung bringen. Er gelangt jedoch nicht zur Darstellung. Entsprechend bleibt das Wahrsein undarstellbar. Anderseits gelangt das in den Verneinungen ausgedrückte Unwahrsein zur Darstellung, und dessen Totalität wird als das negative Spiegelbild des positiven Gesamtzusammenhanges verstanden. Das bedeutet, daß hier das Unwahrsein auf das Wahrsein negativ verweist. Aus diesem Grund wird Spinozas Satz »Das Wahre ist das Zeichen seiner selbst und des Falschen« (*verum est index sui et falsi*) von Adorno in den Satz »Das Falsche ist das Zeichen seiner selbst und des Wahren« (*falsum est index sui et veri*) umgedreht. Das Falsche ist das Zeichen seiner selbst, weil es im Zusammenschluß von Verneinungen steht. Seine Geltung wird von etwas verneint, dessen

Geltung selber wiederum von etwas anderem verneint wird, dessen Geltung von etwas weiterem verneint wird, usw. Auf diese Weise besitzt jede Verneinung von Geltung selber ebenfalls eine verneinte Geltung. Falsches verneint Falsches. Mehr als diese Kette von Falschem läßt sich nicht zur Darstellung bringen. Aber das in ihr verflochtene Falsche ist zugleich das Zeichen des Wahren, weil es in seiner Totalität negativ auf einen in sich gespiegelten Gesamtzusammenhang von Widerspiegelungen verweist, der das Wahrsein darstellen würde. Somit ist die kritische Theorie eine Wahrheitstheorie: die Theorie vom Wahrsein als undarstellbares Zentrum aller Darstellung. Dieser Sachverhalt darf angesichts der ständigen Arbeit der kritischen Theorie an den Verneinungen nicht aus den Augen verloren werden. Eine kritische Theorie scheint in der unermüdlichen, dogmatischen Verurteilung von allem und jedem zu bestehen. Sie scheint allem ihr ewiges »Falsch!« entgegenzuhalten. Tatsächlich aber gewinnt sie ihre Bestimmtheit in der Konstellation von Theorie und Kritik um das Wahrsein, die seit Parmenides das europäische Denken unterschwellig bewegt. Die kritische Theorie verhält sich zum parmenideischen Ort, indem sie ihn als undarstellbares Zentrum aller verneinenden Darstellung umdeutet.

XL

Diese Lage benennt das Adjektiv »kritisch« vor dem Substantiv »Theorie«. Die kritische Theorie ist eine Theorie im vollen Sinn. Dieser Sinn lautet auf das hingerissene Eingenommensein von Wahrheit. Die kritische Theorie läßt sich von der Wahrheit hinreißen und einnehmen. Zugleich weiß sie, daß das Wahrsein – die All-Einheit der Widerspiegelungen – undarstellbar ist. Ihre Einsicht verbleibt daher vor dem Gerichtshof der Vernunft. Aus diesem sachlichen Grund heißt die kritische Theorie »kritische« Theorie. Ihre Kritik richtet sich auf alles, auch auf sich selbst. Anstatt ihr Gerichtsverfahren zum Abschluß zu bringen, eröffnet sie es immer wieder neu und begegnet stets von neuem ihrer eigenen Verneinung, da sie eine Darstellung des Wahrseins nicht zu geben vermag. Entsprechend bedeutet das Unternehmen, die Theorie als kritische Theorie durchzuführen, den Vollzug einer unendlichen Krise. Man befindet sich in einem entscheidungsbedürftigen Gerichtsverfahren ohne abschließenden Urteilsspruch. So ist die kritische Theorie das hingerissene Eingenommensein von Wahrheit im Modus der Krise. Und deshalb ist die kritische Theorie ein Oxymoron. Sie führt die Geltungsprüfung so durch, daß sie ihre Einsicht in das Wahrsein in das Undarstellbare verschiebt, obgleich das Tribunal der Wahrheit von einer solchen Einsicht abhängt. Sinn, der immer darstellbar wäre, kann hier nicht geboten werden. Aber gerade dadurch kann sie das undarstellbare Wahrsein aussprechen. Denn indem sie ihr Scheitern austrägt, nimmt sie sich selber das letzte Wort und läßt das Andere ihrer Verneinungen, die Wahrheit, frei.

XLI

Was also ist »kritische Theorie«? Bei Hegel ist die Kritik als Reflexion in den Gesamtzusammenhang von Widerspiegelungen eingegangen. Hier findet sie ihre Bestimmung als Faktor der All-Einheit, deren Darstellung in der Theorie erfolgt. Eine solche Theorie ist nicht kritisch. Vielmehr integriert sie alle Kritik. Auch die marxistische Theorie ist keine kritische Theorie. Sie integriert alle Kritik in die aufhebende Praxis. Denn die kritische Reflexion geht in eine Theorie ein, die in der Revolution zur Darstellung käme. Kritisch ist die Theorie hingegen erst dann, wenn die Kritik sich nicht mehr in die Theorie oder deren revolutionäre Aufhebung integrieren läßt, sondern umgekehrt die Theorie bedingt, ohne diese zur Selbstaufhebung zu treiben. Ebendas ist mit dem undarstellbaren Gesamtzusammenhang der Fall, den die kritischen Verneinungen negativ darlegen. Ihm entspricht eine Theorie, die sich von dem Adjektiv »kritisch« bestimmen läßt. Das Wahrsein, von dem die Theorie sich einnehmen und hinreißen läßt, kann daher von den kritischen Reflexionen nicht mehr gespiegelt werden. In sich gespiegelt ist nur noch das Unwahrsein: das »Falsche«, das aber als Zeichen des Wahren dessen Undarstellbarkeit anzeigt. Doch die Undarstellbarkeit des Wahren erfaßt die volle Bestimmtheit der kritischen Theorie nicht ganz. Denn gemäß dem entwickelten Gedankengang würde das Wahrsein mit der Revolution darstellbar. Entsprechend ist das undarstellbare Zentrum aller Darstellung durch Verneinung nicht einfach ein undarstellbares Zentrum, sondern ein Zentrum, das vor der Revolution undarstellbar ist. Es ist ein *noch* nicht darstellbares Zentrum. In diesem Noch-Nicht arbeitet die kritische Theorie. Von einem Gar-Niemals hingegen kündet sie nicht.

Die Idee einer kritischen Theorie und die Erfahrung totalitärer Gesellschaften

I

Die Idee einer kritischen Theorie wurde in der Katastrophenzeit eines Zeitalters der Extreme entworfen.[1] In jener Zeit haben sich Gesellschaften gebildet, deren Regimes von den vertrauten Formen bürgerlicher Herrschaft dadurch unterschieden sind, daß sie prinzipiell – wenn auch nicht faktisch – neben ihrem Zugriff keine Eigensphäre dulden. Solche Gesellschaften heißen totalitär. Sie sind Gestalten einer negativen gesellschaftlichen Totalität, deren Reichweite über die Menschen die Reichweite der positiven gesellschaftlichen Totalität, die der Verfassungsstaat als Verwirklichung der Freiheit zu sein behauptet, weit in den Schatten stellt.

Mit einem Titel, den der mit dem Institut für Sozialforschung verbundene Franz Leopold Neumann der faschistischen Herrschaft gab, kann diese negative Totalität »Behemoth« genannt werden.[2] Der Titel bezieht sich auf die politische Philosophie von Hobbes. Dessen erstes Hauptwerk *Leviathan* behandelt den Staat, dessen Institutionen den Frieden der Bürger gewährleisten, während sein zweites Hauptwerk *Behemoth* den Unstaat behandelt, in dem ein fortwährender Bürgerkrieg statthat. Hierbei entstammen die Bezeichnungen »Leviathan« und »Behemoth« dem Alten Testament. Sie sind die Namen zweier Ungeheuer, die schließlich von Gott getötet werden. Dieser Hintergrund stellt den Staat und den Unstaat gleichermaßen unter den Vorbehalt der Erlösung. Doch unter ihm vollziehen sie Ungleiches. Während das Ungeheuer »Staat« den bürgerlichen Frieden gewährt, bedingt das Ungeheuer »Unstaat« das menschliche Ausgesetztsein.

Neumann entnimmt die Bezeichnung »Behemoth« diesem Kontext und deutet sie um. Nunmehr steht sie nicht mehr für einen Bürgerkrieg, sondern für die faschistische Herrschaft in

1 Deutung und Gliederung des 20 Jahrhunderts bei *Eric J. Hobsbawm*, The Age of Extremes, London 1994.

2 *Franz Neumann*, Behemoth. The Structure and Practice of National Socialism 1933-1944, Toronto/New York 1944.

Deutschland. Das menschliche Ausgesetztsein gewinnt damit eine neue Form. Neumanns Deutung besitzt ihre Stärke darin, den Machtpluralismus von Justiz, Bürokratie, Militär und Partei des Dritten Reiches darzulegen, der als Pluralismus die Einzelnen einem totalen Zugriff aussetzt. Konzeptuell verbindet sich in ihr die Theorie vom Faschismus als Bündnis mit einer Theorie illiberaler Herrschaftsformen, die noch den autoritären Staat so sehr sprengen, daß der Begriff des Staates insgesamt keinen Sinn mehr ergibt. Indessen löst sich das Staatswesen nicht in den Hobbesschen Naturzustand auf (*status naturalis*). Die faschistische Herrschaft bleibt ein bürgerlicher Zustand (*status civilis*) auf. Aber sie wiederholt das Kennzeichen des Naturzustandes, das menschliche Ausgesetztsein, auf anderer Ebene. Bei Hobbes wird das menschliche Ausgesetztsein im Naturzustand durch die Institutionen des bürgerlichen Zustandes überwunden. Neumann hingegen erkennt im Faschismus das menschliche Ausgesetztsein als bürgerliche Institution. Darum bildet der Behemoth keinen Nicht-Staat, sondern einen Un-Staat: einen bürgerlichen Zustand, der seinen Sinn, das bürgerlichen Leben im Frieden zu sichern, durchstreicht.

Neumanns Variation von Hobbes' Unterscheidung läßt sich verallgemeinern. Dann besteht totalitäre Herrschaft in dem instituierten Ausgesetztsein der Bürger eines Unstaates. Sie unterscheidet sich hierdurch sowohl von vorstaatlichen oder staatsauflösenden Bürgerkriegen als auch von dem sei es autoritären, sei es freiheitlichen Staat der bürgerlichen Gesellschaft. Entsprechend kann die Katastrophenzeit des 20. Jahrhunderts als die Zeit des Behemoth verstanden werden. Nun wurde die Idee einer kritischen Theorie in jener Zeit entworfen, und zum Kern dieser Idee gehört die Annahme, daß sie ihren Gehalt in der Bestimmung ihrer Zeit besitzt. »Die wahre Theorie muß innerhalb konkreter Zustände und an bestehenden Verhältnissen klar gemacht und entwickelt werden.«[3] Auf diesem Marx-Satz baut die kritische Theorie auf. Ihre Idee zu verstehen erfordert daher, über die innere Stimmigkeit ihrer Argumente hinaus ihren Zeitbezug zu verstehen. Der aber ist nach dem Gesagten ihr Bezug zum Behemoth. Die Idee einer kritischen Theorie zu verstehen beinhaltet folglich, ihren Bezug auf die negative Totalität zu verstehen, an der sie »klar gemacht und entwickelt« wurde.

3 *Karl Marx*, Brief an Oppenheim, in: Marx-Engels-Werke XXVII, Berlin 1968, S. 409.

II

Ein Verständnis, das die kritische Theorie an der negativen Totalität des Behemoth klar macht und entwickelt, kann im Rückgriff auf Adorno ihre »höhere Kritik« genannt werden. Mit dem Begriff »höhere Kritik« benennt Adorno – in anderem Zusammenhang und in freier Variation einer philologischen Begrifflichkeit – den Ausweis des gesellschaftlichen Gehaltes eines geistigen Gebildes, während er den Ausweis der inneren Stimmigkeit seine »immanente Kritik« heißt.[4] Eine solche höhere Kritik, die über ihre immanente Kritik hinausgeht, fordert der in dem Marx-Zitat formulierte Anspruch der kritischen Theorie. Sie zielt auf den gesellschaftlichen Gehalt der Idee einer kritischen Theorie, der in ihrem Zeitbezug beschlossen liegt.

Allerdings kann die höhere Kritik der kritischen Theorie nicht von einem Standpunkt aus erfolgen, der sich jenseits ihrer und ihrer Zeit befände. Von einem solchen dritten Standpunkt aus müßten die kritische Theorie und ihr Zeitkern als die beiden Glieder einer Einheit erscheinen, von denen eines – die kritische Theorie – dem anderen – ihrer Zeit – gegenübersteht. Doch die kritische Theorie und ihre Zeit stehen sich nicht einfach gegenüber. Denn die Zeit, an der die kritische Theorie sich entwickelt, wird von der Theorie bestimmt. Außerhalb der Theorie besitzt sie hingegen keine Bestimmtheit, die es erlauben würde, die Theorie an ihr zu entwickeln und klar zu machen. Das heißt nicht, daß die Zeit ein theoretisches Konstrukt wäre. Aber es bedeutet, daß ihre Eigenbestimmtheit erst in der Theorie artikuliert wird. Folglich kann die Zeit, auf die sich die kritische Theorie bezieht, keinen Bezugspunkt bilden, dem die Theorie von außen zugeordnet wäre. Vielmehr ordnet sich die kritische Theorie ihrer Zeit selber zu: dadurch, daß sie die Bestimmtheit der Zeit überhaupt erst artikuliert und diese hiermit zu ihrem Bezugspunkt macht. Das bedeutet, daß das Verhältnis der kritischen Theorie zu ihrer Zeit durch die kritische Theorie konstituiert wird. Darum kann sich ihre höhere Kritik nicht von einem dritten Standpunkt aus vollziehen, der ein äußeres Verhältnis von Theorie und Zeit erfassen würde. Statt dessen muß sie den Standpunkt der kritischen Theorie selber beziehen und in seiner Kritik deren Zeit-

4 Dazu *Guido Kreis*, Die philosophische Kritik der musikalischen Werke, in: *Richard Klein* u. a. (Hrsg.), Adorno-Handbuch, ²Stuttgart 2018, S. 85-96, hier: S. 85 ff.

kern herausschälen, womit sie zugleich eine eigene Bestimmung der Zeit zutage fördert.

Hegel nennt ein Verhältnis, das von einem seiner Glieder konstituiert wird, ein »in sich reflektiertes« Verhältnis.[5] Weil das Verhältnis durch eines seiner Glieder konstituiert wird, das wiederum nur als Glied dieses Verhältnisses seine Bestimmtheit besitzt, spiegelt es sich in sich, nämlich in dem Glied, das seine Verfassung entwirft. Ein solches Verhältnis ist ein geschlossenes Verhältnis. Denn es bedarf zu seiner Reflexion keiner äußeren Instanz mehr: Seine Widerspiegelung erfolgt ja in seinem eigenen Glied. Dadurch erfüllt es die Forderung, die Spinoza an das Unbedingte stellte: daß es »in sich sei« (*in se est*) und »durch sich begriffen werde« (*per se concipitur*).[6] Entsprechend weist ein in sich reflektiertes Verhältnis die Struktur von Unbedingtheit auf. Hieraus ergeben sich für den Zeitbezug der kritischen Theorie zwei Dinge. Erstens bilden die kritische Theorie und ihre Zeit ein in sich reflektiertes Verhältnis. Das heißt, die kritische Theorie vollzieht eine Reflexion ihrer Zeit, die ein Verhältnis von Theorie und Zeit konstituiert, das erst in jener Reflexion seine Bestimmtheit erlangt. Deshalb kündet die kritische Theorie selber von ihrem Zeitbezug, von der Bestimmtheit der Zeit und von ihrer dieser Zeit entsprechenden Eigenverfassung. Zweitens aber hat sie dessen Struktur so umzustülpen, daß sie nicht mehr die Struktur des Unbedingten darstellt. Denn ihr Beiwort »kritisch« bestimmt das Verhältnis von kritischer Theorie und ihrer Zeit als ein Verhältnis der Negation. Kritische Theorie bezieht sich so auf ihre Zeit, daß sie sie kritisiert. Dann aber kann das Verhältnis zwischen beiden kein geschlossenes Verhältnis sein. Vielmehr soll es so in sich reflektiert sein, daß es sich in seinem einen Glied, der Zeit, seitens seines anderen Gliedes, der Theorie, selbst verneint und also insofern über sich hinausweist, als es in jenem Glied seine Wahrheit bestreitet. Demnach lautet der Anspruch der kritischen Theorie darauf, mit ihrer Zeit ein Verhältnis zu bilden, dessen Reflexion-in-sich zuletzt aus sich heraus reflektiert. Während Hegels Konzept eines in sich reflektierten Verhältnisses eine positive Totalität – das in sich seiende und durch sich begreifbare Unbedingte selber – ins Auge faßt, faßt die kritische Theorie ihr

5 *Georg Wilhelm Friedrich Hegel*, Wissenschaft der Logik. Die Subjektive Logik (= Gesammelte Werke XII), Hamburg 1981, S. 12 ff.

6 *Baruch Spinoza*, Ethica more geometrico demonstrata I, Def. III und Prop. XIV.

Verhältnis zu ihrer Zeit als eine negative Totalität – einen Gesamtzusammenhang, der falsch ist – ins Auge. Das ist der Sinn von Adornos Bemerkung: »Das Ganze ist das Unwahre.«[7]

Aufgrund dieser Sachlage ist das Verhältnis von kritischer Theorie und Behemoth ein in sich reflektiertes Verhältnis, das über sich selbst hinaus reflektiert. Es ist eine negative Totalität. Negative Totalität aber wurde eingangs in den Formen totalitärer Gesellschaften beschrieben. Entsprechend sind diese Formen nicht nur die Gegenstände der kritischen Reflexion, sondern sie strukturieren auch das Verhältnis zwischen der Reflexion und ihnen selber. Nicht nur die Gesellschaft, an der die kritische Theorie entwickelt und klar gemacht wird, ist eine negative Totalität – ihre Bezugnahme ist es ebenfalls. Somit weiß sich die kritische Theorie als eine Reflexion des Behemoth, die selber von dessen Gestalt bestimmt wird, und die Erfahrung totalitärer Gesellschaften ist nicht nur eine Zutat zu der Idee einer kritischen Theorie, sondern Konstituens ihrer Verfassung. Hierin besteht ihr Strukturproblem.

III

Dessen Horizont gilt es weiter zu erhellen. Ein berühmter Gedanke Hegels lautet: »Philosophie ist ihre Zeit in Gedanken erfaßt.«[8] Der Satz sagt über das Verhältnis von philosophischem Denken und geschichtlicher Zeit, daß Philosophie kein über den Wassern schwebender Geist, kein überhistorisches Konstrukt, keine *philosophia perennis* ist, sondern wesentlich einen Zeitkern besitzt. Und er sagt weiter, daß man diesen wesentlichen Zeitkern des philosophischen Denkens nicht mit dessen historischer oder soziologischer Einordnung in bestimmte Zeiten gleichsetzen kann. Denn Philosophie ist nicht einfach Ausdruck einer Zeit oder Funktion bestimmter

7 *Theodor W. Adorno*, Minima Moralia. Reflexionen aus dem beschädigten Leben (= Schriften IV), Frankfurt am Main 1980, S. 99.

8 *Georg Wilhelm Friedrich Hegel*, Grundlinien der Philosophie des Rechts. Naturrecht und Staatswissenschaft im Grundrisse (= Gesammelte Werke XIV/1), Hamburg 2009, S. 15. – Eine gegen die kritische Theorie gerichtete Deutung dieses Satzes bietet *Rüdiger Bubner*, Philosophie ist ihre Zeit in Gedanken erfaßt, in: *ders.* u. a. (Hrsg.), Hermeneutik und Dialektik. Hans-Georg Gadamer zum 70. Geburtstag, Tübingen 1970, S. 317-342.

geschichtlicher Bedingungen. Sie faßt diese Zeit in Gedanken. Etwas in Gedanken fassen heißt: dieses Etwas begreifen – und damit schon über das Etwas hinaus sein. Hinaus über ihre Zeit ist die Philosophie freilich nicht in dem Sinn, daß sie das Begriffene, ihre Zeit, hinter sich ließe oder ihm etwas anderes entgegensetzen könnte. Hinaus über ihre Zeit ist sie vielmehr in dem Sinn, daß sie das Begriffene nicht einfach wiedergibt oder abbildet, sondern in einem sinnvollen Zusammenhang versteht.

Die in Gedanken erfaßte Zeit ist daher die Zeit des Denkens in doppelter Hinsicht. Sie ist zum einen die Zeit, in der wir denken, mit all ihren Bedingungen und Möglichkeiten. Über diese Zeit kann niemand hinaus: »ohnehin [ist] jede[r] ein Sohn seiner Zeit«.[9] Hier fügt sich Hegels Satz ganz der Einsicht in die Geschichtlichkeit all unseres Denkens und Erkennens. Doch zum anderen ist die in Gedanken erfaßte Zeit auch insofern die Zeit des Denkens, als sie die Zeit darstellt, die gedacht wird: gedacht als eine epochale Einheit, die man mit Gründen auf vernünftige Bestimmungen bringen kann. Wenn man eine solche Einheit denkt, so geht man über die unmittelbaren Vollzüge der historischen Bedingtheiten hinaus, indem man diese begreift. Man geht über sie hinaus nicht ins Jenseits der Zeit, sondern in ihren diesseitigen Begriff. Der vernünftige Begriff, auf den wir unsere Zeit bringen, ist aber nur deshalb nicht das Jenseits unserer Zeit, weil die innere Bestimmtheit dieser Zeit selber vernünftig ist. Anders gesagt: Die Philosophie, die ihre Zeit in Gedanken erfaßt, sagt deshalb bloß, was in dieser Zeit ist, und kein Jota mehr, weil Gedanke und Wirklichkeit ein und dieselbe Vernunft in verschiedenen Formen darstellen. Philosophie ist ganz das Kind ihrer Zeit, auch wo sie diese reflektiert und übersteigt, weil ihr Überstieg in die Reflexion nur das Herausschälen desjenigen Vernünftigen ist, das in der gegebenen Zeit wohnt. So bestimmt Hegel folgerichtig: »Darauf kommt es dann an, in dem Scheine des Zeitlichen und Vorübergehenden die Substanz, die immanent, und das Ewige, das gegenwärtig ist, zu erkennen.«[10] Denn die immanente Vernünftigkeit einer Zeit – das in ihr gegenwärtige Ewige – gilt es zu begreifen.

Ersichtlich ist Hegels Annahme einer im Zeitlichen immanenten Vernunft eine Gestalt des oben beschriebenen in sich reflek-

9 *Hegel*, op. cit., S. 15.
10 Ibidem, S. 14.

tierten Verhältnisses. Indem das Verhältnis von Philosophie und begriffener Zeit ein in sich reflektiertes Verhältnis darstellt, sind die Glieder dieses Verhältnisses die Momente eines in sich seienden und durch sich begreifbaren Zusammenhanges. Und ein durch sich begreifbarer Zusammenhang ist ein vernünftiger Zusammenhang. Folglich müssen sich auch seine Momente auf die Vernunft dieses Zusammenhanges zurückführen lassen: Die geschichtliche Wirklichkeit und das philosophische Denken sind zwei Seiten der einen Vernunft. Hegels Konzeption einer Philosophie mit wesentlichem Zeitkern, die mehr ist als die historische Funktion einer Zeit und weniger als die Prolepsis des Jenseitigen, hängt deshalb an der folgenden Annahme: »Was vernünftig ist, das ist wirklich; und was wirklich ist, das ist vernünftig.«[11] Die Gleichung von Wirklichem und Vernünftigem ist das Implikat des in sich reflektierten Verhältnisses von Philosophie und der von ihr erfaßten Zeit. Sie drückt die Vernunft von deren durch sich begreifbarem Zusammenhang aus.

Die Gleichung könnte aber problematisch werden. Denn – so lautet ein gegen Hegel gerichteter Gedanke Schellings – der Zusammenhang der Vernunft vermag zwar alles *Was* zu erfassen, eines aber bleibt seinem Zugriff immer vorausgesetzt: *daß* er ist.[12] Selbst also wenn der Zusammenhang durch sich begreiflich sein sollte, bleibt seine Faktizität seine uneinholbare Voraussetzung. Die Faktizität jedoch ist dem Wirklichen eingeschrieben. Es enthält das Moment, *daß* es ist. Wenn dieses Moment wiederum als Voraussetzung des vernünftigen Zusammenhanges dessen Vernunft vorgängig bleibt, dann bleibt auch das Wirkliche ihr vorgängig. Hegels Gleichung von Vernünftigem und Wirklichem zerfällt. Was folgt dann für eine Philosophie, die ihre Zeit in Gedanken erfassen will?

11 Ibidem, S. 14. – Dieser Formulierung gingen mehrere andere Formulierungen voraus. Am eindrücklichsten ist, die einer anonymen Vorlesungsnachschrift aus dem Jahr 1819/20: »Was vernünftig ist, wird wirklich, und das Wirkliche wird vernünftig.« Georg Wilhelm Friedrich Hegel, *Philosophie des Rechts. Die Vorlesung von 1819/20 in einer Nachschrift*, Frankfurt am Main 1983, S. 51.

12 Dazu grundlegend *Walter Schulz*, Die Aufhebung des Deutschen Idealismus in der Spätphilosophie Schellings, ²Pfullingen 1975.

IV

Eine Folge könnte in der Erweiterung des Begriffes der Wirklichkeit um die Zukunft bestehen. Hegels Gleichung zwischen Vernünftigem und Wirklichem steht unter der Voraussetzung, daß das Wirkliche die geschichtliche Zeit bis zu dem Moment ihrer begrifflichen Bestimmung ist. Entsprechend findet die Identifikation von Wirklichkeit und Vernunft im Rückblick auf die geschichtlich gewordene Gegenwart statt. In Hegels berühmtem Bild ausgedrückt: »[D]ie Eule der Minerva beginnt erst mit der einbrechenden Dämmerung ihren Flug.«[13]

Ebendas wird nun von den Junghegelianern bestritten. Sie halten an Hegels Identifikation von Wirklichkeit und Vernunft fest. Doch sie verlangen, die geschichtliche Wirklichkeit müsse in ihrer Gesamtheit begriffen werden. Und für diese gilt: »Die Totalität der Geschichte muß [...] bestehen aus der Vergangenheit und aus der Zukunft, aus dem bereits durchgemachten und dem noch durchzumachenden Wege, und daraus entsteht als erste Forderung: die Erkenntniß des Wesens der Zukunft für die Speculation zu vindicieren.«[14] Wenn so die Zukunft in die Wirklichkeit hineingeholt wird, dann verändert sich die Perspektive auf deren Identifikation mit der Vernunft. Vernünftig ist nun auch die Zukunft – also dasjenige, was die gegenwärtige vernünftige Wirklichkeit aufhebt. Ja, man kann leicht folgern: Als eine die Gegenwart aufhebende Geschichtsstufe ist die Zukunft zwangsläufig vernünftiger als jene. Und das hieße, die Vernunft ist mit der Wirklichkeit wahrhaft identisch erst in dem, was kommt, da sie bis zu dessen Ankunft immer noch ihrer Aufhebung harrt. Das uneingeholte Daß verweist hiernach auf die Zukunftsdimension der Wirklichkeit. Anders als Schelling es wollte, zeigt es nicht die vorvernünftige Faktizität des Vernünftigen an, sondern seine noch nicht erreichte Versöhnung von vernünftigem Gehalt und Wirklichkeit. Der Zusammenhang der Vernunft ist unfertig.

Eine solche Versöhnung herbeizuführen ist indessen nicht mehr die Sache der Philosophie. Philosophisch erfassen läßt sich nur die Geschichte bis zur Gegenwart. Die Zukunft hingegen ist die Sache des menschlichen Handelns. Entsprechend vervollständigt

13 *Hegel*, op. cit., S. 16.

14 *August von Cieszkowski*, Prolegomena zur Historiosophie, Berlin 1838, S. 8.

das Handeln den unfertigen Zusammenhang von Vernunft und Wirklichem: Hegels Gleichung schlägt in die junghegelianische »Philosophie der Tat«[15] um. Hier knüpft Karl Marx an.[16] Zugleich kritisiert er den einfachen Schritt in das Handeln. Denn die Tat, die die gegenwärtige Epoche aufheben wird, wäre die Revolution dieser Epoche. Diejenigen Revolutionäre aber, die sich einfach nur von der (Hegelschen) Philosophie abkehren, um zur Tat zu schreiten, begreifen nicht, daß die Philosophie selber ein integraler Teil der Wirklichkeit ist, die sie umwälzen wollen. Soll daher die Revolution der Wirklichkeit nicht einfach irgendeine Veränderung, sondern die Aufhebung der Wirklichkeit in einer neuen Epoche darstellen, die hinter den Stand der Gegenwart nicht zurückfällt, so muß die aufzuhebende Wirklichkeit auch insofern in der neuen Wirklichkeit aufgehoben sein, als erst die neue Wirklichkeit ihre Tendenzen wahrhaft verwirklicht und nicht hinter das schon Erreichte zurückfällt. Wenn das aber gilt, dann muß auch die Philosophie, die ja ein integraler Teil der aufzuhebenden Wirklichkeit ist, in der Revolution verwirklicht werden. Es kann keine revolutionäre Tat ohne Verwirklichung der Philosophie geben. Auf der anderen Seite aber kann es auch keine Verwirklichung der Philosophie ohne deren Aufhebung in der Revolution geben. Denn als integraler Teil der erst in ihrer Aufhebung wahrhaft verwirklichten Wirklichkeit ist sie selbst so lange nicht verwirklicht, wie die neue, höherstufige Wirklichkeit nicht in einer Revolution herbeigeführt wird.[17]

Hiernach muß das spekulative Denken der Hegelschen Rechtsphilosophie in die revolutionäre Praxis übergehen, sofern es seiner eigenen Verwirklichung nicht entraten will. Die Identifikation von Vernunft und Wirklichkeit wird so – vermittels der Erweiterung um die Zukunft – zum Postulat einer noch anstehenden Verwirklichung der Vernunft durch die Praxis. Diese Praxis aber stellt laut Marx die Praxis der unterdrückten Klasse dar. Denn »die Geschichte aller bisherigen Gesellschaft ist die Geschichte

15 *Moses Heß*, Philosophie der Tat, in: *ders.*, Ausgewählte Schriften, Köln 1962, S. 131-147.

16 Dazu *Rüdiger Bubner*, Theorie und Praxis – eine nachhegelsche Abstraktion (= Wissenschaft und Gegenwart 49), Frankfurt am Main 1971, S. 17 ff.

17 *Karl Marx*, Zur Kritik der Hegelschen Rechtsphilosophie. Einleitung, in: Marx-Engels-Werke I, Berlin 1968, S. 378-391, hier: S. 384.

von Klassenkämpfen«,[18] und wenn dieser Satz auch nicht bedeutet, daß die Geschichte aller bisherigen Gesellschaft ausschließlich die Geschichte von Klassenkämpfen sei, so bedeutet er doch den entscheidenden Faktor ihrer Entwicklung. Für die kapitalistische Gesellschaftsformation folgt aus ihm, daß der Kampf zwischen ihren beiden Hauptklassen ihre Aufhebung bedingt. Er wird von der Klasse geführt, die in jener Formation unterdrückt wird, also vom Proletariat. Dessen Kampf um Befreiung, der zugleich der Kampf um seine eigene Aufhebung ist, würde demnach die noch anstehende Verwirklichung der Vernunft durchführen. Und darum gilt: »Die Philosophie kann sich nicht verwirklichen ohne die Aufhebung des Proletariats, das Proletariat kann sich nicht aufheben ohne die Verwirklichung der Philosophie.«[19] So ergibt sich aus der Problematik der Hegelschen Gleichung der Übergang von der Theorie in eine revolutionäre Praxis, die die Theorie erst verwirklichen würde. Der abendliche Flug der Eule der Minerva wird vom morgendlichen »Schmettern des gallischen Hahns«[20] abgelöst.

Mit der von Marx formulierten Wendung hat das in sich reflektierte Verhältnis von Philosophie und ihrer Zeit einen Drall erhalten, der aus seinem geschlossenen Zusammenhang in die Offenheit der Zukunft heraus reflektiert. Dieser Aufbruch ist an den Übergang in die revolutionäre Tat gebunden. Fällt diese Tat hingegen weg, so scheint sich jener Zusammenhang wieder zu schließen – nun aber nicht mehr in die Gestalt des Unbedingten, sondern in die Gestalt einer geschlossenen Nichtverwirklichung der Vernunft.

V

Eben hierin aber besteht das Strukturproblem der kritischen Theorie. Die kritische Theorie geht den von den Junghegelianern und Marx eröffneten Weg einer Öffnung der Hegelschen Gleichung

18 *Karl Marx* und *Friedrich Engels*, Manifest der Kommunistischen Partei, in: Marx-Engels-Werke IV, Berlin 1968, S. 459-493, hier S. 462.

19 *Marx*, Zur Kritik der Hegelschen Rechtsphilosophie, op. cit., S. 391.

20 Ibidem. – Dazu *Hermann Klenner*, Preußische Eule oder gallischer Hahn?, in: *ders.*, Die Geschichtlichkeit des Rechts. Klassisches Rechtsdenken in Deutschland, Köln 2003, S. 60-71.

von Vernunft und Wirklichkeit mit, vermag aber den von jenen beanspruchten Schritt in die Revolution nicht zu tun. Darum droht der Zusammenhang zwischen ihr und der von ihr in Gedanken erfaßten Zeit als Nichtverwirklichung der Vernunft sich zu schließen. Sofern sie daher ihre Zeit noch verneinen will, hat sie die Offenheit der revolutionären Praxis in die Theorie zu retten. Die kritische Theorie muß das in sich reflektierte Verhältnis der Theorie zu ihrer Zeit auf neue Weise aufbrechen.

1937 wurde der Text publiziert, dessen Titel dem Unternehmen den Namen liefern sollte. Wer heute Max Horkheimers Aufsatz über »Traditionelle und kritische Theorie« zu verstehen sucht, sieht sich allerdings einem Berg von Deutungsfestlegungen gegenüber, die in den Untiefen des Textes merkwürdig wenig Hilfe bieten. Die wohl hartnäckigste dieser Festlegungen ist die, daß es Horkheimer mit der Idee einer kritischen Theorie um die Überführung von Philosophie in Soziologie ginge.[21] Schlägt man Horkheimers Text auf, liest man hingegen: »Die kritische Theorie der Gesellschaft in Soziologie zu verwandeln, ist überhaupt ein problematisches Unternehmen.«[22] Diese Verwandlung ist genau deshalb ein problematisches Unternehmen, weil die Theorie, deren Idee Horkheimer hier entwickelt, nicht dadurch bestimmt ist, daß sie die Karten des Wissenschaftsbetriebes neu mischen will. Vielmehr sucht sie den Wissenschaftsbetrieb insgesamt hinter sich zu lassen. Die Idee einer kritischen Theorie ist nämlich keine Idee über eine Neuorganisation der akademischen Fächerverhältnisse, sondern eine Idee, die sich auf die anstehenden gesellschaftlichen Umwälzungen bezieht. Horkheimer schreibt ganz deutlich über den kritischen Theoretiker: »Sein Beruf ist der Kampf, zu dem sein Denken gehört, nicht das Denken als etwas Selbständiges,

21 Nur einige von vielen: *Helmut Dubiel*, Wissenschaftsorganisation und politische Erfahrung. Studien zur frühen Kritischen Theorie, Frankfurt am Main 1978; *Seyla Benhabib*, Critique, Utopia and Normativity. A Study of the Foundations of Critical Theory, New York 1986, S. 148 ff.; *Rolf Wiggershaus*, Die Frankfurter Schule. Geschichte – theoretische Entwicklung – politische Bedeutung, München 1986, S. 49 ff.

22 *Max Horkheimer*, Traditionelle und kritische Theorie, in: *ders.*, Gesammelte Schriften IV, Frankfurt am Main 1988, S. 213. – Die Aussagen von Horkheimer konfrontiert polemisch mit Aussagen von Habermas *Detlev Claussen*, Abschied von gestern. Kritische Theorie heute, Bremen 1986, S. 9 ff.

davon zu Trennendes.«[23] Und dieser Kampf ist der Klassenkampf im späten Kapitalismus.

Wenn man die Idee der kritischen Theorie, wie sie von Horkheimer in dem erwähnten Aufsatz vorgeschlagen wird, auf eine Formel bringen will, so wäre sie wohl besser ein spekulatives Denken nach seiner mißglückten Überführung in die Tat zu nennen. Marx hatte ja geschrieben: »Die Philosophie kann sich nicht verwirklichen ohne die Aufhebung des Proletariats, das Proletariat kann sich nicht aufheben ohne die Verwirklichung der Philosophie.« Aber der Donner dieser Worte verhallte insofern im Leeren, als das Proletariat sich in Europa bekanntlich nicht aufgehoben hat und die einzige Aufhebung des Proletariats, die immerhin am Rande der europäischen Geschichte stattfand, gar keine war. Denn daß der Rote Oktober nicht als Erfüllung der Marxschen Hoffnungen gelten kann, wird schon daran deutlich, daß die Rationalität der Gesellschaft, wie sie Hegels Rechtsphilosophie formulierte, im vorrevolutionären Rußland nicht bestand. Ein Proletariat, das sich aufheben konnte, existierte kaum. Von einer Verwirklichung der Philosophie in der praktischen Selbstaufhebung des Proletariats durch die Bolschewiki kann darum nicht die Rede sein. Doch in den Ländern, in denen die gesellschaftliche Rationalität eigentlich für Marxens Prophezeiung sprechen sollte, blieb die Umwälzung aus. Im westlichen Marxismus der Zwischenkriegszeit kam darum eine Fülle von Überlegungen auf, die diese Schwierigkeit sowohl bestimmen als auch beheben wollten. Ihre Stoßrichtung liegt auf der Hand. Da die objektiven Bedingungen für die Revolution alle erfüllt wären, müßte die Losung in den subjektiven Bedingungen liegen. Und so liefen die meisten Vorschläge darauf hinaus, die prekäre Lage des Klassenbewußtseins zu erhellen. Georg Lukács' Buch über Geschichte und Klassenbewußtsein war der einflußreichste und durchdachteste dieser Vorschläge.

Horkheimers Aufsatz ist gewissermaßen eine Variante davon. Und doch geht er in entscheidender Weise über das vorhandene Angebot hinaus. Denn er spricht nicht über die prekäre Lage des Bewußtseins der Anderen, nämlich des Proletariats, das das Objekt der revolutionären Theorie abgibt, indem man seinen Bewußtseinszustand erklärt: etwa so, daß es durch Verdinglichung

23 *Horkheimer*, op. cit., S. 190.

(Lukács) oder durch zivilgesellschaftliche Hegemonie (Antonio Gramsci) an seiner revolutionären Tat gehindert werde. Statt dessen spricht Horkheimer vor allem über die prekäre Lage der Theorie selber. Horkheimers Frage ist, wie eine angemessene Theorie nach dem Ausbleiben ihrer Verwirklichung überhaupt noch betrieben werden kann. Wie kann Theorie noch vernünftig sein, wenn ihre Vernünftigkeit doch eigentlich darin bestanden hätte, daß sie sich in revolutionäre Praxis aufhebt? Indem Horkheimer auf diese Frage reagiert, tragen seine Überlegungen den Keim in sich, zu einer grundlegenden Selbstreflexion des Denkens beizutragen, die über die Zwangslagen der Zwischenkriegszeit hinausgeht. Denn wenn dem revolutionären Denken nun die Vernünftigkeit des theoretischen Denkens selbst zum Thema werden muß und nicht nur die Abwesenheit des richtigen Bewußtseins der richtigen Klasse, dann ist der erste Schritt zu dem getan, was man eine Selbstkritik der Vernunft nennen kann.

Der Kern der von Horkheimer vollzogenen Selbstkritik der Vernunft ist folgendermaßen zu rekonstruieren. Was traditionellerweise »Theorie« heißt, ist das Denken, das die Welt zu begreifen sucht. Dazu strebt es, die bestehenden Sachverhalte zu erkennen. Indem die traditionelle Theorie zu solcher Erkenntnis verhilft, verhilft sie den erkennenden Subjekten zur Selbstbehauptung vor der Welt, deren Zugriffen sie ansonsten ausgesetzt blieben.[24] Die Subjekte wissen jetzt um die Tatsachen und können folglich mit ihnen rechnen und umgehen. Traditionelle Theorie erfüllt somit eine hilfreiche Funktion im Leben der Subjekte. Sie thematisiert diese Funktion aber nicht, sondern versteht ihre Tätigkeit als isolierte Tätigkeit von Gelehrten und Wissenschaftlern. Darum verfehlt sie zweierlei. Zum einen vermag sie sich nicht als Moment einer gesamtgesellschaftlichen Tätigkeit zu begreifen, innerhalb deren sie eine bestimmte Aufgabe hat. Zum anderen vermag sie nicht zu begreifen, daß die Tatsachen, die ihr als Gegebenheiten vorkommen, ebenfalls Produkte dieser gesamtgesellschaftlichen Tätigkeit sind. Denn es gibt keine Welt, die nicht schon technisch oder kategorial durch ein Subjekt geformt wäre.

24 *Max Horkheimer*, Vernunft und Selbsterhaltung, in: *ders.*, Gesammelte Schriften V, Frankfurt am Main 1987, S. 320-350. – Dazu insgesamt *Heidrun Hesse*, Vernunft und Selbstbehauptung. Kritische Theorie als Kritik der neuzeitlichen Rationalität, Frankfurt am Main 1984.

Nun scheint diese Feststellung aus heutiger Sicht nicht viel mehr als eine Vorwegnahme jener wissenschaftstheoretischen Erwägungen zu sein, die als Wissenschaftsgeschichte und Wissenschaftssoziologie inzwischen von der traditionellen Theorie anerkannt worden sind. Doch Horkheimer will nicht einfach die Welt der Tatsachen um die zusätzliche Tatsache erweitern, daß diese Tatsachen und ihre theoretische Erfassung geschichtlich und gesellschaftlich bedingt sind. Sein Punkt liegt vielmehr darin, daß jene Einsicht eine Veränderung des Subjekts ermöglicht. Kritische Theorie ist nicht so sehr durch die Verschiedenheit der Gegenstände von der traditionellen Theorie unterschieden als durch die Verschiedenheit der Subjekte.[25] Die traditionelle Theoretikerin sucht möglichst viele Tatsachen zu begreifen, und sei es die Tatsache ihrer eigenen gesellschaftlichen Bedingtheit. Sie nimmt sie also in ihrer theoretischen Arbeit als gegebene, zu durchdenkende Tatsachen hin. Die kritische Theoretikerin hingegen nimmt die Tatsachen nicht mehr als gegebene Tatsachen hin. Sie geht aus dem Wissen darum, daß diese Tatsachen ihr nicht äußerlich sind, sondern Produkte der gesamtgesellschaftlichen Tätigkeit, an der auch sie teilhat, über zu dem Bewußtsein einer grundlegenden Entzweiung. Denn einerseits ist die Welt, die sie begreift, als Produkt der gesamtgesellschaftlichen Tätigkeit ihre Welt, und es liegt die Vernunft jener Tätigkeit in ihr; andererseits aber ist diese Welt nicht ihre Welt, da die natürlichen und gesellschaftlichen Tatsachen als dem Denken gegebene Tatsachen ja nicht in ihrer Hand liegen. Entsprechend wird das Subjekt der Tatsachenerfassung zum Subjekt im Widerspruch der entzweiten Welt.

Dieser Widerspruch nimmt die Vernünftigkeit der Welt wieder zurück. Vernünftig wäre erst die Versöhnung von Subjekt und Welt. Dazu aber müßte die Welt selbst verändert werden: von der Gesamtheit der Tatsachen zu einer Einheit, in der sich das Subjekt unverletzt wiedererkennen kann. Auf diese Weise gelangt die kritische Theorie zu einer grundlegend revolutionären Einstellung zu dem, was ist. Aber der Revolution kann sie sich nicht mehr verschreiben. Sie wird nicht zur Praxis, sondern bleibt Theorie. Darum ist die kritische Theorie eine Form spekulativen Denkens nach seiner mißglückten Überführung in die Tat.

25 *Horkheimer*, Traditionelle und kritische Theorie, op. cit., S. 183.

VI

Eine solche Spekulation verbindet sich mit der Kritik. Unter Kritik versteht man eine Unterscheidung oder die urteilende Prüfung einer Sache; in einer Kritik stellt man die Sache gleichsam vor Gericht. Was die kritische Theorie vor Gericht stellt, sind zunächst die Ansprüche der traditionellen Theorie, die Welt zu begreifen. Diese Ansprüche verfallen in letzter Konsequenz, weil das traditionelle Denken seine gesellschaftliche Funktion niemals so zu thematisieren vermag, daß es über die Ansammlung von bestehenden Sachverhalten hinauskäme. Aus diesem Urteil entsteht die kritische Theorie. Sie liegt ihm nicht voraus, sondern vollzieht sich in nichts anderem als dem verwerfenden Urteil über das traditionelle Denken. Wenn aber dessen urteilende Prüfung dazu führt, daß die Welt in ihrer Widersprüchlichkeit, sowohl die eigene als auch die fremde Welt zu sein, erfahren wird, dann ergeht mit dem Urteilsspruch über die traditionelle Theorie zugleich auch das Urteil über die Welt: Diese muß anders werden. Die Kritik des traditionellen Denkens ist somit in eins auch die Kritik der Wirklichkeit. Horkheimers Bestimmung der Theorie als »kritisch« kann deshalb zwei berühmte Vorbilder zugleich anklingen lassen: Kants Kritik der reinen Vernunft und die Kritik der politischen Ökonomie des Karl Marx. Eine Kritik zwar nicht der reinen, aber doch der theoretischen Vernunft ist die kritische Theorie, weil sie die Möglichkeiten und Grenzen des traditionellen Denkens beurteilt, und dies aus der Kraft des Denkens selbst heraus. Und eine Kritik der politischen Ökonomie ist sie auch da, wo sie keine ökonomische Analyse durchführt, weil die Selbstkritik der Vernunft in eine urteilende Prüfung der Welt übergeht, die die widersprüchliche Welt des späten Kapitalismus ist.

Der kritische Grundzug der Theorie ist jedoch zugleich ein spekulativer. »Spekulation« ist ein mehrdeutiger Begriff. Er scheint ein Denken zu bezeichnen, das von einer Anhöhe (*specula*) herab die Dinge ausspäht (*speculatur*). Das spekulative Denken mag daher, je nachdem, positiv als ein Denken von höherer Warte oder negativ als ein in die Sachfremdheit abgehobenes Denken verstanden werden. Bei Hegel jedoch erhält der Begriff eine ganz andere Bedeutung.[26] Denn bei ihm erfolgt das spekulative Denken nicht aus

26 Eine gedrängte Darstellung bei *Georg Wilhelm Friedrich Hegel*, Enzyklopädie der philosophischen Wissenschaften im Grundrisse (1830), §§ 79-82 ff.

einer privilegierten Position. Vielmehr hat es sich eigens zu rechtfertigen, indem es sich aus den Unzulänglichkeiten des natürlichen Denkens herleitet, die sich als dessen Begründungsdefizite äußern. Das natürliche Denken ist das Denken, das Sachverhalte denkt. Wenn ihm nachgewiesen werden kann, daß seine Begründungsgänge ihrer Natur nach unzulänglich sind, dann ist ein Denken gefordert, das die Natur des natürlichen Denkens übersteigt. Spekulatives Denken ist nichts anderes als dieser Selbstüberstieg des natürlichen Denkens in das Denken seines Grundes. Darum stammt Hegels Begriff der Spekulation nicht von *specula*, Anhöhe, sondern von *speculum*, Spiegel.[27] Denn das aus den Unzulänglichkeiten des natürlichen Denkens sich herleitende spekulative Denken hält dem natürlichen Denken den Spiegel vor: Es macht den Grund des Denkens sichtbar, der dem natürlichen Denken sonst nicht sichtbar ist. Das spekulative Denken ist das sich im Spiegel selbst aufklärende und damit übersteigende natürliche Denken.

Genau das will aber auch Horkheimers Idee einer kritischen Theorie leisten. Die Kritik der traditionellen Theorie führt zur Selbstspiegelung des Denkens, in der dieses sich in die Einsicht dessen übersteigt, daß das theoretische Denken das Moment eines gesellschaftlich bestimmten Gesamtzusammenhangs ist, den es als seinen eigenen Grund noch denken muß. In diesem Selbstüberstieg werden Dinge sichtbar, für die die traditionelle Theorie blind bleiben muß. Zu diesen Dingen gehört an erster Stelle die Unvernunft der Welt. Ohne den Selbstüberstieg des Denkens würde die Widersprüchlichkeit der Welt gar nicht erfahrbar und also auch nicht kritisierbar. Nur indem das Denken sich selbst als Moment eines ihm vorgängigen Gesamtzusammenhanges begreift, vermag es sich in diesem wiederzuerkennen und also die Welt als seine eigene zu begreifen und zugleich zu dem Sachverhalt in einen Gegensatz zu setzen, daß die ihm von außen gegebene Tatsächlichkeit der Welt die Welt ihm wieder entfrem-

27 Die Herleitung der Spekulation vom *speculum* ursprünglich bei *Augustinus*, De trinitate XV, 8, 14. – *Hans Heinz Holz*, Dialektik und Widerspiegelung, Köln 1993, hat mittels der Spiegelmetapher den leninistischen Gedanken der Widerspiegelung mit dem spekulativen Denken verbunden, das er mit Engels als »Wissenschaft vom Gesamtzusammenhang« versteht; *ders.*, Weltentwurf und Reflexion. Versuch einer Grundlegung der Dialektik, Stuttgart 2005, hat diesen Gedanken zu einer Ontologie ausgebaut.

det. Die kritische Theorie ist demnach kritisch nur, insofern sie spekulativ ist.

Die Abhängigkeit der Kritik von der Spekulation, die die kritische Theorie selbst zu einer Variante spekulativen Denkens werden läßt, birgt allerdings eine große Schwierigkeit. Denn es könnte so scheinen, daß das Denken hier, wo es seinen Überstieg aus sich selbst heraus begründet, einem hausgemachten Schein unterliegt. Der Übergang der traditionellen in die kritische Theorie soll sich nicht im luftleeren Raum des Denkens abspielen, sondern auf die Erfahrung der spätkapitalistischen Gesellschaft antworten. Sonst wäre die kritische Theorie nur eine neue Variante der gesellschaftsfernen traditionellen Theorie, die um ihr Momentsein im gesellschaftlichen Ganzen nicht weiß. Die hierfür nötige Erfahrung der spätkapitalistischen Gesellschaft kann jedoch nur dann gemacht werden, wenn man über die Hinnahme des Gegebenen, über das traditionelle Denken und seinen Erfahrungsbezug also, bereits hinaus ist. So muß sich die kritische Idee auf eine Erfahrung berufen können, die weder die Erfahrung eines Bestehenden ist noch aus dem reinen Denken bloß herausgepumpt.

Horkheimer entdeckt diese Erfahrung in den Leistungen der Phantasie. Denn die Phantasie arbeitet einerseits mit Erfahrungsgegebenheiten und ist insofern mehr als ein bloß selbstgenügsames Denken. Anderseits geht sie mit diesen Gegebenheiten frei, spontan und schöpferisch um. Sie hat Eigensinn. Dieser »Eigensinn der Phantasie«[28] ermöglicht erst die Sättigung des spekulativen Überstiegs mit Erfahrung, ohne die die kritische Theorie zu einer neuen, diesmal besonders schwer zu durchschauenden Gestalt des traditionellen Denkens pervertierte. Letzter Anker des kritischen Denkens ist darum die phantasievolle Erfahrung des späten Kapitalismus. In ihr gründet die Verbindung von Kritik und Spekulation nach deren mißglückter Verwirklichung.

VII

Horkheimers Konzeption der Phantasie hält an einer letzten unversehrten Instanz fest, in der das kritische Denken verankert werden

28 *Horkheimer*, Traditionelle und kritische Theorie, op. cit., S. 194.

kann. Das eint seine Überlegungen mit den anderen Vorschlägen neomarxistischer Herkunft, die alle einen Hebel zur Umwälzung der mißlichen Lage suchten. Es läßt Horkheimers Text allerdings auch eigentümlich blind erscheinen: blind angesichts der Existenz totalitärer Gesellschaften. Denn der Gedanke, daß der späte Kapitalismus eine Gestalt angenommen hat, die auf die Individuen einen totalen Zugriff tätigt auch in dem Sinn, daß sie für unversehrte individuelle Instanzen kein Platz mehr läßt, mag sich zwar unterderhand in den Verwicklungen der Argumentation melden, wird aber nicht selber ausgedrückt. Was die gesellschaftliche Grundbestimmung betrifft, könnte Horkheimers Idee einer kritischen Theorie genausogut 1923 oder 1931 abgefaßt worden sein – und das, obwohl Horkheimer und das gesamte Institut für Sozialforschung die Lage in Deutschland politisch gut eingeschätzt hatten und sich seit vier Jahren im Exil befanden. Die Probleme des kritischen Denkens aber sind hier immer noch die Probleme, die das Denken im Leviathan hat, und noch nicht die im Behemoth. Entsprechend bildet das Verhältnis zwischen der kritischen Theorie und ihrer Zeit noch keine negative Totalität. Statt dessen klammert sich die Theorie nach ihrer mißglückten Verwirklichung an ein Praxissubstitut: die phantasievolle Erfahrung des Gegebenen, die der Aufsatz beschwört.

Das ändert sich bald. Die Einsicht darein, daß der späte Kapitalismus in Gesellschaften übergegangen ist, die unversehrten Instanzen keinen Platz mehr gewähren, kommt in einem zweiten Text Horkheimers eindringlich zum Ausdruck, den er zusammen mit Theodor W. Adorno verfasste und dessen Titel ebenfalls Berühmtheit erlangen sollte: *Dialektik der Aufklärung*. Verfaßt wurden diese *Philosophischen Fragmente* in der amerikanischen Emigration, als Buch kamen sie 1947 in kleiner Auflage bei Querido in Amsterdam heraus, in Deutschland erschien ein Auszug aus ihnen zuerst in der Deutschen Demokratischen Republik: in Johannes R. Bechers, Paul Wieglers und Peter Huchels Zeitschrift *Sinn und Form*.[29] Seine

29 *Max Horkheimer* und *Theodor W. Adorno*, Odysseus oder Mythos und Aufklärung, in: Sinn und Form, Jg. 1 (1949), Nr. 4, S. 143-182. – In der von der CIA finanzierten Zeitschrift *Der Monat* wurden Horkheimer und Adorno für diesen Abdruck scharf angegriffen. In der Folge sprach Adorno linientreu vom »Ostbereich« (z. B. Jene zwanziger Jahre, in: *ders.*, Gesammelte Schriften X/2, Frankfurt am Main 1977, S. 499-506, hier: S. 506).

Wirkung entfaltete der Text aber erst in den sechziger Jahren, zunächst in Gestalt von Raubdrucken, dann als Neudruck im Fischer Verlag.[30] In ihm präzisiert sich die Idee einer kritischen Theorie von der Idee eines spekulativen Denkens nach seiner mißglückten Verwirklichung zu der Idee eines spekulativen Denkens, das noch als unverwirklichtes Denken kaum mehr möglich ist, weil es schon immer dem Zugriff einer in ihrer Vernünftigkeit unvernünftigen Gesellschaft unterliegt.

Auch die These von der Dialektik der Aufklärung ist aufgrund ihrer Popularität unter einem Berg von Klischees verschüttet.[31] Ich sehe ihren Kern in folgendem bestehen. Man kann die Legitimation der Wirklichkeit aus Tradition oder religiöser Erfahrung »Mythos« nennen. Sein Prinzip ist das der Immanenz, denn er vollzieht sich in der erzählenden Wiederholung des Bestehenden und schneidet dasjenige, was dieses überschreitet, ab. Aufklärendes Denken wiederum zielt auf die Zerstörung der Mythen ab. Sein Prinzip ist, daß man Rechtsgründe geben soll, nicht bloß die Sachen wiederholen. Aufklärung und Mythos stehen demnach gegeneinander. Doch gegen den Anschein ist schon der Mythos Aufklärung. Denn er gibt gerade in seiner wiederholenden Erzählung des Wirklichen von diesem Rechenschaft ab. »Der Mythos«, so Horkheimer und Adorno, »wollte berichten, nennen, den Ursprung sagen: damit aber darstellen, festhalten, erklären.«[32] Da folglich der Mythos bereits die erste Stufe zur Aufklärung darstellt, greift die Aufklärung über die Mythen diese mit deren eigenen Mitteln an. Wie der Mythos in der Wiederholung des Wirklichen das Wirkliche implizit zu einer Rechtssache macht, indem er es wiederholend rechtfertigt, so macht Aufklärung diese Verrechtlichung explizit, findet dabei

30 Zur Wirkungsgeschichte *Hauke Brunkhorst*, Die Dialektik der Aufklärung nach siebzig Jahren, in: *Gunnar Hindrichs* (Hrsg.), Max Horkheimer und Theodor W. Adorno: Dialektik der Aufklärung (= Klassiker Auslegen 63), Berlin und Boston 2017, S. 179-198.

31 Wer einen ungefähren Begriff dieser Verschüttung haben möchte, lese die Nummer, die die Neue Rundschau 1997 dem fünfzigsten Jahr des Erscheinens dieses Grundbuches der kritischen Theorie widmete. Dort reden die Autoren hauptsächlich über – sich selbst. Inzwischen mehren sich Anzeichen einer unbefangeneren Rezeption.

32 *Max Horkheimer* und *Theodor W. Adorno*, Dialektik der Aufklärung. Philosophische Fragmente (= Gesammelte Schriften III), Frankfurt am Main 1981, S. 24.

allerdings den Rechtsgrund des Mythos, die Wiederholung, unzureichend.

Das ist die eine Seite der Dialektik der Aufklärung: Aufklärung steht nicht in abstraktem Gegensatz zu ihrem Angriffsziel, dem Mythos, sondern ist die konsequente Entwicklung von dessen rechtfertigender Kraft. Weil aber die aufklärende Tendenz der Mythen sich gegen diese selbst richtet, vollzieht sich eine entscheidende Veränderung. Die Wiederholung des Wirklichen im Mythos wird nun ersetzt durch die Wiederholung der Vernunft in der Aufklärung. Die aufklärende Vernunft will das Wirkliche nicht wiederholen, sondern aus Vernunft erklären. Durch solche Erklärungen kann man die Herrschaft des Wirklichen brechen und es selbst beherrschen. Doch damit zeigt sich, daß auch aufklärende Vernunft auf dem Prinzip der Immanenz beruht. Denn wenn das Wirkliche erklärt werden soll, darf es, das Andere des Denkens, nicht als das Andere des Denkens bestehen bleiben. Es entzöge sich ja dann dem erklärenden Denken. Das Wirkliche muß sich daher im Gegenteil vom Denken einverleiben lassen, von diesem identifiziert und eingeordnet werden. In diesem Zwang zur Immanenz, der der aufklärenden Vernunft innewohnt, liegt jedoch nichts anderes als ein neuerliches mythisches universales Tabu. Gäbe es etwas im Außerhalb des aufklärenden Wissens, so würde es die Quelle unbewältigbarer Angst vor einer neuerlichen Herrschaft des Wirklichen über das Denken bilden. Dem beugt die vernünftige Immanenz vor, indem sie jenes Außerhalb wegschneidet. Indem sie es derart tabuiert, bleibt sie aber ebender Angst ausgeliefert, der sie vorbeugen will. Sie läßt das Andere nicht zu, weil es sie ängstigt. Für Horkheimer und Adorno ist Aufklärung daher »die radikal gewordene, mythische Angst«.[33] Das ist die andere Seite der Dialektik der Aufklärung: Nicht nur vollzieht sich im Mythos schon Aufklärung, sondern die Aufklärung wird selber wieder zum Mythos, indem auch sie die Immanenz zum Prinzip hat und dasjenige, was sich ihr sperrt, mit einem Tabu belegt.

Vor diesem Hintergrund ist der Prozeß der Aufklärung als katastrophal zu verstehen. Weil am Ende des entzaubernden Ganges der Aufklärung das Andere des Denkens tabuiert wird, werden die Rechtssachen, um die es aufklärendem Denken eigentlich ging,

33 Ibidem, S. 32.

selbst wieder zu Tatsachen. Denn da das Rechtsgründe gebende Denken sich zum Maß aller Sachen aufschwingt, ist das, was als Sache gelten kann, ihm *a priori* gleich, im aufgeklärten Sinne vernünftig. Dann aber müssen die Sachen nicht mehr hinterfragt werden, sondern genügen in ihrer Tatsächlichkeit, die mit der aufklärenden Vernunft in eins fällt. Das denkende Subjekt hat so die aufgeklärte Welt als Tatsache zu akzeptieren. Das aber besitzt Folgen für die Subjekte, die sich durch aufklärendes Denken doch eigentlich Freiheit verschaffen wollten. Nachdem Rechtssachen und Tatsachen eins geworden sind, sehen sich die Subjekte jetzt schieren Tatsachen gegenüber, die sich allein durch ihre Tatsächlichkeit als gerechtfertigt darstellen. Gerade also weil das Wirkliche vernünftig, von aufklärender Vernunft beherrscht ist, hat das vernünftige Subjekt das Wirkliche als Tatsache zu akzeptieren. Die Selbstbefreiung des Subjekts in der aufklärenden Beherrschung der Welt wird demnach zur subjektiven Selbstbindung. Seine Freiheit, Ergebnis der Mündigung von der mythischen Herrschaft des gegebenen Wirklichen, resultiert notwendigerweise in neuer Unfreiheit, in Entmündigung durch die Faktizität der vernünftigen Wirklichkeit.

Das ist der volle Gehalt der These von der Dialektik der Aufklärung: Aufklärendes Denken vollzieht sich in einer Dialektik, weil es sich gegen sich selbst richtet. Es will die Freiheit des Denkens und verschüttet diese doch gerade in seiner Vollendung.

VIII

Mit der Bestimmung des aufklärenden Denkens, die sich in vielfältige Richtungen ausformulieren läßt, haben Horkheimer und Adorno ihre Zeit auf den Begriff gebracht. Sie ist ein unwahrer Gesamtzusammenhang. Denn wenn die Aufklärung ihre Frage nach dem Rechtsgrund in die Feststellung von Faktizität aufgelöst hat, dann hat sie die Frage nach der Wahrheit in die Frage schierer Gegebenheit aufgelöst. Als unwahrer Gesamtzusammenhang wiederum bildet sie eine negative Totalität. Die Dialektik der Aufklärung bietet demnach einen geschichtsphilosophischen Schlüssel für die Aufkunft des Strukturproblems der kritischen Theorie.

Unter formationsbegrifflichem Gesichtspunkt können hiermit totalitäre Gesellschaften erklärt werden. Sie sind das Resultat der zu Ende geführten Aufklärung. Denn die aufgeklärte Ordnung der Welt drückt sich als Ordnung der modernen Gesellschaften so aus, daß deren rationale Klassifikationen und Systeme ebenfalls zu nackten Tatsachen und schon als solche legitim werden. Sie schließen darum das, was ihrem Maß widerspricht, ohne Rücksicht aus. Entsprechend kann das Andere gesellschaftlich nicht als ein Anderes überleben, weil der Grund der Ordnung des Wirklichen, die aufklärende Vernunft, ein solches Überleben seiner Natur nach nicht zulassen kann, und die Freiheitsberaubung des Subjekts, die im Vollzug der Aufklärung geschieht, schlägt sich als gesellschaftliche Freiheitsberaubung nieder. Es gilt, sich die Radikalität dieser Erklärung totalitärer Gesellschaften aus dem Geiste aufklärenden Denkens klar zu machen. Wenn der Verlust der Freiheit durch die Eigenart desjenigen Denkens begründet wird, das Freiheit allererst zu errichten sucht, dann ist es die aufklärende Emanzipation, die für die gesellschaftliche Unfreiheit verantwortlich ist, obwohl doch die Freiheit ihr eigenes Ziel darstellt. Deshalb sind totalitäre Gesellschaften keine Gegenbilder zum aufgeklärten Liberalismus, sondern als seine Konsequenz in ihm enthalten. Andererseits wiederum ist der Liberalismus nicht schlechthin totalitär zu nennen, sondern verankert erst die Idee der Freiheit, an deren Verlust jeder Totalitarismus erst meßbar wird.

Hieraus folgt, daß Horkheimers und Adornos Bestimmung der totalitären Gesellschaft nicht auf die Formen faschistischer oder stalinistischer Herrschaft beschränkt ist und auch nicht auf die gesellschaftlichen Dimensionen des autoritätsgebundenen Charakters, die sie zumal in den Thesen zum Antisemitismus erhellt.[34] Auch die liberalen Gesellschaften sind totalitär, insofern sie das Immanenzprinzip der Aufklärung durchsetzen. Freilich schneiden sie das Andere des Bestehenden weniger durch Jugendformierung, Blockwart, Lager ab, sondern vor allem durch die Kulturindustrie. Denn so wie die restlos aufgeklärte Welt die immanente Welt der

34 Dazu *Eva-Maria Ziege*, Antisemitismus und Gesellschaftstheorie. Die Frankfurter Schule im amerikanischen Exil, Frankfurt am Main 2009, die neben der Bedeutung der Thesen auch den Sachverhalt aufzeigt, daß die im Exil durchgeführte Studie über *Antisemtism Among American Labor* dem Antisemitismus des autoritätsgebundenen Charakters, den die Studie *The Authoritarian Personality* am weißen Bürgertum gewinnt, einen multikulturellen proletarischen Antisemitismus zur Seite stellt.

schieren Tatsachen darstellt, bietet die Kulturindustrie die Tatsachen einfach noch einmal dar. Kulturindustrielle Erzeugnisse errichten keine Scheinwelten über der harten Wirklichkeit, sondern tun so, als seien die von ihr aufgefahrenen Tatsachen schöner Schein. Sie verschleiern nicht die Verhältnisse, sondern reproduzieren sie und hämmern sie damit als tatsächlich ein. Und weil in der aufgeklärten Welt gilt: Je tatsächlicher etwas ist, umso gerechtfertigter ist es, sind die kulturindustriellen Leinwände, auf denen sich das Bestehende noch einmal als Tatsache präsentieren kann, im Sinne dieser Welt Rechtsgründe. Rechtssachen und Tatsachen sind ja längst identisch. Gerade die Abbildung des Wirklichen, die den Kern der Kulturindustrie darstellt, ist so für deren verblendende Wirkung verantwortlich. Deshalb ist das kulturindustriell organisierte Vergnügen für Horkheimer und Adorno die »Freiheit zum Immergleichen«,[35] »in der Tat Flucht, aber nicht, wie es behauptet, Flucht vor der schlechten Realität, sondern vor dem letzten Gedanken an Widerstand, den jene noch übriggelassen hat«.[36] Kulturindustrielle Gesellschaften sind totalitär, weil ihnen die Individuen ihr Eigenrecht spielend überlassen.

Anders als Horkheimers erste Formulierung der Idee einer kritischen Theorie ist diese Bestimmung ganz von der Erfahrung totalitärer Gesellschaften geprägt. Sie sieht die Aufklärung von ihrem katastrophalen Ende her und will erklären, »warum die Menschheit, anstatt in einen wahrhaft menschlichen Zustand einzutreten, in eine neue Art von Barbarei versinkt«,[37] wie die berühmten Worte aus dem Vorwort lauten. Aus dieser Bestimmung folgt die Entscheidung der Idee einer kritischen Theorie. Sie lautet auf die Theorie als ein Moment negativer Totalität der aufgeklärten Welt. Denn ein Überstieg aus dem allgemeinen Verblendungszusammenhang ist nun nicht mehr möglich. Auch die phantasievolle Erfahrung der Gesellschaft vermag ihn nicht zu begründen. Deren Eigensinn kann vor den Ansprüchen des aufgeklärten Denkens kein Recht mehr beanspruchen, sondern würde sofort von der Frage nach seinen Rechtsgründen zerrieben. Bestand Horkheimers früheres Problem darin, wie eine Theorie nach dem Ausbleiben ihrer praktischen Verwirklichung noch legitimierbar sei, so lautet das jet-

35 *Horkheimer* und *Adorno*, op. cit., S. 190.

36 Ibidem, S. 167.

37 Ibidem, S. 11.

zige Problem, wie eine kritische Theorie überhaupt noch soll anheben können. Denn daß eine sie verwirklichende Praxis nicht mehr stattfinden kann, ist die zwingende Folge aus der Bestimmung der aufgeklärten Welt. Schließlich ist die aufklärende Emanzipation des Subjekts dafür verantwortlich, daß diese Subjekte in Barbarei versinken. Weil es freilich zur Emanzipation keine Alternative gibt, es sei denn voraufgeklärte Wiederherstellungen des Mythos, die nicht weniger zur Befestigung des Immanenzprinzips dienen, ist eine Praxis, die zur Verwirklichung menschenwürdiger Lebensformen unterwegs ist, verunmöglicht. In den alten, marxistischen Begriffen gesprochen: Es wird keine Geschichte der Menschheit geben, nur eine unendliche Vorgeschichte.[38]

Dieses Ergebnis ist weit radikaler als das Ergebnis, das Horkheimers anfänglicher Auseinandersetzung mit der prekären Lage des befreienden Denkens zeitigte. Denn jetzt gilt nicht: Hier traditionelle Theorie, da kritische Theorie. Vielmehr ist das befreiende Denken als aufklärendes Denken selber in den Verblendungszusammenhang hineingezogen, als der sich die Zeit darstellt. Spengler, dessen Überlegungen im Diskussionszusammenhang der Emigranten kritisch aufgegriffen wurden, hatte geschrieben: »Niemand sollte sich darüber täuschen, daß das Zeitalter der Theorie auch für uns zu Ende geht.«[39] Er wollte damit den Übergang aus der bürgerlichen Kultur der Reflexion in die eiserne Zeit eines neuen Cäsarentums kennzeichnen. Horkheimer und Adorno greifen den Gedanken auf und wenden ihn gegen seinen Urheber. Sie liefern die ganz unspenglerischen Gründe dafür, warum das Zeitalter der Theorie zu Ende geht: weil das Denken selber sich im Immanenzzusammenhang gefangenhält. Ein reflexiver Überstieg der Theorie kann folglich nicht mehr stattfinden. Die negative Totalität der aufgeklärten Welt ist so in sich reflektiert, daß sie die Reflexion auf sich abschneidet.

Wenn das aber die Lage des kritischen Denkens ist, dann betreffen seine Urteilssprüche über das falsche Ganze immer auch

38 *Karl Marx*, Zur Kritik der politischen Ökonomie (= Marx-Engels-Werke XIII), Berlin 1968, S. 9.

39 *Oswald Spengler*, Der Untergang des Abendlandes. Umrisse einer Morphologie der Weltgeschichte, München 1972, S. 1129. – Dazu *Theodor W. Adorno*, Spengler nach dem Untergang, in: *ders.*, Gesammelte Schriften X/1, Frankfurt am Main 1976, S. 47-71.

es selbst. Und das heißt, die Kritiken betreffen auch die Kritiken. Kritisches Denken sitzt somit nicht über das Denken und die Welt zu Gericht, indem es dieses nach festen Regeln und Gesetzen verurteilt. Ein solches Denken wäre ein Dogmatismus der Kritik, die wie die formale Operation der antiken Sophistik an jedem beliebigen Gegenstand ansetzt, um ohne Selbstzweifel über ihn ihr Verdikt zu formulieren.[40] Aber die Idee der kritischen Theorie spricht anders. Sie bezeichnet ein Denken, das Urteile in der Zwangslage fällt, über das Gesetz zum Urteilen gar nicht zu verfügen, weil es in jedem Urteil auch sein eigenes Urteil verurteilt. Kritische Theorie ist nach der Einsicht in die Dialektik der Aufklärung mit der Bestimmung konfrontiert, daß die vernünftig gewordene Wirklichkeit gerade aufgrund ihrer Vernünftigkeit unvernünftig zu nennen ist. Denn die Wirklichkeit ist vernünftig, weil sie die aufgeklärte Welt darstellt; und sie ist gerade darum unvernünftig, weil sie als aufgeklärte Welt die jeweils individuelle Vernunft zurechtstutzt. Das kritische Denken kann sich daher nicht mehr als vernünftiges Korrektiv der unvernünftigen Wirklichkeit begreifen. Wenn Vernunft und Unvernunft wie Mythos und Aufklärung unentwirrbar ineinander verschlungen sind, dann hat auch das kritische Denken in seiner Vernünftigkeit an der Unvernunft teil. Darum muß es sich des Glaubens entschlagen, auf ein korrigierendes Unversehrtes zurückgreifen zu können. Übrig bleibt ihm allein der Rückgriff auf Versehrtes, das die Anhaltspunkte zur Kritik zu liefern hat und in seiner Versehrtheit einer versehrten Artikulation zugeführt wird.

In einer solchen Artikulation wäre man des Versehrten eingedenk.[41] Eingedenk – das bedeutet: man betrachtet das Versehrte vom »Standpunkt der Erlösung«.[42] Der Standpunkt der Erlösung ist nicht die Erlösung. Vielmehr bildet er den Bezugspunkt, unter dem das Versehrte und seine versehrte Artikulation als versehrt begriffen werden können: als erlösungsbedürftig. Ihn setzt die

40 Das ist der Vorwurf von *Rüdiger Bubner*, Was ist kritische Theorie?, in: Philosophische Rundschau 16 (1969), S. 213-249, zumal S. 227 ff. und 246 ff.

41 *Horkheimer* und *Adorno*, op. cit., S. 47. – Der Begriff des Eingedenkens bei *Ernst Bloch*, Geist der Utopie, Berlin 1918, S. 259 ff., S. 333 ff. und S. 373 ff., sowie in der Folge bei *Walter Benjamin*, Über den Begriff der Geschichte, in: *ders.*, Gesammelte Schriften I/2, Frankfurt am Main 1974, S. 691-703, hier: S. 701. Beide werden von Horkheimer und Adorno nicht erwähnt.

42 *Adorno*, Minima Moralia, op. cit., S. 281.

negative Totalität voraus. Denn insofern sie den falschen Gesamtzusammenhang bildet, beinhaltet sie einerseits, daß nichts außerhalb ihrer ist, und anderseits, daß sie falsch ist. Jenes verhindert die Erscheinung der Wahrheit, dieses verlangt die Verneinung ihrer selbst. Der Gesichtspunkt der Erlösung ermöglicht beides. Er gibt keine Parusie des Wahren an, sondern das Verlangen des Falschen nach dem Wahren. Die Artikulation dieses Verlangens bezeichnet der Begriff des Eingedenkens. Indem die negative Totalität als negative Totalität artikuliert wird, wird auch das Verlangen ihrer Momente nach Erlösung artikuliert. Entsprechend erstickt die geschichtsphilosophische Darstellung der Dialektik der Aufklärung, die von Homer bis zum Faschismus reicht, die Sehnsucht nach Befreiung nicht. Vielmehr verhilft sie ihr in der Gestalt zur Sprache, die angesichts des Verblendungszusammenhanges die einzige verantwortliche Gestalt darstellt. Es ist die Gestalt einer Erlösung als Negativbild der negativen Totalität.

Wie das Eingedenken über den geschichtsphilosophischen Blick hinaus zu geschehen habe, darüber schweigt die *Dialektik der Aufklärung*. Vor allem Adornos Spätschriften haben aber versucht, hierauf eine Antwort zu geben: in den Modellen einer negativen Dialektik und einer ästhetischen Theorie.[43] Sie wollen ausbuchstabieren, was die Idee einer kritischen Theorie nach der Bestimmung einer Dialektik der Aufklärung beinhaltet. Am beschriebenen Kern dieser Idee freilich ändern sie nichts mehr.[44] Vielmehr bringen sie ihn auf den angemessenen Begriff: »Philosophie, die einmal überholt schien, erhält sich am Leben, weil der Augenblick ihrer Verwirklichung versäumt ward.«[45] Als solche Untote besteht die von

43 Bezüglich der Ästhetik herrscht Streit um die Frage, ob sie mit dieser Aufgabe nicht selber zur Theorie werden müsse und dadurch überlastet werde. So jedenfalls *Rüdiger Bubner*, Kann Theorie ästhetisch werden? Zum Hauptmotiv der Philosophie Adornos, in: *ders.*, Ästhetische Erfahrung, Frankfurt am Main 1989, S. 70-98. Der Aufsatz war für die deutsche Ästhetik nach Adorno lange Zeit prägend.

44 Anders *Stefan Breuer*, Pachyderme im Nebel. Einheit und Differenz der Kritischen Theorie, in: *ders.*, Kritische Theorie. Schlüsselbegriffe, Kontroversen, Grenzen, Tübingen 2016, S. 5-50, der die Einheit von Adornos und Horkheimers Denken auf die Zeit des Exils einschränkt.

45 *Theodor W. Adorno*, Negative Dialektik (= Gesammelte Schriften VI), Frankfurt am Main 1975, S. 15.

der Dialektik der Aufklärung zerriebene Theorie im verzweifelten Ankämpfen gegen den universalen Bann fort: in der Mühe, »gegen Wittgenstein zu sagen, was nicht sich sagen läßt«.[46]

IX

In der Nachkriegszeit trat die von Horkheimer und Adorno formulierte Idee einer kritischen Theorie hinter ihre Konkretionen zurück. Fast wurde sie unsichtbar. Auch die Verbindung von Adornos weitverbreiteten Arbeiten zu ihr geriet in Vergessenheit oder wurde eigens gekappt. Das wirkt bis heute nach.[47] Entsprechend hat der Blick auf das Unternehmen, das mit dem zurückgekehrten Institut für Sozialforschung verbunden ist, eine andere Einstellung eingenommen.

Eine wichtige Darstellung der Wirkungsgeschichte der »Frankfurter Schule« sieht diese in der Öffentlichkeit vor allem als Position gegenüber dem Nationalsozialismus wirksam. Mit ihr habe die »Frankfurter Schule« die Bundesrepublik Deutschland intellektuell gegründet.[48] Die Gründungsfunktion ist übertrieben. Zwar haben Horkheimer und Adorno, später auch ihre Schüler, sich aus den Problemen und Profilierungen einer demokratischen Gesellschaft in Deutschland nicht herausgehalten. Aber deren intellektuelle Gründung war vielfältiger und mehrströmiger, auch gegenstrebiger, als jene These behauptet. Dennoch ist zu bedenken, was die

46 Ibidem, S. 21.

47 Die Abkoppelung sowohl der negativen Dialektik als auch der ästhetischen Theorie von der Dialektik der Aufklärung und also der entwickelten Idee einer kritischen Theorie vollziehen so unterschiedliche Deutungen wie *Christoph Menke*, Die Souveränität der Kunst. Ästhetische Erfahrung nach Adorno und Derrida, Frankfurt am Main 1991, S. 20 ff.; *Anke Thyen*, Negative Dialektik und Erfahrung. Zur Rationalität des Nichtidentischen bei Adorno, Frankfurt am Main 1989, S. 110 ff.; oder *Hauke Brunkhorst*, Theodor W. Adorno – Dialektik der Moderne, München 1989, S. 284 ff. Folgt man ihnen, dann muß man allerdings auch anerkennen, daß beide Werke (und ihre Interpretationen) nicht mehr als Vollzüge kritischer Theorie gelten dürfen.

48 *Clemens Albrecht* u. a., Die intellektuelle Gründung der Bundesrepublik. Eine Wirkungsgeschichte der Frankfurter Schule, Frankfurt am Main 1999. *Spiritus rector* des Buches war Friedrich H. Tenbruck, dessen bedeutende Arbeiten Einsicht und Ressentiment verbinden.

Darstellung über Deutschlands Stellung zu seiner nationalsozialistischen Vergangenheit sagt.

Sie argumentiert: Wenn es stimmt, daß die Vergangenheitsbewältigung die wichtigste Legitimation der drei Nachfolgestaaten des »Dritten Reiches« darstellt; wenn es gleichermaßen stimmt, daß in der Bundesrepublik Deutschland diese Bewältigung nicht nur durch einmalige institutionelle Veränderungen, sondern mittels einer Internalisierung unternommen wurde (und wird); wenn es zuletzt stimmt, daß die Legitimation eines Staates mit einem »nationalen Konsens« einhergeht – mit dem Konsens einer Nation darüber, was sie ausmacht –: dann besteht der nationale Konsens der Bundesrepublik genau darin, sich immer wieder neu mit dem Nationalsozialismus auseinanderzusetzen. Der Konsens darüber, was es heißt, deutsch zu sein, lautet folglich: Deutsch sein heißt, sich mit der nationalsozialistischen Vergangenheit auseinanderzusetzen.[49] Die Vergangenheitsbewältigung führte so zu einer Renationalisierung der Bundesrepublik: Vermittels der Aufarbeitung der Jahre von 1933 bis 1945 konnte der neue Begriff einer bundesrepublikanischen Nation gebildet werden.

In diesem Zusammenhang nun, so die Darstellung weiter, vermochten die Überlegungen Horkheimers und Adornos mit großer Kraft doppelt wirksam zu werden. Einerseits lieferten sie mit ihrer Analyse des Nationalsozialismus eine Begründung genau jener Internalisierung der Vergangenheitsbewältigung, die den neuen nationalen Konsens der Bundesrepublik bestimmte. Wenn der Nationalsozialismus in der aufgeklärten Welt strukturell verankert ist, dann ist es mit einmaligen institutionellen Veränderungen nicht getan – er muß immer wieder von neuem bewältigt werden. Wer an der internen Bewältigung interessiert war, konnte sich darum auf diese Folgerung aus der Dialektik der Aufklärung berufen. An-

49 *Albrecht* u.a., op. cit., S. 567 ff. – Die Internalisierungsthese schließt an an *M. Rainer Lepsius*, Das Erbe des Nationalsozialismus und die politische Kultur der Nachfolgestaaten des »Großdeutschen Reiches«, in: *Max Haller* u.a. (Hrsg.), Kultur und Gesellschaft. Verhandlungen des 24. Deutschen Soziologentages, des 11. Österreichischen Soziologentages und des 8. Kongresses der Schweizerischen Gesellschaft für Soziologie in Zürich 1988, Frankfurt am Main 1989, S. 247-264. Lepsius zufolge haben sich Österreich und die Deutsche Demokratische Republik durch eine Externalisierung des Nationalsozialismus legitimiert, während die Bundesrepublik das durch seine Internalisierung vollzog. Die These ist fraglich.

derseits aber schreibt Horkheimers und Adornos Analyse den Nationalsozialismus nicht einem deutschen Sonderweg zu, sondern dem Prozeß der Aufklärung insgesamt. Daher erscheint die deutsche Kultur in ihrem Kern nicht sehr viel belasteter als der Rest der aufgeklärten Welt. Und das ermöglichte, daß man trotz ständiger Bewältigung der deutschen Vergangenheit an die deutsche Kultur positiv anknüpfen konnte. Der neue nationale Konsens konnte so im Frieden mit der kulturellen nationalen Überlieferung gebildet werden. Oder wie ein ehemaliger Frankfurter Student und späterer Adorno-Preisträger unbedarft schreibt: »Mit Adorno wurde es in Deutschland wieder möglich, intellektuell, moralisch und ästhetisch gegenwärtig zu sein und doch Kant, Hegel, Bach, Beethoven, Goethe oder Hölderlin nicht zu hassen.«[50]

Soweit die Darstellung. Das von ihr gezeichnete Bild vermag die Wirkungsgeschichte Horkheimers und Adornos zu einem guten Teil zu erklären. Es macht aber auch – unfreiwillig – sichtbar, daß diese Wirkungsgeschichte die Konzeption in eigentümlicher Weise verunstaltet. Wie sehr auch immer die persönlichen Befindlichkeiten der an einem demokratischen Aufbau Deutschlands Interessierten durch die scheinbare Ehrenrettung der deutschen Kultur befriedigt werden mochten, das Argument einer Dialektik der Aufklärung läßt diesen Sprung in gerettete Kulturwelten nicht zu. Vom Nationalsozialismus sich zu distanzieren und gleichzeitig an eine kulturelle Tradition als Tradition anzuknüpfen ist schon deswegen nicht möglich, weil jede Traditionsbildung innerhalb der katastrophalen Geschichte der Aufklärung verläuft. Einzig als ästhetische Gegenstände könnte man Bach oder Hölderlin nicht hassen. Dann aber sind sie keine Exemplare deutscher Kultur mehr, sondern Erschütterungen desjenigen Denkens, das Begriffe wie »Kultur« überhaupt erst hervorbringt, nämlich des begrifflich identifizierenden Denkens.[51]

Fast noch wichtiger ist ein Zweites. Eine Vergangenheitsbewältigung als »Renationalisierung« ist vor dem Hintergrund einer Dialektik der Aufklärung unmöglich. Horkheimers und Adornos Inter-

50 *Albrecht Wellmer*, Die Bedeutung der Frankfurter Schule heute, in: *ders.* und *Axel Honneth* (Hrsg.), Die Frankfurter Schute und die Folgen, Berlin und New York 1986, S. 25-34, hier: S. 26.

51 *Theodor W. Adorno*, Ästhetische Theorie (= Gesammelte Schriften V), Frankfurt am Main 1971, S. 364ff.

nalisierung der Auseinandersetzung mit dem Nationalsozialismus kann niemals zur Herausbildung eines positiven Nationalbewußtseins beitragen, weil es jener Dialektik zufolge keinen Standpunkt jenseits des Zusammenhanges geben kann, innerhalb dessen auch der Nationalsozialismus steht. Zur Renationalisierung der Bundesrepublik als demokratischer Geschichtsnation aber benötigt man ein Denken, das frei von den Verwicklungen in den universalen Verblendungszusammenhang ist, in den Horkheimer und Adorno noch ihre eigene kritische Theorie verweben. Denn bestünde diese wie immer auch minimale Freiheit von Verblendung nicht, könnte man sich vom Nationalsozialismus nicht bewältigend absetzen und die neue Nation aufbauen. Adorno hat daher folgerichtig die Schwierigkeit der Aufarbeitung der Vergangenheit genau in der Notwendigkeit verortet, »den Verblendungszusammenhang zu durchschauen«.[52] Soll darum die kritische Theorie zur Nationbildung – zur »intellektuellen Gründung der Bundesrepublik« – taugen, dann muß ihre Idee so umformuliert werden, daß die Kritik sich nicht mehr in jedem ihrer Urteilssprüche zugleich mitverurteilt, sondern im Gegenteil den Richterstuhl wieder einnimmt, den sie vor Horkheimers und Adornos Analyse des Aufklärungsprozesses einmal innehatte. Erst dann kann sie darüber richten, wie Republik und Nation auszusehen haben, anstatt nur das Versehrte unter dem Gesichtspunkt der Erlösung zu reflektieren. Mit anderen Worten: Um die Bundesrepublik intellektuell zu gründen, muß die Dialektik der Aufklärung zurückgenommen werden.

Genau das geschieht in der Entwicklung der kritischen Theorie. Sie formuliert die Idee einer kritischen Theorie um. Diese Umformulierung besitzt zwei Gesichter. Das eine stammt von Herbert Marcuse, das andere von Jürgen Habermas. Es mag erstaunen, daß der in der Revolte der sechziger Jahre kurzfristig wie ein Popstar gefeierte Marcuse mit Habermas zusammengehört, der dieselben Revoltierenden des »Linksfaschismus«[53] geziehen hatte. Beide eint

52 *Theodor W. Adorno*, Was bedeutet: Aufarbeitung der Vergangenheit?, in: *ders.*, Gesammelte Schriften X/2, Frankfurt am Main 1977, S. 555-572, hier: S. 567.

53 So Habermas auf dem Hannoveraner Kongreß »Bedingungen und Organisation des Widerstandes« am 9. Juni 1967. Sein Redebeitrag ist wiederabgedruckt u.a. in: *Rudi Dutschke*, Geschichte ist machbar. Texte über das herrschende Falsche und die Radikalität des Friedens, Berlin 1980, S. 81-84; S. 82: »linker Faschismus«. Alle Beiträge des Kongresses sind gesammelt in: *Bernward Vesper* (Hrsg.),

jedoch, daß sie gegen die Dialektik der Aufklärung an unversehrten Emanzipationsmöglichkeiten festhalten. Zumal Habermas konnte darum zur intellektuellen Neugründung einer republikanischen Nation beitragen.

X

Herbert Marcuse ist in gewisser Weise nie über Horkheimers erste Formulierung der Idee einer kritischen Theorie hinausgelangt. Zeitlebens möchte er mit Hilfe des Begriffs der Phantasie den Begriff der Vernunft und also den der Theorie retten.

Schon in seinem Diskussionsbeitrag zur Idee einer kritischen Theorie aus den dreißiger Jahren entwirft Marcuse ein emphatisches Bild der Vernunft, das dem Bild einer Dialektik der Aufklärung fernsteht. »Vernunft ist die Grundkategorie des philosophischen Denkens, die einzige, wodurch es sich mit dem Schicksal der Menschheit verbunden hält.«[54] »Vernunft, Geist, Moralität, Erkenntnis, Glückseligkeit sind nicht nur Kategorien bürgerlicher Philosophie, sondern Angelegenheiten der Menschheit. Als solche sind sie zu bewahren, ja neu zu gewinnen.«[55] In gewissem Sinn geht es Marcuse hier um das Traditionelle der kritischen Theorie: um deren Tradition, die im Vernunftbegriff ihren Gipfel erreicht, von dem aus in theoretischer Distanz die Wirklichkeit kritisch reflektiert und auf ihre praktische Veränderung hin durchdacht werden kann. Doch das Traditionelle der kritischen Theorie – die Vernunft – kann nicht einfach konserviert werden, sondern ist in einem Rettungsakt »neu zu gewinnen«. Denn die Vernunft – so sahen es schon die Neomarxisten der Zwanziger, Horkheimer und dann auch die Dialektik der Aufklärung – hat inzwischen die Fähigkeit zum Überstieg über das gegenwärtig Wirkliche verloren. Sie bleibt übrig als Registriermaschine dessen, was ist: als Vermögen zur Erkenntnis bestehender Sachverhalte. Folglich kann das emanzipatorische Potential der Vernunft, auf das es einer kritischen Theorie

Bedingungen und Organisation des Widerstandes. Der Kongreß in Hannover (= Voltaire Flugschrift Nr. 12), Berlin 1967.

54 *Herbert Marcuse*, Philosophie und kritische Theorie, in: *ders.*, Schriften III, Frankfurt am Main 1979, S. 227-249, hier: S. 228.

55 Ibidem, S. 239.

ankommen muß, nur unter Hilfestellung einer äußeren Instanz wiedergewonnen werden, die es der Vernunft ermöglicht, über das Bestehende hinauszugehen. Diese Instanz ist die Phantasie. »Um in der Gegenwart das noch nicht Gegenwärtige festzuhalten, bedarf es der Phantasie.«[56] Denn wenn das, was noch nicht ist, phantasievoll vorweggenommen wird, dann kann auch die Vernunft aus ihrer Fixierung auf die Gegenwart befreit und also das Traditionelle der kritischen Theorie für deren Geschäft gerettet werden.

An diesem Grundgedanken ändert Marcuse nichts mehr. Die Einsicht in die Dialektik der Aufklärung, die die Hilfsinstanz der Phantasie zerreibt, geht an ihm vorbei. Statt dessen legt er sein Gegenbuch zu Horkheimers und Adornos philosophischen Fragmenten vor: *Eros and Civilisation* (1955). Dort wird die befreiende Leistung der Phantasie nicht hinterfragt, sondern triebtheoretisch untermauert. Freud hatte dargelegt, daß menschliche Kultur auf Triebverzicht beruht, weil der Mensch nur mittels einer Abarbeitung des Lustprinzips am Realitätsprinzip aus seinen kindlichen Allmachtsphantasien zur kulturellen Wirklichkeit mit ihren Anforderungen überzugehen vermag.[57] Die formgebende Ausprägung des Lustprinzips ist die Phantasie. Folglich überschreitet die Phantasie das Realitätsprinzip, muß sich diesem aber wieder beugen, sofern sie eine kulturelle Bedeutung erlangen soll. Marcuse setzt nun gegen die von Freud als notwendig behauptete Kränkung des Lustprinzips (Eros) den Versuch, dessen emanzipatorische Potentiale freizusetzen. Das Realitätsprinzip ist mit der Anerkennung dessen verbunden, daß das gegenwärtig Wirkliche dem Denken seinen Maßstab setzt. Das Lustprinzip hingegen setzt dem gegenwärtig Wirklichen seinen eigenen Maßstab entgegen. Käme daher der Eros zur Entfaltung, vermöchte er Marcuses frühe Formulierung zu erfüllen, »das noch nicht Gegenwärtige in der Gegenwart festzuhalten«. Nur wenn das Lustprinzip entfaltet wird, wird die Herrschaft des gegenwärtig Wirklichen durchbrochen und also das, was noch nicht ist, als Maßstab überhaupt erkennbar. So erhält die befreiende Funktion der Phantasie eine triebtheoretische Grundlegung.

Um den Eros entfalten zu können, muß man allerdings der

56 Ibidem, S. 244 f.

57 *Sigmund Freud*, Das Unbehagen in der Kultur (= Gesammelte Werke XIV), London 1948, S. 419-507.

letztendlichen Geltung des Realitätsprinzips die Anerkennung verweigern. Marcuses in den sechziger Jahren populäres Schlagwort von der »Großen Weigerung«[58] erhält hierher seinen Sinn. In der Großen Weigerung, dem Realitätsprinzip zu genügen, geht es um die Freisetzung des Eros und seiner Phantasie gegen die gegenwärtige Wirklichkeit. Diese Umkehrung der Freudschen Kulturtheorie steht unter der Voraussetzung, daß Freuds Annahme einer gelingenden Aneignung des Realitätsprinzips durch das Subjekt außer Kraft gesetzt ist. In der klassischen psychoanalytischen Theorie erfolgt diese Aneignung zumal durch die Auseinandersetzung mit der väterlichen Autorität. Die Autorität des Vaters führt die gesellschaftlichen Normen – das, was die Wirklichkeit verlangt – in die Familie ein, ermöglicht aber auch dem Kind, sich an ihr abzuarbeiten, sich Normen anzueignen und von hierher neue Normen zu gewinnen. Auf diesem Weg vermögen sich ichstarke Subjekte zu bilden. Marcuse hingegen betrachtet diese Struktur als veraltet.[59] Im späten Kapitalismus greift die Gesellschaft statt über die väterliche Autorität unmittelbar auf die Einzelnen zu. Darum zerfällt die Stellung des Vaters, es entsteht eine vaterlose Gesellschaft, und die Auseinandersetzung mit deren Forderungen wird erstickt. Entsprechend verliert auch die Aneignung der sozialen Normen ihre Bedeutung. Die Forderungen der Gesellschaft stehen nunmehr ohne weitere Vermittlung da: friß oder stirb. Entsprechend verwandelt sich das Realitätsprinzip aus dem Bildungsprinzip eines ichstarken Subjektes in die nackte Herrschaft des gesellschaftlichen Bestandes und wirkt ichschwächend. Ein starkes Ich vermag sich nur noch durch die Große Weigerung gegenüber der Wirklichkeit zu bilden.

Diese Anerkennungsverweigerung gegenüber der gesellschaftlichen Realität steht bei Marcuse unter dem Ziel, den traditionellen Begriff der Vernunft kritisch zu retten. Denn indem man die im Eros begründete Phantasie als neue Dimension gegen die Herrschaft der gegenwärtigen Wirklichkeit gewinnt, gewinnt man zugleich einen Ausweg aus der »Eindimensionalität« jenes Denkens, das nur in der Kenntnis von Tatsachen besteht und das Marcuse als Kennzeichen seiner Zeitgenossen diagnostiziert. Diese Bezie-

58 *Herbert Marcuse*, Triebstruktur und Gesellschaft. Ein philosophischer Beitrag zu Sigmund Freud (= Schriften V), Frankfurt am Main 1979, S. 201.

59 Immer noch lesenswert: *Helmut Holzhey*, Psychoanalyse und Gesellschaft. Der Beitrag Herbert Marcuses, in: Psyche 24 (1970), S. 188-206, zumal S. 191 ff.

hung zur Vernunft haben die Umsetzungen der triebtheoretischen Überlegungen Marcuses in eine Politik der sexuellen Befreiung vergessen; sie verfallen daher einer »repressiven Entsublimierung«.[60] Nicht also ist das Ausleben des Lustprinzips ein Selbstzweck, und schon gar nicht ist gegen die Vernunft der Weg in die triebhafte Unvernunft zu gehen. Vielmehr dient die Freisetzung des Eros der Schaffung eines vernünftigen Weltverhältnisses, das über das traditionelle Denken hinausgeht. Das Verhältnis von Vernunft und Unvernunft ist somit auch selber nicht eindimensional: »Vor dem Hintergrund der phantastischen und wahnwitzigen Aspekte ihrer Rationalität [sc. die der gegenwärtigen Gesellschaft] wird der Bereich des Irrationalen zur Stätte des wirklich Rationalen.«[61] Und diese Stätte, die schließlich zur Mehrdimensionalisierung des Denkens führt, verortet Marcuse im Lustprinzip und seiner Phantasie.

Die Große Weigerung bleibt allerdings abstrakt. Sie negiert die Wirklichkeit, ohne einen neuen Inhalt zu erzeugen. Entsprechend ist sie für die Befreiung der Phantasie notwendig, aber nicht hinreichend. Die Phantasie will ja neue Inhalte entwerfen. Folglich kann die Große Weigerung die phantasievolle Mehrdimensionalität der Vernunft nicht herbeiführen. Weil Marcuses Gedanken aber nichts herbeiführen, können sie sich gegen das Ausbleiben ihrer Verwirklichung immunisieren. Mehr noch: Sie können als Parteigänger derer auftreten, »die ohne Hoffnung ihr Leben der Großen Weigerung hingegeben haben und hingeben«.[62] In dieser Engführung von hoffnungslosem Widerstand und Befreiung des Lustprinzips – eine Engführung, die Marcuse von denen, die über anstehende Verwirklichungen immer schon Bescheid wußten, als »resignative Utopie«[63] vorgeworfen wurde – liegt die Möglichkeit beschlossen, sich in zurückgezogenen Zirkeln, den Schillerschen Gemeinschaften anmutig-würdevoller Menschen gleich, vor der

60 *Herbert Marcuse*, Der eindimensionale Mensch. Studien zur Ideologie der fortgeschrittenen Industriegesellschaft (= Schriften VII), Frankfurt am Main 1989, S. 76 ff.

61 Ibidem, S. 258.

62 Ibidem, S. 268.

63 So *Wolfgang Fritz Haug*, Das Ganze und das ganz Andere. Zur Kritik der reinen revolutionären Transzendenz, in: *Jürgen Habermas* (Hrsg.), Antworten auf Herbert Marcuse, Frankfurt am Main 1968, S. 50-72, hier: S. 67. –Die Tradition, in der Haugs Vorwurf schwimmt, erhellt *Wolf Lepenies*, Melancholie und Gesellschaft, Frankfurt am Main 1969.

eindimensionalen Wirklichkeit zu vermauern, ohne Hoffnung darauf, daß der Funke aus diesen Gemeinschaften jemals auf die gesamte Gesellschaft überspringen werde. Trotz dieser resignativen Züge bleibt jedoch Marcuses Grundgedanke bestehen, daß in der befreiten Phantasie diejenige positive Instanz zu sehen ist, kraft deren die Vernunft sich retten läßt, auch unter der Bedingung, daß diese Befreiung vielleicht vergeblich ist.

Kritische Theorie ist somit dasjenige Denken, das die Ausübung des Lustprinzips gegen die Wirklichkeit heranzieht und zur Bildung einer befreiten Vernunft kultiviert. Diese Erweiterung des Denkens um die Dimension des Eros ermöglicht allerdings nicht nur die Rettung eines Konzepts von kritischer Theorie, das der Dialektik der Aufklärung entkommt. Sie bietet zugleich die Gelegenheit, eine neue Trägerschaft der Veränderung zu entdecken. Daß das Proletariat die angestrebte Verwirklichung der philosophischen Vernunft nicht leisten kann, war schon in den dreißiger Jahren klar gewesen. Aber daraus zu schließen, daß die Philosophie dann eben nicht verwirklicht werden könne – daß »der Augenblick ihrer Verwirklichung versäumt ward« (Adorno) –, lehnt Marcuse ab. Denn die Entdeckung der Phantasie, des Eros und der Großen Weigerung zeigt ihm, wo die Verwirklichung nun zu suchen ist: bei allen sich verweigernden und das Lustprinzip gegen das Realitätsprinzip phantasievoll ausspielenden Menschen. Entsprechend wird das revolutionäre Subjekt nun von Außenseiterinnen, Ausgeschlossenen und nicht zuletzt von revoltierenden Akademikerinnen gebildet, die potentiell über die Dimensionen verfügen, die den anderen fehlen. Zumal die revoltierenden Akademikerinnen haben ihre Auszeichnung als Ersatzproletarierinnen aufgegriffen.[64]

XI

Von hier scheint der Weg zu Habermas weit, dem einer ihrer Wortführer entgegenhielt: »Professor Habermas, Ihr begriffsloser Objektivismus erschlägt das zu emanzipierende Subjekt.«[65] Und

64 Gutes Material in beliebiger Auswahl bei *Wolfgang Kraushaar* (Hrsg.), Frankfurter Schule und Studentenbewegung. Von der Flaschenpost zum Molotowcocktail 1946-1995, 3 Bde., Frankfurt am Main 1998.

65 *Rudi Dutschke*, op. cit., S. 76-81, hier: S. 76. – Dazu als Kontrast Dutschkes und

doch verläuft der Weg ganz kurz: über die Mehrdimensionalität des Denkens.

Was Habermas von der Dialektik der Aufklärung Abstand nehmen läßt, ist deren »hemmungslose Vernunftskepsis«.[66] Seine eigene, gehemmte Vernunftskepsis läßt ihn zwar – wie auch schon Marcuse – der Bestimmung zustimmen, daß ein nur auf die erklärende, weltbeherrschende Wiedergabe bestehender Sachverhalte ausgerichtetes Denken in die von Horkheimer und Adorno umrissenen Probleme führt. Sie führt ihn aber nicht so weit, Vernunft und Theorie in einen universalen Verblendungszusammenhang einzuschließen. Das Denken birgt in seinen Augen mehr Dimensionen, als es Horkheimer und Adorno schien. Diese Dimensionen will Habermas wiedergewinnen. Den Weg aus der Eindimensionalität des Verblendungszusammenhangs hinaus weist ihm hierbei nicht – wie bei Marcuse – der triebhafte Eros, sondern die geregelte Kommunikation.

Die kommunikative Vernunft scheint das beherrschende Weltverhältnis der neuzeitlichen Rationalität zu überwinden, indem sie die neue Dimension eines verständigungsorientierten Handelns eröffnet. Denn innerhalb dessen muß die Freiheit der Handelnden garantiert sein, wenn überhaupt sinnvoll von einer Verständigung gesprochen werden soll.[67] Das entschärft Horkheimers und Adornos berühmte Eingangsthese:

> Wir hegen keinen Zweifel – und darin liegt unsere petitio principii –, daß die Freiheit in der Gesellschaft vom aufklärenden Denken unabtrennbar ist. Jedoch glauben wir, genauso deutlich erkannt zu haben, daß der Begriff eben dieses Denkens, nicht weniger als die historischen Formen, die Institutionen der Gesellschaft, in die es verflochten ist, schon den Keim zu jenem Rückschritt enthalten, der heute überall sich ereignet.[68]

Denn die Freiheit der Verständigung ist von der aufklärenden Weltbeherrschung unterschieden. Sie birgt daher nicht dessen

Krahls Empfehlungen verschiedener Schriften Marcuses für ein Schulungsprogramm des Sozialistischen Deutschen Studentenbundes (S. 45-60).

66 *Jürgen Habermas,* Der philosophische Diskurs der Moderne. Zwölf Vorlesungen, Frankfurt am Main 1985, S. 156.

67 *Jürgen Habermas,* Theorie des kommunikativen Handelns I. Handlungsrationalität und gesellschaftliche Rationalisierung, Frankfurt am Main 1981, S. 384 ff.

68 *Horkheimer* und *Adorno,* op. cit., S. 3.

Rückschritt in totale Herrschaft. An die Freiheit der Verständigung kann man darum anknüpfen, um von ihr aus normative Forderungen zu entwickeln, die die Freiheit in der Gesellschaft begründen.

Diese Forderungen münden allesamt darin, daß wir uns gegenseitig anerkennen mögen als die gleichberechtigten Teilnehmerinnen eines nach Konsens strebenden Gespräches. Sie schweben nicht in der Luft. Vielmehr bildet nach Habermas das Verständigungshandeln das Konstituens unserer »Lebenswelt«. Der Begriff der Lebenswelt, der aus Husserls Begründung des wissenschaftlichen Urteilens in einem ihm vorgelagerten Bereich des vorprädikativen, evidenten Erfahrens und Lebens stammt,[69] kennzeichnet bei Habermas die kommunikative Sphäre als Begründung und Korrektiv der Gebilde instrumenteller Rationalität. Gebilde instrumenteller Rationalität fallen unter die Kategorie des »Systems«. Solche systemisch organisierten Handlungsräume wie Wirtschaft oder Staat stehen unter der Gefahr eines Verlustes jener kommunikativen Struktur, in der das Handeln der Menschen sich im Grunde vollzieht. Daher formuliert Habermas die normative Forderung nach Freiheit in der Gesellschaft als den Einspruch der Lebenswelt gegen das verselbständigte System. Unserer Lebenswelt droht eine »Kolonialisierung« durch das System, wenn systemische Mechanismen das kommunikative Handeln verdrängen.[70] Für das Projekt einer Emanzipation folgt umgekehrt, daß auf der Grundlage lebensweltlicher Verständigung die drohende Kolonialisierung der Lebenswelt abgewendet und im Gegenzug die systemischen Handlungsräume kommunikativ aufgeladen werden sollen. So stellt die in der Lebenswelt verankerte Kommunikation diejenige Dimension des Denkens dar, die dieses zur Kritik des Bestehenden befähigt.

Hiernach besteht die kritische Theorie in der Anstrengung, die befreiende Dimension wiederzugewinnen, die in der Verständigung gleichberechtigter Diskursteilnehmer keimhaft beschlossen liegt. War es bei Marcuse der Eigensinn der Phantasie, so ist es jetzt der

69 *Edmund Husserl*, Die Krisis der europäischen Wissenschaften und die transzendentale Phänomenologie (= Husserliana VI), Den Haag 1954, zumal S. 131 ff.

70 *Jürgen Habermas*, Theorie des kommunikativen Handelns II. Zur Kritik der funktionalistischen Vernunft, Frankfurt am Main 1981, S. 293. – Zur Frage der Entgegensetzung von Lebenswelt und System *Axel Honneth*, Kritik der Macht. Reflexionsstufen einer kritischen Gesellschaftstheorie, Frankfurt am Main 1989, S. 328 ff.

»Eigensinn des kommunikativen Handelns«,[71] den es zu stärken gilt, um dem kritischen Denken einen Boden zu bereiten. Mittels dieses Eigensinnes kann eine Theorie der Gesellschaft geschrieben werden, die dem einlinigen Sinn dessen, was ist, ihren eigenen Sinn entgegenzusetzen vermag. Die kritische Theorie vermag aufgrund dieser Kraftquelle als ungebrochene Aufklärung über die gegenwärtige Wirklichkeit aufzutreten: eine Aufklärung, die von Horkheimers und Adornos Dialektik verschont wird. Entsprechend baut auf ihr die Befreiung der Gesellschaft zur Kommunikationsgemeinschaft auf, in der die Herrschaft des Systems von dem »zwanglosen Zwang des besseren Arguments«[72] überwunden wird, zumindest als »unvollendetes Projekt«,[73] und die kritische Theorie tritt nunmehr als die konstruktive Theorie einer freiheitlichen Gesellschaft auf.

Ersichtlich bemüht die Theorie des kommunikativen Handelns eine Form von Unmittelbarkeit gegen herrschaftsausübende Vermittlung.[74] Gewiß bedeutet Habermas' Begriff der Lebenswelt keine Unmittelbarkeit im Sinne einer vorprädikativen Evidenz, wie sie Husserl im Auge hatte. Aber das Verhältnis der Lebenswelt zum System wird als ihr unmittelbarer Einspruch gegen dieses entworfen. System und Lebenswelt vermitteln sich nicht, sondern das erste kolonialisiert das zweite, während das zweite das erste verflüssigt. Jeweils ergeht von der einen Seite aus eine unmittelbare Bestimmung der anderen Seite. Nur aufgrund dieser Unmittelbarkeit kann das Verhältnis von Lebenswelt und System einer Herrschaft höherer Stufe entzogen werden. Denn wenn eine Vermittlung zwischen beiden stattfinden würde, dann stünden sie in einer Ordnung, die weder als Lebenswelt noch als System mehr begriffen werden könnte. Entsprechend wäre die kommunikative Freiheit der Lebenswelt der Struktur dieser höheren Ordnung unterworfen. Weil die Lebenswelt aber die Sphäre des grundlegenden Handelns der Menschen ist, durch dessen Kolonialisierung die instrumentelle Rationalität

71 *Habermas*, op. cit., S. 593.

72 *Habermas*, Theorie des kommunikativen Handelns I, op. cit., S. 47 ff.

73 *Jürgen Habermas*, Die Moderne – ein unvollendetes Projekt, in: *ders.*, Kleine politische Schriften I-IV, Frankfurt am Main 1984, S. 444-464.

74 Die Problematik des Lebensweltbegriffes bei Habermas erhellt weiter die etwas anders gelagerte Kritik von *Dieter Henrich*, Was ist Metaphysik – was Moderne? Zwölf Thesen gegen Jürgen Habermas, in: *ders.*, Konzepte. Essays zur Philosophie in der Zeit, Frankfurt am Main 1987, S. 11-43.

des Systems sich bestimmt, entgeht sie ihrer Unterwerfung unter jene Ordnung. Entsprechend kann sie eine Vermittlung mit dem System nicht zulassen und macht sich als unmittelbarer Einspruch gegen es geltend.

Die hier sichtbare Gefahr einer Romantik kommunikativer Unmittelbarkeit, die sich im Kern einer systemischen Vermittlung entzieht, bewältigt Habermas' Rechtsphilosophie.[75] In ihr fällt der Gegensatz zwischen System und Lebenswelt weg. Im demokratischen Rechtsstaat gründet das Rechtssystem auf der Volkssouveränität. Bei Habermas ist die Volkssouveränität aber nicht die rechtssetzende Eigenschaft einer gegebenen Substanz namens Volk. Vielmehr stellt sie nichts anderes dar als einen unendlichen kommunikativen Prozeß. Daher steht das instrumentelle System des Rechtsstaates der kommunikativen Vernunft der Lebenswelt nicht einfach gegenüber, sondern hat deren Verfassung als seine eigene Verfassung gesetzt. In den Krisen des Rechtsstaates angesichts einer »entgleisenden Modernisierung« ist darum kein Widerstand, sondern die Wiederbelebung der politischen Tugenden geboten, »auf die der demokratische Staat, ohne sie rechtlich erzwingen zu können, angewiesen ist«.[76] Der freiheitliche Rechtsstaat enthält ja den Eigensinn des kommunikativen Handelns. Ihm zu widerstehen hieße, der Freiheit zu widerstehen.

Hiermit hat sich die kritische Theorie als konstruktive Theorie einer freiheitlichen Gesellschaft vollendet. Sie erkennt sich in deren Herrschaftsinstanz wieder, und der Staat ist zur Institution der kritischen Theorie geworden.

XII

Umgekehrt wird die kritische Theorie zur Ideologie des liberalen Staates. Daran ändert sich nichts mehr, sosehr sie auch in unzähligen Studien mit anderen Theoriebildungen verwoben wird und sosehr auch die Rhetorik ab und an radikalere Töne anschlägt. Stets

75 *Jürgen Habermas*, Faktizität und Geltung. Beiträge zur Diskurstheorie des Rechts und des demokratischen Rechtsstaats, Frankfurt am Main 1992.

76 *Jürgen Habermas*, Vorpolitische Grundlagen des demokratischen Rechtsstaates, in: *ders.*, Zwischen Naturalismus und Religion. Philosophische Aufsätze, Frankfurt am Main 2005, S. 106-118, hier: S. 110 ff.

arbeitet die kritische Theorie nach Habermas an der Konstruktion einer bürgerlichen Gesellschaft mit menschlichem Antlitz. Die bedeutendsten Ansätze hierzu sind einerseits die Anerkennungstheorie und anderseits die Kritik von Lebensformen.

Axel Honneth baut das kommunikative Handeln zur konkreten Sittlichkeit einer gegenseitigen Anerkennung aus.[77] Er führt eine »schwache Anthropologie« ein, die im Anschluß an Habermas »eine originäre Form der menschlichen Redepraxis als notwendige Voraussetzung der gesellschaftlichen Reproduktion nachzuweisen sucht«.[78] Diese schwache Anthropologie gibt nicht das Wesen des Menschen an. Vielmehr legt sie die Verfassung des Menschlichen frei, die jene originäre Form der menschlichen Redepraxis über die Struktur der Kommunikation hinaus in eine Form des guten Lebens bringt. Für Honneth steht eine solche Form des guten Lebens unter »nachmetaphysischen« Bedingungen gesellschaftlicher Integration. Ihre Varianten bilden »posttraditionale Gemeinschaften«. Mit dieser Sprachregelung wird ausgesagt, daß es erstens keine kontextübersteigende Begründung sozialintegrativer Werte gibt, daß zweitens nicht nur die rationalen Beziehungen einer Gesellschaft interessieren, sondern die affektive Integration einer Gemeinschaft anvisiert ist und daß drittens diese Gemeinschaft wiederum statt traditionaler Zusammenschlüsse die Integration ihrer Mitglieder durch deren wechselseitige Anerkennung vollzieht. Das letzte bedeutet, daß die Menschen sich gegenseitig »im Lichte von Werten betrachten, die die Fähigkeiten und Eigenschaften des jeweils anderen als bedeutsam für die gemeinsame Praxis erscheinen lassen«, auf daß »eine schmerzfreie, nämlich von Erfahrungen der Mißachtung ungetrübte Gestalt« des Miteinanders gewonnen wird.[79] In diesem Sinn kuriert die kritische Theorie »soziale Pathologien«.

Entsprechend besitzt ihr methodischer Zuschnitt vier Prämissen.[80] Er setzt die Bestimmung der sozialen Reproduktion durch

77 *Axel Honneth*, Kampf um Anerkennung. Zur moralischen Grammatik sozialer Konflikte, Frankfurt am Main 1992.

78 *Axel Honneth*, Pathologien des Sozialen. Tradition und Aktualität der Sozialphilosophie, in: *ders.*, Das Andere der Gerechtigkeit. Aufsätze zur praktischen Philosophie, Frankfurt am Main 2000, S. 11-69, hier: S. 67 ff.

79 *Axel Honneth*, Posttraditionale Gemeinschaften. Ein konzeptueller Vorschlag, in: *ders.*, op. cit., S. 328-338, hier: S. 337 f.

80 *Axel Honneth*, Das Recht der Freiheit. Grundriß einer demokratischen Sittlichkeit, Berlin 2011, S. 29 ff.

geteilte Werte voraus, er bindet den Begriff der Gerechtigkeit daran, was innerhalb einer Gesellschaft zur Verwirklichung dieser geteilten Werte angelegt ist, er rekonstruiert normativ die Institutionen und Praktiken, die diese Werte tatsächlich verwirklichen können, und er kritisiert die bereits verwirklichten Institutionen und Praktiken unter Maßgabe dieser Werte. Als Theorie der Anerkennung besteht die kritische Theorie folglich in der Nachkonstruktion jener Werte, unter denen Menschen sich in gegebenen Kontexten gegenseitig anerkennen, und in der Überprüfung dessen, ob ihre Handlungsformen und Einrichtungen diesen Werten auch entsprechen. Kurz, die kritische Theorie ist zu einem Selbstoptimierungswerkzeug integraler Gemeinschaften geworden. Da diese Gemeinschaften weder traditional noch metaphysisch verfaßt sein sollen, läuft das auf die Selbstoptimierung liberaler Gesellschaften hinaus, die diese über ihre systemischen Rationalitäten hinaus affektiv vergemeinschaftet.

Schärfer gestaltet sich Rahel Jaeggis Kritik von Lebensformen. Sie erweitert die Integration in posttraditionale Gemeinschaften um die Dimension einer notwendigen Desintegration. Integrativ ausgerichtet bleibt die Kritik von Lebensformen aus zwei Gründen. Zum einen ist der Lebensformbegriff, der klassisch vor allem bei Wittgenstein bedeutsam wurde und in unserem Zusammenhang Variationen über Habermas' Begriff der Lebenswelt erlaubt, ein integraler Begriff. Er integriert Lebensvollzüge zu einer Gestalt. Bei Jaeggi bilden Lebensformen Bündel gesellschaftlichen Handelns, die als eingelebte Gebilde mit gewohnheitsmäßigem Charakter dauerhaft sachlichen Anforderungen begegnen.[81] Kritisieren lassen sich solche eingelebten Gebilde ohne übergeordneten Standpunkt: im Vergleich ihrer Konkurrenz. Entsprechend setzt innerhalb der Lebensformen an ihrer gegenläufigen Pluralität eine immanente Kritik an.[82] Diese macht die eingelebten Gebilde mit gewohnheitsmäßigem Charakter vergleichbar und kritisierbar. Das bedeutet, daß die Kritik von Lebensformen die soziale Integration als Vollzug konkurrierender Bündel gesellschaftlichen Handelns erkennt, um diese aneinander zu prüfen. Immanent ist die Kritik von Lebensformen daher im doppelten Sinn. Erstens darf sie die Lebensformen nicht unter äußeren Maßstäben kritisieren, sondern muß sie – wie bei Honneth – rekonstruieren, um sie gegeneinander in Stellung

81 *Rahel Jaeggi*, Kritik von Lebensformen, Berlin 2014, S. 77 f.

82 Ibidem, zumal S. 277 ff. und S. 447 ff.

zu bringen. Zweitens verändert sie sie nicht im Blick auf ein transzendentes Noch-Nicht, sondern drängt auf Veränderungen in der Stetigkeit ihrer Immanenz. Sie weiß sich als ein Faktor von Lernprozessen. Aber anders als bei Honneth geraten hier die desintegrativen Momente nicht zu sozialen Pathologien. Vielmehr bildet ihr Knirschen im gesellschaftlichen Gefüge – und man wird sagen dürfen: auch im Gefüge der wechselseitigen Anerkennung – den Grund und Gang der Kritik. Und das ist der zweite Grund für die integrative Ausrichtung einer Kritik von Lebensformen: Sie integriert die konkurrierenden Gebilde in eine immanente Gesamtheit.

Von dem Konzept einer Kritik von Lebensformen werden die vielfältigen Unternehmen der gegenwärtigen Gesellschaftskritik vielleicht am besten erfaßt. Mit der Ausnahme von Winkelpositionen wollen sie mit ihren Richtsprüchen die Pluralisierung, Dezentrierung oder Verflüssigung von Praktiken und Identitäten eröffnen. Was sie hingegen nicht wollen, ist der Überstieg über die soziale Integration insgesamt. Auch die desintegrativen Momente, aus denen die Kritik ersteht, bleiben die Binnenmomente einer Gesamtheit. Der Sachverhalt, daß diese Gesamtheit posttraditional und postmetaphysisch sein soll und sich in Lernprozessen fortentwickelt, ändert nichts an ihrer Totalität. Vielmehr erweist er diese Totalität als eine Totalität ohne Jenseits. Der Raum der Lebensformen ist als in sich plurales Diesseits total. In dieser pluralen Integration bewegt sich die Kritik von Lebensformen. In sie mündet die konkrete Sittlichkeit der kommunikativen Freiheit. Deren Kerngedanke, die Vermittlung unterschiedlicher Geltungsansprüche, gewinnt zunächst in der Figur von Anerkennungsverhältnissen, dann in der Figur von konkurrierenden Lebensformen seine lebensweltliche Verkörperung.

Dieser Weg der kritischen Theorie in die integrale Immanenz ist erstaunlich. Nicht nur vor dem Horizont einer Dialektik der Aufklärung berührt die errungene Liebe zum Immanenzzusammenhang seltsam. Einer der scharfsichtigsten Vertreter der gegenwärtigen kritischen Theorie hat im Rückgriff auf Kant vorgebracht, daß Ansprüche, die miteinander konkurrieren können, Instanzen zugeschrieben werden, die von der Anspruchszuschreibung vorausgesetzt werden: autonomen Subjekten.[83] Dem ist zuzustimmen.

83 *Rainer Forst*, Moralische Autonomie und Autonomie der Moral. Zu einer Theorie der Normativität nach Kant, in: *ders.*, Das Recht auf Rechtfertigung. Ele-

Der kantianische Eckstein aber läßt die kommunikative Freiheit aus der sozialintegralen Immanenz herausstolpern. Denn die Voraussetzung der Sozialintegration – das autonome Subjekt als Zuschreibungsinstanz von Ansprüchen – transzendiert als solche Voraussetzung alle Anerkennungsverhältnisse und Lebensformen. Und wenn man gar Kants Argumentation ernst nimmt, die im Hintergrund jener Einsicht steht, dann bedarf das vorausgesetzte Subjekt zudem noch der weiterführenden Ideen von Seele, Weltganzem und Gott.[84] Die Transzendenz des autonomen Subjektes über seine gesellschaftlichen Verhältnisse würde somit am Ende in die Transzendenz über das Kontingente ins Unbedingte führen. Entsprechend birgt die Struktur von Kommunikation, Anerkennung, konkurrierenden Lebensformen den Drall zum Selbstüberstieg. Vor ihm schließen ihre Theorien die Augen.

XIII

Mit der Abkehr von der Dialektik der Aufklärung hat sich das Verhältnis der kritischen Theorie zu ihrer Zeit grundlegend geändert. Seit Marcuse und Habermas bekundet sie, daß sie in einen totalitären Zusammenhang nicht mehr verwickelt ist. Solange die Erfahrung totalitärer Gesellschaften die kritische Theorie so sehr bestimmt, daß diese sich selber aus der schlechten Totalität nicht mehr auszuklammern vermochte, muß ihre Idee sich zu dem Negativismus entwickeln, den Adornos späte Schriften ausformulieren. Sobald aber diese Erfahrung zurückgedrängt wird, kann man die Idee so umbilden, daß sie die Kritik nicht mehr sich selbst verurteilen, sondern an positive Instanzen anknüpfen läßt: an Eros, Verständigung, Anerkennung, Lebensformkonkurrenz, unterschiedlich unversehrte Potentiale des Individuums in der Gesellschaft. So tritt der universale Zugriff der totalitären Gesellschaft gegenüber der gewöhnlichen Vergesellschaftlichung von Individuen zurück. Die kritische Theorie besteht nun nicht mehr in der verzweifelten Anstrengung, die Unfähigkeit zum Andersdenken zu überwinden.

mente einer konstruktivistischen Theorie der Gerechtigkeit, Frankfurt am Main 2007, S. 74-99.

84 *Immanuel Kant*, Kritik der praktischen Vernunft (= Akademie-Ausgabe V), Berlin 1913, S. 119 ff.

Vielmehr besteht sie in dem alten und immer noch unvollendeten Projekt, innerhalb von Herrschaftsverhältnissen durch Lernprozesse größere Freiheit herzustellen. Man ist vom Behemoth zum Leviathan zurückgekehrt.

Entsprechend ist die negative Totalität verschwunden, als deren Momente die kritische Theorie ihre Zeit und sich selber weiß. An ihre Stelle ist eine Totalität getreten, die ihre Selbstverneinung verschluckt hat. Ausgesprochen hat das die Kritik von Lebensformen. Nur noch innerhalb der Totalität finden Verneinungen statt: eine Lebensform verneint die andere, während die Gesamtheit der konkurrierenden Lebensformen, unsere Zeit, als Positum dasteht. Auch die Theorien vom kommunikativen Handeln und der Anerkennung machen nichts anderes. Sie rechnen die Negativität nur den Verhältnissen zwischen Geltungsansprüchen und Wertschätzungen zu, während normativ rekonstruierte Kommunikation und Anerkennung selber affirmiert werden. Man könnte daher meinen, sie verhülfen Hegels Idee einer positiven Totalität zu neuer Geltung. Aber das täuscht. Denn hierzu müßten sie eine Form des spekulativen Denkens entwickeln, das ein in sich reflektiertes Verhältnis zu erfassen vermöchte. Genau hiervor schrecken sie aus inneren Gründen zurück. Sie bestehen auf ihrem nachmetaphysischen Zuschnitt. Daher verhalten sie sich zu ihrer Zeit nicht als das Moment einer Totalität, die sie nur spekulativ erfassen könnten, indem sie sich als ein solches Moment selber aufhöben. Vielmehr stehen sie ihrer Zeit schlicht als deren Theorie gegenüber, ohne über das Verhältnis des Gegenüberstehens Auskunft erteilen zu können. Entsprechend ist die positive Totalität der Lernprozesse kein in sich reflektiertes Verhältnis, sondern eine bloße Gegebenheit. Die Theorien vom kommunikativen Handeln und der Anerkennung sowie die Kritik von Lebensformen arbeiten unter einer positivistischen Voraussetzung. Sie besteht in der liberalen Gesellschaft selber.

Hans Blumenberg hat das Bild vom Schiffbruch mit Zuschauer in unser Bewußtsein geholt.[85] In diesem seit Lukrez virulenten Bild steht die Denkerin vor der Welt, die als Gefährt in eine bessere Zukunft zusammengebrochen ist, und betrachtet sie – je nachdem – zynisch, verbittert oder lustvoll. Die Distanz zum Schiff-

85 *Hans Blumenberg*, Schiffbruch mit Zuschauer. Paradigma einer Daseinsmetapher, Frankfurt am Main 1979.

bruch, aus der man Sicherheit oder sogar Genuß gewinnt, geht im späten neunzehnten Jahrhundert verloren. Nun sitzt die Zuschauerin bisweilen mit im Schiff. Diesem Bild vom Schiffbruch mit Zuschauer entspricht der Anfang der kritischen Theorie. Die kritische Theoretikerin ist hier eine Zuschauerin, die aufgrund ihrer in phantasievoller Erfahrung verankerten Spekulation das zerbrochene Schiff »Gesellschaft« prüfend betrachtet. Anders steht es um die entwickelte Idee einer kritischen Theorie, so wie sie sich mit der Einsicht in die Dialektik der Aufklärung entwirft. Diese Idee begreift das Zuschauen selbst als einen Bestandteil des zerbrochenen Schiffes. Nicht nur befindet die Zuschauerin sich im Schiff; ihr Zuschauen selber gehört zu dem, was Schiffbruch erleidet. Zuschauerin ist die kritische Theoretikerin demnach nur noch, insofern sie ihren eigenen Schiffbruch sieht. Diesem aber kann sie nicht bloß zuschauen (auch nicht von innen). Sie erleidet ihn.

Ihre Nachfolgegestalten nehmen davon Abstand. Sie versuchen, als triebtheoretisch, kommunikationstheoretisch, anerkennungstheoretisch, lebensformkritisch wiederhergestellte Zuschauerinnen auch das zerbrochene Schiff »Gesellschaft« wiederherzustellen. So gewinnen sie den Zuschauerstatus und die Möglichkeit zur Reparatur des Schiffes zurück. Sie werden zu Mitarbeiterinnen der liberalen Gesellschaft und ihres Staates. Das Bewußtsein dessen, daß man selber vom Schiffbruch zerbrochen werden könnte, geht darüber verloren. Kritische Theorie heute vollzieht sich ohne Selbstkritik.

Unendliche Vorgeschichte Die Modernitätsbestimmung der *Dialektik der Aufklärung*

I

> Insistente Befassung mit Hegel lehrt, daß man in seiner Philosophie [...] nicht das auswählen kann, was einem paßt, und verwerfen, was einen ärgert. [...] Seine Wahrheit steckt im Skandalon, nicht im Plausiblen. Hegel retten – und nicht Erneuerung, nur Rettung ziemt ihm gegenüber – heißt daher, seiner Philosophie dort sich zu stellen, wo sie am wehesten tut.[1]

Was Adorno über die Beschäftigung mit Hegel sagt, gilt auch für die Beschäftigung mit seiner eigenen Philosophie. Eine der Stellen, wo sie »am wehesten tut«, ist die Modernitätsdiagnose der zusammen mit Horkheimer verfaßten *Dialektik der Aufklärung*.[2] Doch gerade ihr wird sich kaum wirklich gestellt. Die Diskussion um die Bestimmung der Moderne verlief und verläuft jedenfalls jenseits dessen, was Adorno und Horkheimer diagnostizierten. Dabei könnte deren – wie sehr auch »weh tuender« – Blick vor einer Verharmlosung bewahren, die immer wieder aufgeboten wird: vor der Verharmlosung, daß es nur einer weitergeführten Aufklärung bedürfe, um die Schwierigkeiten der Moderne zu bewältigen. Ebenso bewahrt jener Blick freilich auch vor der Reaktion, die vor die Moderne zurückkehren will, um deren Probleme loszuwerden. Statt dessen zeigt er, daß der Gegensatz von weitergeführter Aufklärung und Reaktion als Strukturproblem der Moderne erkannt werden muß.

Nichts anderes bedeutet der Titel *Dialektik der Aufklärung*. Er benennt die widersprüchliche Bestimmtheit der Aufklärung. Diese

1 *Theodor W. Adorno*, Drei Studien zu Hegel, in: *ders.*, Gesammelte Schriften V, Frankfurt am Main 1975, S. 247-382, hier: S. 320. – Zum Terminus »Rettung« siehe *Jürgen Habermas*, Bewußtmachende oder rettende Kritik. Die Aktualität Walter Benjamins, in: *ders.*, Politisch-philosophische Profile, Frankfurt am Main 1981, S. 336-376.

2 Ich zitiere nach Adornos Gesammelten Schriften III, Frankfurt am Main 1981. Zitate werden im Text in Klammem nachgewiesen.

Bestimmtheit besteht darin, daß der Eigenvollzug der Aufklärung in ihre Negation umschlägt. Ihr zufolge wird Aufklärung selber reaktionär, und umgekehrt bildet die Reaktion nur ein Moment der Aufklärung. Mit dieser Bestimmtheit benennt der Titel aber zugleich die Bestimmtheit der Moderne. Denn die Moderne ist – mit Kant zu sprechen – »das Zeitalter der Aufklärung«.[3] Entsprechend betrifft die widersprüchliche Bestimmtheit der Aufklärung – ihr Umschlag in ihr Gegenteil – die Moderne selber. Der Knoten aus Aufklärung und Reaktion wird zu ihrem Strukturproblem. Dadurch wird die ungebrochene Weiterführung der Aufklärung unmöglich. Wo deren Eigenvollzug seine Verneinung mit sich führt, da findet der »Ausgang des Menschen aus seiner selbstverschuldeten Unmündigkeit«[4] keinen Weg mehr. »Kein Weg« heißt in griechischem Deutsch: Aporie. Das Zeitalter der Aufklärung verwikkelt sich in Aporien.

Solche Aporien aufzudecken ist das Vorhaben der *Dialektik der Aufklärung*. Es geht so weit, daß sie sich selbst in diese Aporien mit einbezieht. Denn die Dialektik der Aufklärung steht nicht über der Aufklärung und ihren Aporien, sondern klärt sie auf. Sie ist darum selber ein Stück Aufklärung und fällt unter ihr eigenes Verdikt. Modernitätstheoretisch heißt das: Die *Dialektik der Aufklärung* ist eine moderne Konzeption, auf die darum auch ihre eigene Modernitätsdiagnose zutrifft. Folglich hat auch sie einen aporetischen Gehalt. Im Rückgriff auf das eingangs angeführte Zitat gesprochen: Die *Dialektik der Aufklärung* bildet ein Skandalon, nichts Plausibles. Ebenfalls im Sinn des Zitates könnte das bedeuten, daß in ihr die Wahrheit von Horkheimers und Adornos Denken steckt.

Eben wegen ihres aporetischen Charakters wird sie von den meisten als systematisch nicht mehr brauchbar eingestuft. Es ist häufig genug diskutiert worden, daß die Frankfurter Schule nach der kommunikationstheoretischen Transformation der kritischen Theorie mit den starken geschichtsphilosophischen Thesen der *Dialektik der Aufklärung* und ihrer »hemmungslosen Vernunftskepsis«[5]

3 *Immanuel Kant*, Beantwortung der Frage: Was heißt Aufklärung? in: Akademie-Ausgabe VIII, Berlin 1928, S. 33-42, hier: S. 40.

4 Ibidem, S. 35.

5 *Jürgen Habermas*, Der philosophische Diskurs der Moderne. Zwölf Vorlesungen, Frankfurt am Main 1988, S. 156. In eine fast gleiche Kerbe schlägt sein Schüler *Axel*

nichts mehr anfangen kann. Habermas ist in seiner Verwerfung dessen, was ihn an der *Dialektik der Aufklärung* ärgert, konsequent. Zu seinem Projekt der Moderne taugt sie ihm deshalb nicht, weil sie die Möglichkeit eines herrschaftsfreien, vernünftigen Weltverhältnisses und damit die einer fortgeführten Aufklärung zu leugnen scheint.[6] Doch auch Überlegungen, die Habermas nicht gänzlich folgen und insbesondere an Adornos späterer Theorie interessiert sind, glauben, das systematisch nur unter deren Abkoppelung von den geschichtsphilosophischen Thesen der *Dialektik der Aufklärung* vollziehen zu können. Die *Negative Dialektik* und erst recht die *Ästhetische Theorie* erscheinen in dieser Sicht als die Überwindung und Selbstrevision der in der *Dialektik der Aufklärung* vertretenen unzulänglichen Thesen.[7]

Aber ein aporetischer Gehalt, der um seine Aporie weiß, hat diese Aporie reflektiert. Er reproduziert sie nicht einfach, sondern zeigt sie auf. Entsprechend eröffnet er auch einen Horizont, in dem es anders sein könnte, obwohl er das Andere selber nicht darzulegen vermag. Deshalb wird im folgenden versucht, an den Aussagen der *Dialektik der Aufklärung* zur Moderne nicht zu verwerfen, was ärgert. Es sollen also Überlegungen angestellt werden, wie sie zu »retten«, nicht wie sie zu »erneuern« wären. Das bedeutet keinen orthodoxen Rückgang auf einen heiligen Text, sondern eine Besinnung darauf, wie eine tragfähige Modernitätsdiagnose auszusehen hätte. Sie könnte der Diskussion um Modernität, die vom Wechsel ihrer Konzepte («Moderne«, »Postmoderne«, »Zweite Moderne« usw.) inzwischen ebenso ermüdet ist, wie sie in den zahlreichen Vorstellungen einer Epoche »nach« der klassischen Moderne (»postdemokratisch«, »postsäkular«, »posthuman« usw.) fortwest, ihre bewußtlose Hilflosigkeit vorführen, indem sie die bewußte Hilflosigkeit Adornos und Horkheimers wieder vor Augen stellt.

Honneth, Kritik der Macht. Reflexionsstufen einer kritischen Gesellschaftstheorie, Frankfurt am Main 1989, S. 74 ff.

6 Sein eigenes modernitätstheoretisches Konzept formuliert *Jürgen Habermas*, Die Moderne – ein unvollendetes Projekt, in: *ders.*, Die Moderne – ein unvollendetes Projekt. Philosophisch-politische Aufsätze 1977-1990, Leipzig 1990, S. 32-54.

7 Das ist das Anliegen von *Anke Thyen*, Negative Dialektik und Erfahrung. Zur Rationalität des Nichtidentischen bei Adorno, Frankfurt am Main 1989, S. 82 ff. et passim, und *Hauke Brunkhorst*, Theodor W. Adorno – Dialektik der Moderne, München 1990, zumal S. 292 ff.

II

Obwohl man ihrem weh tuenden Blick gerne ausweicht, gehört die *Dialektik der Aufklärung* zu den bekanntesten Modernitätsbestimmungen. Entstanden im amerikanischen Exil, deutet sie Liberalismus, Faschismus und Stalinismus ihrer Gegenwart. Zugleich greift sie weit aus auf die Geschichte der bürgerlichen Gesellschaft, deren Strukturen sie bis in das Altertum zurückverfolgt: die Odyssee wird zur Urszene der Moderne.[8] Der Gegenstand, der all diese Probleme durchzieht, ist die Selbstzerstörung der Aufklärung. Horkheimer und Adorno bekennen:

> Wir hegen keinen Zweifel – und darin liegt unsere petitio principii –, daß die Freiheit in der Gesellschaft vom aufklärenden Denken unabtrennbar ist. Jedoch glauben wir, genauso deutlich erkannt zu haben, daß der Begriff eben dieses Denkens, nicht weniger als die konkreten historischen Formen, die Institutionen der Gesellschaft, in die es verflochten ist, schon den Keim zu jenem Rückschritt enthalten, der heute überall sich ereignet. (DA 13)[9]

Hiernach bildet die Beantwortung der Frage »Was ist Aufklärung?« den Schlüssel zur Modernität, die sich in der Mitte des 20. Jahrhunderts zur Kenntlichkeit veränderte. Gegen Ende des 18. Jahrhunderts war jene Frage eine der großen Streitfragen der deutschen Philosophie, und entsprechend scheint sie vor allem in das Geschäft der Philosophiegeschichtsschreibung zu gehören.[10] Horkheimer und Adorno aber verhilft sie zur Einsicht in die bürgerlichen Herrschaftsformen im Zeitalter der Extreme. Und umgekehrt geben ihnen diese Formen eine neue Antwort auf jene Frage. So wirkt

8 Dazu *Marc Nicolas Sommer*, Exkurs I. Odysseus oder Mythos und Aufklärung, in: *Gunnar Hindrichs* (Hrsg.), Max Horkheimer und Theodor W. Adorno: Dialektik der Aufklärung (= Klassiker Auslegen 63), Berlin 2017, S. 23-40.

9 Im Text unter der Sigle »DA« mit Seitenzahl nach der folgenden Ausgabe zitiert: *Max Horkheimer* und *Theodor W. Adorno*, Dialektik der Aufklärung. Philosophische Fragmente (= Gesammelte Schriften III), Frankfurt am Main 1981.

10 Lehrreiche Darlegungen bieten *Norbert Hinske*, Einleitung, in: *ders.* (Hrsg.), Was ist Aufklärung? Beiträge aus der Berlinischen Monatsschrift, Darmstadt 1974, S. XIII-LXIX, und *Hans-Dietrich Dahnke*, Was ist Aufklärung?, in: *ders.* und *Bernd Leistner* (Hrsg.), Debatten und Kontroversen. Literarische Auseinandersetzungen in Deutschland am Ende des 18. Jahrhunderts I, Berlin und Weimar 1989, S. 39-134.

die Einsicht in den Zivilisationsbruch des 20. Jahrhunderts zurück auf die Epochenbestimmung insgesamt.

Die in diesem Ansatz vollzogene Verbindung von philosophischer Untersuchung, Geschichtsdiagnose und politischer Analyse hat dem Buch bis heute eine große Leserschaft beschert. Von den Verfahren der Kulturwissenschaften oder der Soziologie wird es ebenso aufgegriffen wie vom allgemeinen Unbehagen an der Gesellschaft. Aber oft gerinnen die Ausführungen der *Dialektik der Aufklärung* zum Jargon. Um ihren Gehalt zu erfassen, darf der Hintergrund nicht vernachlässigt werden, vor dem sie geschrieben wurden. Das Buch entstand innerhalb des exilierten Instituts für Sozialforschung.[11] Dessen wichtigste Idee hatte sein Leiter Horkheimer 1937 in dem Aufsatz »Traditionelle und kritische Theorie« entworfen. Dort unterscheidet er die fachwissenschaftliche Organisation des Tatsachenwissens von einem Denken, das sich als ein Moment der Anstrengung weiß, eine menschliche Welt zu schaffen. Ein solches Denken – die »kritische Theorie« – ist mit dem »Interesse an der Aufhebung des gesellschaftlichen Unrechts«[12] verbunden.

Ersichtlich folgt diese Bestimmung der elften Feuerbachthese des Karl Marx. »Die Philosophen haben die Welt nur verschieden interpretiert; es kömmt drauf an, sie zu verändern.«[13] Auch die kritische Theorie interpretiert nicht die Welt neu, sondern beurteilt sie unter dem Gesichtspunkt ihrer Veränderung, den sie an die Aufhebung der Klassenherrschaft bindet. Allerdings bekennt sie sich weiterhin als Theorie, anstatt wie der klassische Marxismus in die Praxis der Revolution überzugehen.[14] Diesen Schwellenstatus zwischen traditioneller Theorie und revolutionärer Praxis zeigt das Attribut »kritisch« an. Seine wörtliche Bedeutung »prüfend« und »richtend« markiert die Distanz der Theorie sowohl zum Bestehenden als auch zu dessen bloßer Erkenntnis. Indem die Theorie kritisch wird, verwandelt sie sich aus der Erfassung des Bestehenden in eine Judikative, die ihm das Urteil spricht. Zur Exekutive der

11 Dazu *Thomas Wheatland*, The Frankfurt School in Exile, Minneapolis 2009.

12 *Max Horkheimer*, Traditionelle und kritische Theorie, in: *ders.*, Gesammelte Schriften IV, Frankfurt am Main 1988, S. 162-216, hier: S. 216.

13 *Karl Marx*, Thesen über Feuerbach, in: Marx-Engels-Werke III, Berlin 1968, S. 5-7, hier: S. 7.

14 Dazu *Rüdiger Bubner*, Theorie und Praxis – eine nachhegelsche Abstraktion (= Wissenschaft und Gegenwart 49), Frankfurt am Main 1971, zumal S. 17 ff.

revolutionären Praxis wird sie hingegen nicht. So klammert die kritische Theorie die Verwirklichung ihres Urteilsspruches durch die praktische Aufhebung der Klassenherrschaft ein. Dennoch besitzt sie ohne den Gedanken dieser Aufhebung keinen Sinn.

Das ist der Hintergrund der *Dialektik der Aufklärung*. Sie ist der erste durchgeführte Vollzug kritischer Theorie. Das heißt: Die *Dialektik der Aufklärung* verfolgt das Interesse an der Aufhebung der Klassenherrschaft. Im Blick auf dieses Interesse erhält ihre oben zitierte These, daß »die Freiheit in der Gesellschaft vom aufklärenden Denken unabtrennbar« sei, erst ihren vollen Gehalt. Sie verbindet die Aufklärung, den Ausgang des Menschen aus seiner selbstverschuldeten Unmündigkeit, mit der Revolution.[15] Allerdings wird die revolutionäre Aufhebung der Klassenherrschaft, von der Horkheimer in seinem Aufsatz spricht und die den Horizont der *Dialektik der Aufklärung* bildet, in dieser selber sorgfältig umgangen. Das beruht nicht nur auf den Gründen eines obliquen Sprechens zu Zeiten, in denen befreiendes Handeln unmöglich ist und seine Beschwörung Schlimmeres zur Folge haben kann. Es folgt auch aus der Einsicht, daß alle Sprache der Befreiung ja zur Sprache des aufklärenden Denkens gehört und also in dessen Selbstzerstörung verwickelt ist. Daher kann neben der Sprache der traditionellen Theorie auch die Sprache der Befreiung nicht mehr die Sprache der kritischen Theorie sein. Diese muß die Aufhebung der Klassenherrschaft, die ihr Interesse darstellt, aus ihren Untersuchungen heraushalten. Das betrifft auch die anderen aufklärenden Verfahren, insbesondere das Verfahren der Ideologiekritik, das bis heute mit der kritischen Theorie verbunden wird. Sie können nicht mehr mit dem Selbstverständnis des richtigen Bewußtseins durchgeführt werden, da das richtige Bewußtsein auf seinem Weg zur Freiheit eine andere Art von Unfreiheit herbeigeführt hat.

Diese Zwangslage trennt die *Dialektik der Aufklärung* von den meisten Positionen der Gesellschaftskritik, zumal von deren aktivistischen Spielarten. Hieraus auf eine resignative oder defätistische Grundhaltung zu schließen ist jedoch falsch. Vielmehr bildet die

15 Das hatten im Blick auf Kant und die bürgerliche Revolution auf ihre Weise bereits Fichte und Erhard getan: *Johann Gottlieb Fichte*, Beitrag zur Berichtigung der Urteile des Publikums über die Französische Revolution (= Gesamtausgabe I/1), Stuttgart-Bad Cannstatt 1964; *Johann Benjamin Erhard*, Über das Recht des Volks zu einer Revolution, Jena und Leipzig 1795.

Aufhebung der Klassenherrschaft den nötigen Hintergrund, ohne daß man sie zur Sprache bringen könnte, und gerade die Arbeit daran, daß man sie nicht zur Sprache bringen kann, hält an ihrer Möglichkeit fest. Die Probleme des Klassenkampfes dürfen daher nicht vergessen werden, wenn man sich der Modernitätsdiagnose der Dialektik der Aufklärung stellen will.

III

Die *Dialektik der Aufklärung* wurde unter dem Vorsatz geschrieben, zu erklären, »warum die Menschheit, anstatt in einen wahrhaft menschlichen Zustand einzutreten, in eine neue Art von Barbarei versinkt« (DA 11). Dieser Vorsatz kann als der Versuch verstanden werden, auf zwei bereits angedeutete Probleme zu reagieren: zum einen auf den Tatbestand, daß der allgemeine Prozeß der Aufklärung die Menschen nicht vor den Zuständen sowohl offen (Stalinismus, Faschismus) als auch versteckt (Kulturindustrie) totalitärer Gesellschaften bewahren konnte; zum anderen darauf, daß das Proletariat nicht den emanzipatorischen Anspruch der Aufklärung verwirklicht und im Marxschen Reich der Freiheit einen »wahrhaft menschlichen Zustand« errichtet hatte. Es geht also sowohl um das Entsetzen über den katastrophischen Verlauf der Zivilisation als auch um die Enttäuschung revolutionärer Hoffnungen.[16]

Das letztgenannte Problem entstammt der neomarxistischen Diskussion der zwanziger Jahre. Georg Lukács, der den prominentesten Antwortversuch geleistet hatte, meinte, es mit der Einsicht in das fehlende Klassenbewußtsein des Proletariats in den Griff bekommen zu können: Die bisherigen revolutionären Klassen hätten revolutionär auch ohne wirkliche Einsicht in die Strukturen der menschlichen Geschichte sein können, da sie an die Stelle der alten Klassenherrschaft eine neuartige Klassenherrschaft setzten, auf wie immer auch höherer Stufe; dadurch sei die Klassengesellschaft als solche nicht überwunden worden, habe es bis heute allerdings aufgrund der historischen Umstände auch gar nicht gekonnt. Nun aber, wo nach marxistischer Einsicht die Verhältnisse reif für eine sozialistische Revolution seien, bedürfe es zu diesen Verhältnissen

16 *Axel Honneth*, op. cit., S. 47, ordnet das erste Problem eher Adorno, das zweite eher Horkheimer zu. Aber beides darf voneinander nicht geschieden werden.

noch des besonderen Bewußtseins jener geschichtlichen Grundstrukturen. Das Proletariat hat somit die besondere Aufgabe, nicht nur die bestehende, sondern gleichsam alle Klassengesellschaften mit umzuwälzen, und diese Aufgabe kann es, wie Lukács betont, nur dann erfüllen, wenn es um die Bedingungen gesellschaftlichen Handelns weiß. Solange das dazu nötige Bewußtsein fehlt, ist eine Revolution nicht möglich.[17]

Die *Dialektik der Aufklärung* geht einen grundlegend anderen Weg. Sie liefert die Erklärung der »neuen Art von Barbarei« nicht, indem sie eine noch fehlende Aufklärung – marxistisch: ein noch fehlendes Klassenbewußtsein – als Ursache ansieht, sondern indem sie umgekehrt den barbarischen Zustand eben als Ergebnis des aufklärerischen Denkens charakterisiert. Sie vermag mit dieser Antwort sowohl das Heraufkommen der »totalen Integration« in ihren verschiedenen Formen als auch die Wirkungslosigkeit eines proletarischen Widerstands zu erklären, weil beide zum aufklärerischen Denken gerechnet werden können. Da »Aufklärung« jedoch auch für Horkheimer und Adorno die fehlende menschliche Emanzipation, also Freiheit, hervorzubringen beansprucht, formulieren sie die Frage nach der »Selbstzerstörung der Aufklärung« (DA 13): Wieso verschüttet Aufklärung die in ihr doch intendierte Freiheit?

Dazu müssen die Autoren indessen erst die grundlegendere Frage behandeln, was Aufklärung selbst eigentlich sei. Horkheimer und Adorno geben eine Antwort darauf, indem sie die Aufklärung nicht nur als eine bestimmte Epoche der Geistesgeschichte oder eine Stufe des menschlichen Geistes begreifen, sondern als ein grundlegendes menschliches Weltverhältnis. Aufklärerisches Denken bedeutet ihnen die Beherrschung der Natur, indem diese verstanden und erklärt wird. Dadurch ermöglicht Aufklärung menschliche Selbsterhaltung. Durch das aufklärerische Programm einer »Entzauberung der Welt« (DA 19), wie es im Rückgriff auf Max Weber[18] heißt, können Naturprozesse durchschaut und deren Gesetze angewandt werden; diese Gesetze werden allerdings nur deshalb angewandt, um die Natur selbst zu beherrschen und ihre Gefahr gegenüber den Menschen einzudämmen. »Die Menschen

17 *Georg Lukács*, Geschichte und Klassenbewußtsein (= Werke II), Darmstadt/Neuwied 1968, S. 218 ff.

18 *Max Weber*, Wissenschaft als Beruf, in: *ders.*, Gesammelte Aufsätze zur Wissenschaftslehre, Tübingen 1985, S. 582-613, hier: S. 594.

hatten immer zu wählen zwischen ihrer Unterwerfung unter Natur oder der Natur unter das Selbst« (DA 49). Im Erklären der Natur wird die selbsterhaltende zweite Alternative eingeschlagen.

Diese meint allerdings nicht, daß die allgemeine menschliche Gattung zu ihrer Selbsterhaltung jene beherrschende Vernunft gegen die Natur einzusetzen gehabt hätte. Vielmehr ist sie eine Überlegung, die sich auf die Herausbildung des identischen Subjekts bezieht, also auf das, was »neuzeitliche Subjektivität« genannt werden kann.[19] Der Prozeß der Aufklärung bezeichnet im Sinne der *Dialektik der Aufklärung* die Urgeschichte der Subjektivität. Diese Urgeschichte der Subjektivität wird allerdings mit historischen Prozessen enggeführt; das Zitat lieferte ja eine Aussage über ein historisches Faktum. Doch der Anspruch der *Dialektik der Aufklärung* ist nicht derjenige einer empirischen Arbeit, sondern der einer systematischen Rekonstruktion aus der Perspektive der Gegenwart. Sie versucht aufzuzeigen, wie sich das neuzeitliche Subjekt in der Geschichte zu dem gebildet hat, was es gegenwärtig ist – und dazu ist nötig, daß es dieses neuzeitliche Subjekt in seiner gegenwärtigen Form bereits gibt. Adorno und Horkheimer betrachten die Urgeschichte der Subjektivität bewußt »von der faschistischen Gegenwart aus, in der das Verborgene ans Licht tritt« (DA 265); ihr Ausgangspunkt ist die Erfahrung der zeitgenössischen Gesellschaft, unter deren Leitbild die Geschichte rekonstruiert wird.

Innerhalb dieser Geschichtsphilosophie sehen Horkheimer und Adorno das beherrschende Verhältnis des Menschen zur Natur bereits im Mythos beschlossen. Sie können diesen, der normalerweise in strikten Gegensatz zur Aufklärung gesetzt wird, daher schon als Aufklärung begreifen. Der Mythos ist in ihren Augen Naturbeherrschung, da er vom Naturgeschehen Rechenschaft gibt. »Der Mythos wollte berichten, nennen, den Ursprung sagen: damit aber darstellen, festhalten, erklären« (DA 24). Vor allem im Ritual sehen Horkheimer und Adorno beherrschende Anstrengungen, da das Ritual auf einen naturbestimmenden Zauber aus ist. In den Göttermythen hat sich dieses Element dann weitergebildet. Durch

19 Zur Trennung von Gattungsgeschichte und Urgeschichte des Subjekts siehe *Anke Thyen*, op. cit., S. 65 f. Die vorhergehende Entwicklung solcher Überlegungen zur subjektiven Vernunft bei Horkheimer hat *Heidrun Hesse*, Vernunft und Selbstbehauptung. Kritische Theorie als Kritik der neuzeitlichen Rationalität, Frankfurt am Main 1984, S. 46 ff., herausgearbeitet.

Unterwerfung unter die Götter erkauft sich das menschliche Subjekt seine eigene Macht; die Einheit der Schöpfermacht und die des Subjekts gleichen sich: »Die Gottesebenbildlichkeit des Menschen besteht in der Souveränität übers Dasein, im Blick des Herrn, im Kommando« (DA 25).[20] Die später einsetzende Aufklärung über die Mythen – also nicht das aufklärende Element in diesen, sondern ihre Zerstörung – greift diese somit mit deren eigenen Mitteln an, da der Mythos bereits den aufklärerischen Prozeß angestoßen hatte. »Ihm wird nun heimgezahlt« (DA 27). Der Ausgang aus dem Mythos durch die eigentliche Aufklärung setzt das Aufklärerische des Mythos nur fort.

Doch diese eigentliche Aufklärung wird in ihrem Verhalten selbst wiederum mythisch. Nicht nur, weil sie ihren Stoff von den Mythen erhält (DA 28): eine Auffassung, die ähnlich schon Hegel in seiner Analyse des Kampfes der Aufklärung mit dem Aberglauben vertreten hatte.[21] Sondern vor allem, weil sie wie der Mythos »das Prinzip der Immanenz« (DA 28) verkündet. Im Mythos hatten die Menschen geglaubt, durch Wiederholen des Geschehens könnten sie sich mit der Natur identifizieren und sich ihrer Macht entziehen; in der Aufklärung wird das immanente Wiederholungsprinzip vertreten, da alles mit allem identisch sein muß. Das Andere darf in der Aufklärung nicht als Anderes bestehen bleiben, sondern muß identifiziert und eingeordnet werden: »Denken ist im Sinn der Aufklärung die Herstellung von einheitlicher, wissenschaftlicher Ordnung« (DA 100), es »schneidet das Inkommensurable weg« (DA 29) und errichtet so die Grenzen möglicher Erfahrung. Da so nur das Einordenbare Gegenstand des Denkens sein kann, ist eine wahrhaft neue Erkenntnis gar nicht möglich, da sie sogleich aus dem Bereich des Denkens herausfallen würde.

In diesem Zwang zur Immanenz sehen Horkheimer und Adorno nichts anderes als ein mythisches »universales Tabu« liegen. Gäbe es etwas außerhalb des aufklärerischen Wissens, so würde es die Quelle von unbewältigbarer Angst bilden. Die reine Immanenz beugt dem vor, indem sie jenes Außerhalb leugnet, ist darin aber

20 Ganz analoge Überlegungen finden sich interessanterweise beim jungen Hegel; vgl. dessen Der Geist des Christentums und sein Schicksal, in: *ders.*, Hegels theologische Jugendschriften, hrsg. v. Herman Nohl, Tübingen 1907, S. 247 f.

21 *Georg Wilhelm Friedrich Hegel*, Phänomenologie des Geistes (= Werke IX), Hamburg 1980, S. 293 ff.

von eben der Angst, der sie vorbeugen will. Sie läßt das Andere nicht zu, weil es sie ängstigt. Für Horkheimer und Adorno ist Aufklärung daher »die radikal gewordene, mythische Angst« (DA 32). »Mythisch« heißt in diesem Zusammenhang nicht ein realer, stofflicher Mythos, sondern ein dem Mythos gleiches Weltverhältnis.

IV

Die Bestimmtheit der Aufklärung kommt in der Modernitätsdiagnose der *Dialektik der Aufklärung* zum Tragen. Obgleich nämlich die Urgeschichte der Subjektivität bis in das mythische Denken zurückverfolgt werden kann, bedeutet das keineswegs, daß sie von ihren Anfängen an eingeebnet werden könnte. Die letzte Phase der Aufklärung unterscheidet sich vielmehr von den vorangegangenen dadurch, daß sie sich noch einmal radikalisiert.

Im Positivismus, ihrer jüngsten Gestalt, wird die Immanenz ihres Denkens total. Ihre Unwahrheit ist, »daß für sie der Prozeß von vornherein entschieden ist. Wenn im mathematischen Verfahren das Unbekannte zum Unbekannten einer Gleichung wird, ist es damit zum Altbekannten gestempelt, ehe noch ein Wert eingesetzt ist.« Die radikale (moderne) Aufklärung aber hat diese Mathematisierung zu Ende gedacht; ihr ist »Denken und Mathematik [...] eins« (DA 41). Diese In-eins-Setzung verabsolutiert die Mathematik und automatisiert das Denken. Denken wird damit endgültig zum Werkzeug, zur Sache, zum Organ; seine Instrumentalität, die schon im aufklärenden Mythos impliziert war, wird nunmehr als seine einzige Eigenart angenommen. Aus diesem Bannkreis kann die zu Ende gedachte Aufklärung nicht mehr heraustreten. Jede Reflexion des Denkens selber wird aufgegeben, da die automatisch ablaufende Logik sich als notwendig und objektiv setzt.

Ein solches Denken beschränkt sich auf die Wiederholung der Tatsachen. Dadurch, daß nur noch die Tatsachen die Welt sind, hat es sich jedoch um so mehr in mythisches Denken verstrickt. Denn die Feststellung von Tatsachen bedeutet für die Autoren der *Dialektik der Aufklärung* nichts anderes als deren tautologische Reproduktion. Der Positivismus erschöpft sich ihnen zufolge in einer bloßen Unmittelbarkeit, im Wahrnehmen, Klassifizieren und Berechnen, ordnet die gesamte Welt ein und macht sie zu einem »gigantische[n] analytische[n] Urteil«. Weil in dieser instrumentellen Rationalität über die Wahrheit der Erkenntnis gar nicht anders gedacht werden kann als in der Feststellung ihrer Tatsächlichkeit, rückt sie die nackten Tatsachen an die Stelle ihrer Wahrheit. In dieser Hypostase des Bestehenden als Wahrheit gleicht die zu Ende gedachte Aufklärung erst recht dem Mythos, der auch »das bloße Dasein als de[n] Sinn ausgesprochen [hatte], den es versperrt« (DA 44). Zudem setzt die instrumentelle Vernunft, die Wissenschaft als Werkzeug, auch sich selbst mit der Wahrheit gleich – eine Wahrheit, die sich selbst nicht mehr verstehen kann, weil sie eben ein bloßes, nicht-reflektierendes Werkzeug ist (DA 104 f.). Sie stellt daher keine Legitimierungsversuche ihres Vorgehens mehr an. Kants Transzendentalphilosophie wird laut Horkheimer und Adorno eben deshalb vom Positivismus als dogmatisch verleugnet, weil sie jene Selbstreflexion zu leisten suchte.

Dadurch aber wendet sich die mythische Aufklärung gegen ihr eigenes Subjekt. »Was als Triumph subjektiver Rationalität erscheint, die Unterwerfung alles Seienden unter den logischen Formalismus, wird mit der gehorsamen Unterordnung der Vernunft unters unmittelbar Vorfindliche erkauft« (DA 43). Vom Subjekt bleibt nicht mehr übrig als das logische Ich, ebenso wie die Welt nur noch zu beherrschendes Material ist. Und die automatisierte logische Vernunft, die »Denkmaschinerie«, fesselt es an ihre eigene Immanenz. Die Selbsterhaltung des Subjektes wird also zur Selbstbindung. Dies kommt auch gesellschaftlich zum Ausdruck. Die zu Ende gedachte Ordnung der instrumentellen Rationalität entspricht laut den Autoren der *Dialektik der Aufklärung* der Ordnung der modernen Gesellschaften verschiedenster Prägung. Deren Ordnung »setzt kalkulierendes Denken ganz in seine Rechte ein und hält sich an die Wissenschaft als solche. Ihr Kanon ist die eigene blutige Leistungsfähigkeit« (DA 105-106). Was sich nicht den genormten Klassifikationen anpaßt, »Idee und Kriminalität« (DA 45), wird vom Kollektiv dazu gezwungen, das selbst wiederum nur dem aufklärenden Prinzip der Beherrschung und Selbsterhaltung gehorcht. Das Andere kann auch gesellschaftlich kaum noch als ein Anderes überleben.

Diese Herrschaft der total-integrativen Ordnung ist ein Ergebnis jener zu Ende gekommenen Urgeschichte der Subjektivität. Wie sehr sich die Herrschaft der kalkulierenden Vernunft gegen die einzelnen Subjekte richten kann, explizieren Horkheimer und

Adorno im Bereich der Moral anhand der Romane des Marquis de Sade und anhand Nietzsches. Vernunft steht als formale (und das heißt als eine, die ihre eigene Wahrheit nicht mehr reflektiert, sondern mythisch voraussetzt) jedem Interesse zur Verfügung. Inhaltliche Ziele lehnt sie als Macht der Natur, als Triebe ab (DA 106). Daher verbindet sie sich nicht notwendig mit moralischem Denken; de Sade hat das nicht beschönigt, sondern den aufgeklärten Verstand, also denjenigen »ohne die Leitung eines anderen«, konsequent ausgemalt. Die kalkulierende, instrumentelle Vernunft wird von Horkheimer und Adorno deshalb mit den jede Körperöffnung ausnutzenden Turnerpyramiden aus den sadistischen Orgien verbunden.

Der endgültige Rückschlag der Aufklärung in den Mythos verwischt jedoch ebenso die Unterschiede zwischen Wahrheit und Lüge. Wenn auch das begriffliche Denken als unsinnig abqualifiziert wird und nur noch die Konstatierung von Tatsachen als wahr gilt, dann kann ja die Wahrheit oder Falschheit des Seienden gar nicht mehr reflektiert werden; wenn die Welt als Tatsache den Platz der Wahrheit eingenommen hat, dann ist auch ihre mögliche Falschheit von der Wahrheit nicht mehr unterscheidbar. Dadurch wird die Herrschaft des Bestehenden kaum noch kritisierbar. Der »mythische wissenschaftliche Respekt der Völker vor dem Gegebenen, das sie doch immerzu schaffen, wird schließlich selbst zur positiven Tatsache« (DA 59). An ein Entkommen aus diesem Zustand ist überhaupt nicht mehr zu denken. Die radikalisierte Immanenz der Aufklärung, deren Rationalität die modernen Gesellschaften durchherrscht, ist damit auch eine dieser Gesellschaften selbst, deren Transzendenz allein zu überlegen schon zur Schwierigkeit wird.

V

Die Immanenz der aufgeklärten Gesellschaft nennen Horkheimer und Adorno einen »Verblendungszusammenhang« (DA 59). Mit ihm wollen sie erklären, weshalb es zu keinen wahrhaft emanzipatorischen Aktionen mehr kommen kann. Vor allem das Kapitel über die »Kulturindustrie« versucht anhand konkreter Analysen von kulturindustriellen Erzeugnissen zu zeigen, wie umfassend die moderne Ordnung geworden ist.

»Kultur heute schlägt alles mit Ähnlichkeit« (DA 141). Hiernach wird der Immanenzzusammenhang wie im Positivismus auch in der Kultur total, die doch nach bürgerlicher Vorstellung neben dem ökonomischen Zwang kompensatorisch die Freiheit eröffnet. Das bedeutet: Die Kulturindustrie vollzieht in ihrer Reproduktion der Tatsachen nichts anderes als den Mythos, in den die Aufklärung zurückgeschlagen ist. Sie wird zur Reklame für sich selber, zur »reine[n] Darstellung der gesellschaftlichen Macht« (DA 186) – zu einer Reklame freilich, die nicht Werbung für eine Alternative bedeutet, sondern Werbung für die Alternativenlosigkeit. Ebenso wie die wissenschaftliche Klassifikation nur ein gigantisches analytisches Urteil fällt, bietet die Kulturindustrie nur die »Freiheit zum Immergleichen« (DA 190). Das in ihr stattfindende Vergnügen ist für Horkheimer und Adorno »in der Tat Flucht, aber nicht, wie es behauptet, Flucht vor der schlechten Realität, sondern vor dem letzten Gedanken an Widerstand, den jene noch übriggelassen hat« (DA 167). Das ist der Clou des Kapitels über Kulturindustrie: Sie errichtet gar keine Scheinwelten über der harten Wirklichkeit, um diese zu beschönigen, sondern bringt die Wirklichkeit als scheinbare Scheinwelt erst recht zur Herrschaft. Das Angebot der Kulturindustrie besteht also nicht in einer Verschleierung der Verhältnisse, sondern in deren Reproduktion, die diese als tatsächlich und damit als wahr einhämmert. »Ideologie«, schreibt Adorno zwei Jahre nach der Veröffentlichung der *Dialektik der Aufklärung,* »heißt heute: die Gesellschaft als Erscheinung.«[22]

Solche Überlegungen bedeuten die Kombination einer verschärften Fetischismuskritik mit der Idee einer Naturgeschichte, wie sie Adorno schon früh entwickelt hatte. Marx hatte im *Kapital* den Fetischcharakter der Ware dargestellt.[23] Die gesellschaftlichen Beziehungen der Menschen erscheinen nach Marx in der Ware als deren Eigenschaften. »Die Gleichheit der menschlichen Arbeiten erhält die sachliche Form der gleichen Wertgegenständlichkeit der Arbeitsprodukte.« Weil die Menschen ihre Arbeitsprodukte als Ware gleichsetzen, setzen sie auch ihre verschiedenen Arbeiten als menschliche Arbeit gleich. Erst durch diese dem Austausch ent-

22 *Theodor W. Adorno*, Kulturkritik und Gesellschaft, in: *ders.*, Gesammelte Schriften X/1, Frankfurt am Main 1977, S. 11-30, hier. S. 25.

23 *Karl Marx*, Das Kapital I (= Marx-Engels-Werke XXIII), Berlin 1968, S. 85 ff.

springende Warenform verleihen sie den Gegenständen jene gleiche Wertgegenständlichkeit. »Sie wissen das nicht, aber sie tun es.« Diese Fetischismuskritik Marxens, die Lukács später zum analytischen Schlüssel des marxistischen Denkens gemacht hat, transponiert die *Dialektik der Aufklärung* auf die Analyse der Kulturindustrie.[24] Der spezifische Warencharakter von deren Produkten ist Ausdruck eines Scheins, den die Menschen selbst erzeugen, den sie aber nicht mehr durchschauen. Die Reproduktion der Verhältnisse in der Kulturindustrie wird gar nicht als Ergebnis menschlicher Verhältnisse angesehen, sondern als Eigenschaften der Filme, Unterhaltungsmusik etc. Und hier kommt das Konzept der Naturgeschichte zum Tragen.

Adorno hatte – im Anschluß an Lukács und Benjamin – in einem Vortrag Anfang der dreißiger Jahre[25] versucht, das Verhältnis von Natur und Geschichte so zu fassen, daß Geschichte selber als naturhaft, Natur aber als geschichtlich begriffen wird; unter »Natur« wird dabei das verstanden, »was von je da ist«, oder anders gesagt: das »Mythische«. Der Geschichte liegt also kein naturhaftes Sein zugrunde, sondern sie ist selber Natur-Sein. Sie ist, wie Lukács es mit dem Wort Hegels ausgedrückt hatte, »zweite Natur«, deren Allgewalt man kaum entgehen kann, die aber mit Benjamin dechiffriert zu werden vermag. Natur wird so als vergängliche Geschichte entziffert. Das Mythisch-Naturhafte ist daher nicht so statisch, wie es vorgibt – das Geschichtliche ist daher jedoch auch mythisch-naturhaft. Das heißt: Die mythisch gewordene Fetisch-Welt ist naturverfallen, vermag jedoch, gerade weil Natur und Geschichte nicht mehr getrennt werden, als vergänglich entziffert und damit ihres mythischen Scheins entkleidet zu werden. Und so sprechen Horkheimer und Adorno in der *Dialektik der Aufklärung* von »Ideologie«, von »Wahrheit« und »Lüge« und nennen die Kulturindustrie einen »Massenbetrug«. Sie geben keineswegs auf, den Verblendungszusammenhang als einen der Verblendung kritisieren zu können.

Doch in der *Dialektik der Aufklärung* fehlt der Punkt, von dem

24 Siehe auch Adornos früheren Aufsatz über den Fetischcharakter in der Musik und die Regression des Hörens, in: *ders.*, Gesammelte Schriften XIV, Frankfurt am Main 1973, S. 14-50.

25 *Theodor W. Adorno*, Die Idee der Naturgeschichte, in: *ders.*, Gesammelte Schriften I, Frankfurt am Main 1973, S. 345-365.

aus der Fetisch ausgehebelt und Natur als Geschichte entschlüsselt werden könnte. Marx konnte den Warenfetisch kritisieren, weil er der aufklärenden Reflexion durchaus noch traute; Lukács kritisierte ihn vom Standpunkt des revolutionären Klassenbewußtseins aus. Der von Horkheimer und Adorno konstatierte Verblendungszusammenhang hingegen äußert sich nicht bloß in der kulturindustriellen Integration der Massen, sondern ebenso im kritischen Denken. Die *Dialektik der Aufklärung* behauptet ja nicht, daß es irgendeine Art der Rationalität unter mehreren geben würde, die vom rechten Weg abgekommen und in die totalitären Gesellschaften der Gegenwart eingemündet sei. Vielmehr stellt sie fest, daß das fortgeschrittenste und fähigste Bewußtsein selber die mythische Reaktion mit sich führe. Die Alternative zur neuzeitlichen Subjektivität kann für Horkheimer und Adorno nicht ein Salto mortale aus diesem Denken heraus sein. Denn alles andere Denken könnte weder der aufklärerischen Kritik standhalten noch eine geringere Herrschaft als diese bedeuten.

Weil aber das fortgeschrittenste Bewußtsein selber die Regression in sich trägt, ist auch die Annahme eines Zugangs zum Licht der Erkenntnis nicht mehr möglich. »Die Anrufung der Sonne ist Götzendienst« (DA 248). Da die *Dialektik der Aufklärung* eine elementare Rationalitätskritik durchführt, holt sie ihre eigene rationale Argumentation ebenfalls ein. Sie verwickelt sich, wie Habermas darlegt, bewußt in einen performativen Widerspruch und beschreibt »die Selbstzerstörung des kritischen Vermögens auf paradoxe Weise, weil sie im Augenblick der Beschreibung noch von der totgesagten Kritik Gebrauch machen«[26] muß. Anders als Habermas will, wird sie davon aber nicht erledigt.

VI

Der Ansatzpunkt der *Dialektik der Aufklärung* zum Umgang mit diesem bewußten performativen Widerspruch ist die »bestimmte Negation«. Hegel hatte die »bestimmte Negation« von der »bloßen Negation« unterschieden. Während die bloße Negation den verneinten Inhalt nur vernichtet und nicht »zu einem neuen Inhalt

26 *Habermas*, Der philosophische Diskurs der Moderne, op. cit., S. 144.

geht«, sondern diesen »irgendwoher« nimmt, vermag die bestimmte Negation die Einseitigkeit der Verstandesbestimmungen selbst als deren eigene Verneinung zu begreifen und sie daher, weil sie nicht von außen an die Bestimmungen herangeht, aus der Sache selbst heraus zu verneinen.[27] Sie will also zeigen, daß die Negation dem Inhalt der Sache angehört und seine »immanente Bewegung und Bestimmung« ist.

Diese Überlegungen greifen Horkheimer und Adorno auf. Durch den Verzicht auf die Möglichkeit einer der Lüge entzogenen Wahrheitsinstanz sehen sie sich auf die Notwendigkeit einer Analyse verwiesen, die den konkreten Gestalten immanent ihren Widerspruch aufzeigt. Mit ihr wollen sie über Falschheit aufklären, ohne in die mythische Regression zu verfallen, indem sie den konkreten Zügen »das Eingeständnis [der] Falschheit« entreißen (DA 41). In der mythisch gewordenen Aufklärung ist es das offene Eingeständnis der Entzweiung, das seine eigene Negation in sich trägt. In dieser Entzweiung nämlich »ruft [...] Natur sich selber an« (DA 57). Die Geschichte ist zur Naturverfallenheit geworden, obgleich sie doch auf Naturbeherrschung aus war. Sie ist dem gleich, dem sie fremd ist. Und ebenso wie das aufklärerische Denken von Natur distanziert, so distanziert es von dieser selbst naturhaften, mythischen Distanz. Ein »Eingedenken der Natur im Subjekt« ermöglicht den Durchbruch durch das stahlharte Gehäuse der Aufklärung. Aufklärung entzaubert alles; eine auf sich gewendete Aufklärung kann sogar ihren eigenen Mythos entzaubern, wenn sie ihre Naturhaftigkeit reflektiert.

Allein, der Rückgriff auf Hegels bestimmte Negation wirft das Problem auf, daß diese hegelisch nur funktioniert, wenn der Begriff des absoluten Wissens hinzugezogen wird. Denn die negierende Kritik der Verstandesbestimmungen orientiert sich daran, daß deren eigener Anspruch auf Wahrheit zu Ende gedacht wird, und Wahrheit heißt für Hegel absolutes Wissen, an dessen Maß die Bestimmungen sich als unzulänglich erweisen.[28] Nur daher mündet die bestimmte Negation nicht in einer leeren Verneinung, sondern in einem neuen Positiven. Der Bezug auf ein absolutes Wissen ist also nicht abzulösen. Ihn aber darf die umgewandte Aufklärung im Sinne Horkheimers und Adornos nicht aufnehmen. Denn wenn

27 *Hegel*, op. cit., S. 40 ff.; *ders.* Enzyklopädie 1830, §§ 81 f.

28 *Hegel*, op. cit., S. 424 ff.; *ders.* Enzyklopädie 1830, §§ 572 f.

sie das täte, würde sie sich totalisieren und einen neuen Mythos schaffen. Und die Dinge liegen noch verwickelter. Auch die Entzweiung der Natur kann nämlich nur dann negiert werden, wenn ihre Einheit als versöhnte Totalität zum Maßstab dient.

Adorno war sich dieser Schwierigkeiten bewußt. Im letzten Aphorismus aus den *Minima Moralia* schreibt er: »Philosophie, wie sie im Angesicht der Verzweiflung einzig noch zu verantworten ist, wäre der Versuch, alle Dinge so zu betrachten, wie sie vom Standpunkt der Erlösung aus sich darstellten.« Hier scheint er jenes Hegelsche absolute Wissen in eine absolute Erlösung transformiert zu haben. Wie dieses will er es aus dem Bezug der konkreten Dinge heraus gewinnen: »Es ist das Allereinfachste, weil der Zustand unabweisbar nach solcher Erkenntnis ruft, ja weil die vollendete Negativität, einmal ganz ins Auge gefaßt, zur Spiegelschrift ihres Gegenteils zusammenschießt.« Doch Adorno fährt fort: »Aber es ist auch das ganz Unmögliche, weil es einen Standort voraussetzt, der dem Bannkreis des Daseins, wäre es auch nur um ein Winziges, entrückt ist.«[29] Der Satz bleibt der Einsicht der *Dialektik der Aufklärung* treu. Er nimmt die Erlösung, also das Absolute, das zur kritischen Erkenntnis unverzichtbar ist, nunmehr als eine Art transzendentale Idee an. Ohne sie kann nicht kritisiert werden, doch zugleich hat sie selbst keine Gewißheit. Mehr noch: Sie selber kann eigentlich nicht gedacht werden und ist doch denknotwendig.

Die bestimmte Negation, die eine Erkenntnis in der Verblendung ermöglichen sollte, wird nach alledem selber wieder von der Verblendung eingeholt, insofern sie den absoluten Maßstab der Erlösung fordert. Damit aber kann nicht allein auf Hegel verwiesen werden, wenn nach Verständnishilfen gesucht wird. Vielmehr spielen hier Parallelen zur Frühromantik hinein. Friedrich Schlegel hatte eingesehen, daß die Nichterkennbarkeit des Absoluten eine »identische Trivialität«[30] ist, weil das Absolute, sobald es erkannt (und damit bedingt) wird, nicht mehr unbedingt ist. Dennoch zeigte ihm die Strukturanalyse der Erkenntnis, daß diese auf das Absolute sehr wohl angewiesen ist. Er sieht daher das menschliche Wissen dazu gezwungen, seine Bestimmungen fortwährend zu ne-

29 *Theodor W. Adorno*, Minima Moralia. Reflexionen aus dem beschädigten Leben (= Gesammelte Schriften IV), Frankfurt am Main 1980, S. 281.

30 *Friedrich Schlegel*, Kritische Ausgabe seiner Schriften XVIII, München usw. 1979, S. 511, Nr. 64.

gieren, ohne daß das Absolute, das doch als Maßstab jener Negationen dient, jeweils erlangt werden könnte. Die *Dialektik der Aufklärung* impliziert ähnliches. Die Erlösung, von der Adorno in den *Minima Moralia* spricht, dient ihr als Perspektive, ohne daß sie darum auch nur gedanklich eingeholt werden könnte. Nur wenn die bestimmte Negation in der jeweiligen Entzauberung bleibt, kann sie der Versuchung, ihr Geschäft als Totalität auszugeben, widerstehen. Sie wird dadurch nicht zu Hegels »bloßer Negation«, weil sie sich weiterhin in die Sache versenken will. Sie leugnet allerdings die Möglichkeit, aus dem konkreten Verweis auf ein Negierendes mehr als die Sicherheit der notwendigen Negation zu ziehen. Sie läßt den Verweis als solchen stehen.

Somit besteht der Ansatz der *Dialektik der Aufklärung* darin, daß sie die Aporie des kritischen Denkens bewußt auf sich nimmt. Sie bezieht sich ausdrücklich mit in die Verblendung ein, weil sie nur so jede unbewußte Verblendung erkennen und damit zumindest bestimmt negieren kann. »Selbst seine eigene Unmöglichkeit muß [der bedingte Gedanke] noch begreifen um der Möglichkeit willen«, formuliert Adorno dieses Paradox im zitierten Aphorismus der *Minima Moralia.* Entsprechend erscheint es als Verwässerung dieser Überlegungen, wenn aus der Kritik der Rationalität darauf geschlossen wird, es sei in ihr unterderhand eine zweite, von der Verblendung nicht betroffene Rationalität impliziert.[31] Es geht in ihnen gerade nicht um eine säuberliche Trennung von guter und schlechter Rationalität, sondern um eine radikale Kritik der neuzeitlichen Rationalität schlechthin. Ihre negative Dialektik versucht aus ihrer Befangenheit heraus eine kritische Selbstbezüglichkeit zu leisten, um in der Erkenntnis ihrer Unmöglichkeit ihre eigene Möglichkeit dargetan zu haben. Und ebenfalls erscheint die von Habermas vorgebrachte Behauptung, all dies sei ein »puristisches Vorhaben«, das »den Schleier über der Konfusion von Vernunft

31 Das glaubt Hauke Brunkhorst in seiner oben erwähnten Monographie, S. 271 ff. annehmen zu müssen. Daher gelangt er auch zu der Einschätzung, die Rede vom Verblendungszusammenhang sei ein »Selbstmißverständnis« der negativen Dialektik (S. 32). Aber der Verblendungszusammenhang ist konstitutiv für die Anstrengungen einer negativen Dialektik, weil deren Anliegen ja gerade das Bewußtsein eines unmöglichen absoluten, der Verblendung entzogenen Wissens impliziert.

und Macht mit einem Ruck wegziehen soll«,[32] diesen Sachverhalt nicht zu treffen. Denn es wird ja gar nichts »mit einem Ruck weggezogen«, sondern im Immanenzzusammenhang bestimmt negiert. Habermas suggeriert dagegen, die *Dialektik der Aufklärung* würde von einem unberührten, reinen Ort aus operieren, von dem die Konfusion unkonfus durchschaut werden könnte. Eben das ist nicht der Fall.

Das unreine Verharren in der bewußten Aporie, also das, was die Vertreter der ungebrochenen Aufklärung ärgert, ist die eigentliche Stärke der *Dialektik der Aufklärung*. Sie bastelt nicht munter weiter an einem unvollendeten Projekt der Moderne, sondern versucht dessen Scheitern aus ihm selbst zu erklären. Sie wählt aber auch nicht den Sprung aus der neuzeitlichen Rationalität oder proklamiert fröhlich das Ende aller Vernunft, sondern überlegt, wie innerhalb und mit dieser Vernunft gegen sie gedacht werden kann. Sie stellt sich damit quer zu allen Positionen der Debatte um Modernität: zu denen, die »postmodern« den entzaubernden »Willen zur Wahrheit« noch einmal als »Willen zur Macht« entzaubern und diesen dann zur Norm erheben; zu denen, die konservativ die Moderne verdammen, um zu längst entzauberten hohlen Werten zurückzukehren; und zu denen, die an der neuzeitlichen Rationalität – wenn sie nur gutartig sei! – unverdrossen festhalten. Horkheimers und Adornos Reflexion über Aufklärung strebt weiterhin nach Wahrheit, ohne es noch zu können. Ihre scheinbar verdammenswerte Aporie vermeidet es, sich affirmativ entweder gegenüber konservativen Werten oder (post-)modernen Machtdiskursen zu verhalten. Sie bietet damit die Möglichkeit zu einer totalen Vernunftkritik bei beibehaltener Insistenz auf den Entzauberungen der Vernunft.

Diese Stärke ist aber auch klarerweise ihre eigentliche Schwierigkeit, an der sich insbesondere Adorno immer wieder abarbeiten mußte. Die *Negative Dialektik* hat das als »Anstrengung, über den Begriff durch den Begriff hinauszugelangen«,[33] dann methodologisch ausgeführt.

32 *Habermas*, op. cit., S. 157.

33 *Theodor W. Adorno*, Negative Dialektik (= Gesammelte Schriften VI), Frankfurt am Main 1977, S. 27.

VII

Die beschriebene Situation der kritischen Theorie hat Auswirkungen auf die Bestimmung des Geschichtsverlaufs. Es ist nun nämlich nicht mehr möglich, über die partielle, theoretische Kritik hinaus viel zum Positiven zu ändern. Im vorletzten Fragment der *Dialektik der Aufklärung* gehen Horkheimer und Adorno darauf ein: »Wenn die Rede heute an einen sich wenden kann«, überlegen sie, »so sind es weder die sogenannten Massen, noch der Einzelne, der ohnmächtig ist, sondern eher ein eingebildeter Zeuge, dem wir es hinterlassen, damit es doch nicht ganz mit uns untergeht« (DA 294). Die Massen sind ohnehin von den Erzeugnissen der Kulturindustrie genormt, so daß sie nicht mehr ausbrechen können; der zur Negation möglicherweise noch fähige Einzelne ist zu einem tatsächlichen Ausbruch zu schwach: Daher bleibt die kritische Theorie auf ein eingebildetes Publikum verwiesen. Es dient ebenso als nur regulative Idee wie der versöhnte Zustand.

Mit dieser Überlegung versteht sich die kritische Theorie selbst als »Flaschenpost«. Sie spricht ihre Einsichten aus, ohne sicher zu sein, überhaupt gehört zu werden. Im Institut für Sozialforschung gab es Kontroversen um diese Bestimmung; besonders Herbert Marcuse, den Adorno aus dem Projekt der *Dialektik der Aufklärung* verdrängen konnte, weigerte sich, ihr zu folgen.[34] Vor dem Hintergrund der von Horkheimer und Adorno vollzogenen Analysen ist sie aber konsequent. Eine verändernde Praxis ist nicht denkbar, wo der Verblendungszusammenhang nur noch bestimmt negiert werden kann und seine Durchbrechung zum theoretischen Privileg wird. Dies hat jedoch nicht nur Bedeutung für die Geschichte der kritischen Theorie und ihr Selbstverständnis, sondern auch für die allgemeine menschliche Geschichte. Es heißt dies nämlich, daß Geschichte über ihren Status als Naturgeschichte nicht hinauskommen kann. Um der Wahrheit willen mag Adorno die regulative Idee der Erlösung nicht aufgeben; über diese regulative Funktion der Erkenntnis hinaus ist aber diese Idee nicht mehr tragfähig und vermag keinerlei Relevanz zu behaupten. Daher beschließt Adorno die *Minima Moralia* mit der Überlegung, daß »die Frage nach der

34 Dazu das Vorwort der Herausgeber in: *Willem van Reijen* und *Gunzelin Schmid Noerr* (Hrsg.), Vierzig Jahre Flaschenpost. Dialektik der Aufklärung 1947-1987, Frankfurt am Main 1987, S. 7 ff., hier: S. 8.

Wirklichkeit oder Unwirklichkeit der Erlösung selber fast gleichgültig« sei. Sie kann nur noch als Idee der Theorie dienen. Das aber hat Folgen.

Marx hatte zwischen der Vorgeschichte der Menschheit, deren Antagonismen von ihren eigenen Machern nicht durchschaut werden, und der bewußt vollzogenen Geschichte unterschieden.[35] Jene ist die Geschichte der Klassenherrschaft, diese wäre die Geschichte freier Menschen. Die *Dialektik der Aufklärung* zeigt, daß wir immer in der menschlichen Vorgeschichte bleiben werden, da wir ein Bewußtsein über den Verblendungszusammenhang hinaus nicht mehr erlangen können. Sie zeigt damit aber auch, daß diese Vorgeschichte ihr paradoxes Ende erreicht hat: das Ende der Vorgeschichte als Vorgeschichte ohne Ende. Denn der Immanenzzusammenhang erlaubt es ja nicht, noch einen qualitativ verschiedenen historischen Stand zu erreichen. Die Vorgeschichte bleibt befangen in ihrem gegenwärtigen Zustand, der nie aufhört. Er ist das Ende der Geschichte schlechthin. Denn wenn menschliche Geschichte nicht mehr über ihre Eigenart als Vorgeschichte hinauszugehen vermag, nicht zu ihrer bewußten Gestaltung finden kann und im letzten Stand der Naturgeschichte gefesselt bleibt, ist geschichtsphilosophisch nichts Weiteres mehr zu erwarten. Es ist hier ein merkwürdiges Ende der Geschichte eingetreten: ein Ende, das sich gerade dadurch bestimmt, daß die Vorgeschichte kein Ende finden kann. Der historische Punkt, der marxisch eigentlich erst mit der bewußten Geschichte der Menschen eintreten sollte, ist in die Vorgeschichte hineinverlegt worden.

Häufig wird das Geschichtsverständnis der *Dialektik der Aufklärung* als »apokalyptisch« eingeordnet.[36] Insofern dies ganz allgemein bedeutet, daß die *Dialektik der Aufklärung* über das Ende der Geschichte nachdenkt, ist das sicherlich richtig. Wenn es aber suggeriert, ihre Überlegungen würden denen der christlichen Apokalyptik gleichen, scheint es einen wesentlichen Aspekt nicht zu treffen. Denn sowohl die alttestamentarische als auch die jesuanische Apokalyptik nehmen ein Ende der Geschichte an, das selber nicht

35 *Karl Marx*, Zur Kritik der politischen Ökonomie. Vorwort, in: Marx-Engels-Werke XIII, S. 7-11, hier: S. 9.

36 Etwa bei *Michael Theunissen*, Negativität bei Adorno, in: *Ludwig von Friedeburg* und *Jürgen Habermas* (Hrsg.), Adorno-Konferenz 1983, Frankfurt am Main 1983, S. 41 ff., zumal S. 54 ff.

mehr Teil der Geschichte ist, sondern diese von außerhalb beendet. Und noch die paulinische Annahme eines »Christus praesens«, die das eschatologische Geschehen in die Geschichte verlegt, entweltlicht und enthistorisiert den Glaubenden insofern, als in der glaubenden Begegnung mit Jesus die Welt und ihre Geschichte zu ihrem Ende kommen. Rudolf Bultmann nennt eine solche Sicht die Annahme, daß Geschichte von Eschatologie »verschlungen« sei.[37] Das Ende der Vorgeschichte in der *Dialektik der Aufklärung* versteht jedoch das Eschaton als Teil der Vorgeschichte: eben als Vorgeschichte ohne Ende. Darin liegt des Eschatons Manko. Es stellt keine Erlösung dar, sondern beendet die Geschichte in fortdauernder Unerlöstheit. Die Idee des versöhnten Zustands allerdings wird dadurch der Vorgeschichte um so mehr entzogen und scheint somit die Erkenntnisse der kritischen Theorie ebenso der verblendeten Welt zu entziehen. Allein, die bestimmte Negation trat mit dem Anspruch auf, sich nicht von der Sache zu entfernen, sondern sich in sie zu versenken. Da die *Dialektik der Aufklärung* keine Trennung von reinen und unreinen Zuständen behauptet, sondern dem Falschen selbst das Eingeständnis seiner Falschheit entnehmen will, fällt hier kein erlösendes Licht aus einem weltentzogenen Zustand vorweg auf die falsche Gegenwart. Es findet also nicht das statt, was die Theologen »Prolepse« nennen. Es sei nochmals wiederholt: Das Streben zur nicht erreichbaren Versöhnung wird nur einsichtig durch die Offenheit der Entzweiung, nicht durch deren Konfrontation mit einer von außen herangetragenen Versöhnung. Daher könnte man Bultmanns Satz über die paulinische Geschichtsauffassung umdrehen und auf die *Dialektik der Aufklärung* so anwenden: Die Geschichte wird nicht von der Eschatologie verschlungen, sondern die Eschatologie von der Vorgeschichte.

Hiermit wird die Reichweite der Selbstzerstörung der Aufklärung erkennbar. Im Anschluß an Marx erklärte Georg Lukács die Vorgeschichte der Menschheit mittels zweier Sachverhalte. Erstens erscheint in ihr Gesellschaft als Natur, so daß das Streben nach Veränderung so sinnlos erscheint wie das Streben nach Veränderung der Naturgesetze. Und zweitens erscheint das Verhältnis zwischen Menschen als ein Verhältnis zwischen Sachen, so daß die

37 *Rudolf Bultmann*, Geschichte und Eschatologie im Neuen Testament, in: *ders.*, Glauben und Verstehen III, Tübingen 1965, S. 91-106, hier: S. 106.

Menschen sich als funktionale Dinge in die Welt einpassen.[38] Beide Sachverhalte verhindern den Gedanken, daß das gesellschaftliche Leben grundsätzlich anders sein könnte. Sie präsentieren es als naturartige Funktionalität. Horkheimer und Adorno führen Lukács' Beurteilung weiter und bezeichnen diese Geschlossenheit des Bestehenden als gesellschaftlichen Verblendungszusammenhang. Er kennzeichnet die Vorgeschichte der Menschheit im Gegensatz zu ihrer bewußt gestalteten Geschichte. Wenn nun, wie Horkheimer und Adorno schreiben, die Freiheit in der Gesellschaft vom aufklärenden Denken unabtrennbar ist, dann hängt auch der Übergang von der Vorgeschichte in die bewußt gestaltete Menschengeschichte von diesem Denken ab. Aber die Selbstzerstörung der Aufklärung besteht darin, daß das aufklärende Denken selber den gesellschaftlichen Verblendungszusammenhang verhängt, der die Unfreiheit kennzeichnet. Entsprechend findet die Vorgeschichte der Menschheit kein Ende: Dialektik der Aufklärung heißt unendliche Vorgeschichte.

VIII

Aus der Annahme einer Vorgeschichte ohne Ende erhellt Adornos unbedingter Modernismus. Denn sein Festhalten an der kulturellen Moderne kann nach dem bisher Gesagten nicht ein Vertrauen auf deren unvollendetes Projekt bedeuten. Adornos in der – als Exkurs zur *Dialektik der Aufklärung* angelegten – *Philosophie der neuen Musik* durchgeführte Insistenz darauf, daß »keine Kritik am Fortschritt legitim [ist], es wäre denn die, welche sein reaktionäres Moment unter der herrschenden Unfreiheit benennt und damit jeden Mißbrauch im Dienst des Bestehenden unerbittlich ausschließt«,[39] beruht auf der Überzeugung, daß nur die fortgeschrittensten Mittel diese Fortschrittskritik üben können. Die moderne Kunst kann ihre kritische Funktion nur dann erfüllen, wenn sie auf dem Stand der Moderne ist.

Der Grund dafür ist der folgende. Weil das Ende der Vorge-

38 *Georg Lukács*, op. cit., S. 97 ff.

39 *Theodor W. Adorno*, Philosophie der neuen Musik (= Gesammelte Schriften XII), Frankfurt am Main 1975, S. 10.

schichte darin besteht, daß sie nicht mehr beendet werden kann, sind wir nicht in einen intern-entwicklungslosen Zustand eingetreten. Im Vorwort zur Neuausgabe 1969 sprechen Horkheimer und Adorno davon, daß die »Entwicklung zur totalen Integration [...] unterbrochen, nicht abgebrochen« (DA 10) sei. Vor dem Hintergrund der Analysen des Buches kann dies nicht heißen, daß es noch einen praktischen Ausweg aus dem falschen Zustand gibt, sondern nur, daß es noch theoretische Widerstandskraft gibt. Diese Entwicklung vermag sich also nicht mehr in Richtung einer wirklichen Überwindung der Vorgeschichte zu bewegen; es ist gleichwohl das immanente Weiterschreiten der Vorgeschichte nicht abgeschlossen. Daher muß sich auch Kunst dem fortgeschrittensten Stand stellen; sie wird in Adornos Augen sogar falsch, wenn sie dies nicht tut.[40] Kunst ist, wie Adorno in der *Philosophie der neuen Musik* ausführt, genau denselben Bedingungen unterworfen wie die kritische Theorie schlechthin: Sie ist »zur bestimmten Negation verhalten«. Damit trifft sie jedoch auch das Schicksal der Kritik schlechthin: Sie ist wie diese »nicht gefeit«, vermag aber durch die strenge Ausübung ihrer Verhärtung gegen das Menschliche dieses als die Maske des Unmenschlichen zu durchschauen. Ihre »organisierte Sinnleere« kritisiert den »Sinn der organisierten Gesellschaft«.[41] In einem Punkt überschreitet die radikale Musik in den Möglichkeiten der Kritik sogar die Möglichkeiten der Theorie. Weil sie völlig unverstanden verhallt, verweist sie auf die Unfähigkeit der Kritik, noch einen Hörer zu finden, damit aber auf jenen »eingebildeten Zeugen« aus der *Dialektik der Aufklärung*. »Auf diese letzte Erfahrung hin, die mechanische Musik stündlich durchmacht, ist die neue Musik spontan angelegt, auf das absolute Vergessensein. Sie ist die wahre Flaschenpost.«[42] Adornos Kunstverständnis ist also angewiesen auf die Modernität der Kunst. Nur sie vermag die bestimmte Negation überhaupt zu leisten, weil sie sich auf den Stand der Zeit einläßt.

Wenn nach Vorbildern für die modernistische Sicht der *Dialektik der Aufklärung* gesucht wird, so scheint eher als die christliche Theologie wiederum die Frühromantik versprechend zu sein. Auch

40 Ibidem, S. 40.
41 Ibidem, S. 26ff.
42 Ibidem, S. 126.

sie ging davon aus, daß der Zustand, in dem sie sich befindet, sowohl unabgeschlossen als auch nach einem vollendeten Ende verlangend sei. Friedrich Schlegels Wertschätzung der Tendenz und der unendlichen Approximation sowie deren Verbindung mit offenen Formen der Kunst und des ästhetischen Streites zeigen das. Doch auch hier ist ein wichtiger Unterschied festzuhalten. Die frühromantische Wertschätzung der unendlichen Annäherung an das Unbedingte geht nämlich davon aus, daß wir zwar des Unbedingten niemals vollständig habhaft werden können, versteht unseren Zustand jedoch nicht als »neue Art von Barbarei«. Vielmehr zeigt die Annäherung, daß wir durchaus in der Lage sind, unseren Status zu verbessern, und behält so den Fortschrittsgedanken bei. Die Bedingtheit unseres Zustands wird daher nicht so sehr beklagt als vielmehr verlacht. Die romantische Ironie entspringt ja dem Verweis auf das Unendliche, der zur Negation des Endlichen führt, und der Witz ist ein anderes Medium der unbedingten Erkenntnis.

Von der fröhlichen Wissenschaft der Jenenser Romantik ist die traurige Wissenschaft der *Dialektik der Aufklärung* elementar unterschieden. Das Verharren in der Vorgeschichte bedeutet für sie nichts anderes als die unendliche Fortsetzung von Leid. »Das Wesen der Vorgeschichte ist die Erscheinung des äußersten Grauens im Einzelnen« (DA 139). Aufgeschreckt durch den deutschen Faschismus, den sie als Ausdruck der gewalttätigen Ordnung der Aufklärung verstehen (DA 193), begreifen Horkheimer und Adorno den gesamten Zustand der zu sich gekommenen Aufklärung als Leid. Diese Leiderfahrung setzen sie mit der bestimmten Negation gleich. Das Falsche wird vor allem im offenen Grauen entdeckt. Das hat der *Dialektik der Aufklärung* ihre Faszination verschafft, ihr aber auch den geschmäcklerischen Titel des »schwärzesten Buches«[43] der Autoren eingebracht. Indessen darf eine Selbstkritik nicht vergessen werden, die Adorno in der Negativen Dialektik übt.[44] Sie lautet auf den Sachverhalt, daß die Versteifung auf das Negative dieses selber zu etwas Positivem macht. Den gesamten Zustand der zu sich gekommen Aufklärung als Leid zu verstehen würde genau diese Positivierung des Negativen vollziehen.

43 *Habermas*, op. cit., S. 130.

44 *Adorno*, op cit., S. 365 und S. 397.

Entsprechend muß auch die *Dialektik der Aufklärung* aus dieser Falle befreit werden, sofern ihre Konzeption gegen andere Modernitätsdiagnosen festgehalten werden soll. Der erste Schritt hierzu wäre der folgende Gedanke: Wenn ihre Geschichtsphilosophie gerettet werden soll, dann muß sie auch auf sie selbst angewendet werden. Das heißt, die *Dialektik der Aufklärung* darf nicht unhistorisch verstanden werden. Die Entwicklung in der menschlichen »Vorgeschichte« ist aber über die offen totalitären Gesellschaften hinweggeschritten. Durchgesetzt hat sich weitgehend das, was in der *Dialektik der Aufklärung* im Abschnitt über die kulturindustrielle Integration beschrieben wird. Es ist also die Geschichte der neuzeitlichen Rationalität nicht mehr vorrangig aus der Erfahrung des Faschismus zu lesen, sondern aus derjenigen der »Aufklärung als Massenbetrug«. In ihr aber, so scheint es, kann nicht ausschließlich vom Erscheinen des äußersten Grauens gesprochen werden. Eine solche Perspektivenänderung spottet nicht über das heute frappante Leiden. Aber es leugnet dessen Totalität: Daß, wie die *Dialektik der Aufklärung* sagt, »ewig [...] die gleichen Babies aus den Magazinen [grinsen]« (DA 171), ist schließlich nicht nur grausig, sondern hat ebenso ein komisches Moment. Hiermit ist kein Wechsel zu »postmodernen« Positionen vorgenommen. Vielmehr nimmt dies die Ironiekonzeption der Romantiker auf, die kein bloßes Spiel, sondern nichts anderes als die Negation des Positiven bedeutet.

Solche Ironie würde die Totalität des Grauens verneinen, ohne daß dadurch eine Bejahung des Bestehenden erwüchse. Wir vermögen daher auch im beibehaltenen Rahmen der *Dialektik der Aufklärung* auf unsere Vorgeschichte ohne Ende mit Ironie und vielleicht mit Witz zu blicken. Manches an ihr nötigt nicht zum Leiden, sondern zum Lachen.

IX

Doch auch die *Dialektik der Aufklärung* selber bleibt bei der Diagnose einer Selbstzerstörung der Aufklärung und dem ihr entsprechenden Leid nicht stehen. Sie skizziert immer wieder verschiedene Möglichkeiten, mittels einer Aufklärung der Aufklärung deren Dialektik umzuwenden. Hierzu dient an erster Stelle die Reflexionsfigur des Eingedenkens (DA 58). Sie stellt vermutlich das wichtigste Erbe des Buches dar, das weiterzudenken wäre.

Den Begriff des Eingedenkens kennen die Autoren von Bloch und Benjamin.[45] Er kennzeichnet die Geschichte als unabgeschlossen und der Erlösung fähig, sofern man sie nicht nur erinnert oder als einen Imaginationsraum versteht, sondern auf ein Zukünftiges hin liest. Ebendieses Vorhaben verfolgt die *Dialektik der Aufklärung*. Wenn Horkheimer und Adorno die Aporien des aufklärenden Denkens bis zu Odysseus zurückverfolgen, dann soll damit das befreiende Denken nicht in seiner düsteren, allumfassenden Geschichte ertränkt, sondern umgekehrt deren eschatologische Offenheit wiedergewonnen werden.[46] In bezug auf die Selbstzerstörung der Aufklärung heißt das: Die Freiheit in der Gesellschaft, die das aufklärende Denken verspricht, wird im Eingedenken seiner Regression zu neuer Geltung gebracht. Das gelingt dann, wenn die Aporie der Aufklärung nicht nur als *Aporie* der Aufklärung, sondern auch als Aporie der *Aufklärung* begriffen wird. Denn dann wird in der neuen Art von Barbarei zugleich das Versprechen eines Ausgangs der Menschen aus ihrer selbstverschuldeten Unmündigkeit hörbar. Daß dieses Versprechen in sein Gegenteil umschlägt, nimmt nicht das Versprechen zurück, sondern erweist die Wirklichkeit, in der es in sein Gegenteil umschlagen muß, als falsch und aufzuheben. Der Umschlag der Freiheit in Unfreiheit denunziert nicht die Freiheit, sondern die Unfreiheit.

Entsprechend würde das Eingedenken, das die scheinbar ge-

45 *Ernst Bloch*, Geist der Utopie, Berlin 1918, S. 259 ff., S. 333 ff. und S. 373 ff.; *Walter Benjamin*, Über den Begriff der Geschichte, in: *ders.*, Gesammelte Schriften I/2, Frankfurt am Main 1974, S. 691-703, hier: S. 701.

46 Auf diese Weise ist sie von Heideggers Erinnerungskonzept, das dieser in Mißhandlung von Hölderlins Gedicht *Andenken* entfaltet, grundverschieden (*Martin Heidegger*, Hölderlins Hymne »Andenken«, in: *ders.*, Gesamtausgabe I/4, Frankfurt am Main 1981, S. 79-151). Heideggers »Andenken« erstickt jedes Eingedenken. Aufschlußreich sind hier die Bemerkungen zu Hölderlins Gedicht von *Theodor W. Adorno*, Parataxis, in: *ders.*, Noten zur Literatur (= Gesammelte Schriften XI), Frankfurt am Main 1974, S. 447-491, zumal S. 457 ff. Eine lehrreiche Unterscheidung von Adorno und Heidegger an ihren Hölderlininterpretationen bietet *Brunkhorst*, op. cit., S. 188 ff. – In dem Zusammenhang ist bemerkenswert, daß die philosophisch gesinnte Hölderlindeutung (Henrich, Böschenstein, Jamme u. a.) sich noch da im Schatten Heideggers bewegt, wo sie ihm widerspricht. Heidegger aber ist der Anti-Eschatologe überhaupt.

schlossene, »schwarze« Geschichte der Aufklärung aufzuschließen sucht, den Weg zu einer bewußt gestalteten Geschichte wieder öffnen. In diesem Gedanken besteht der Kern der *Dialektik der Aufklärung*. Indem sie die Vorgeschichte der Menschen als unendlich diagnostiziert, zielt sie auf deren Verwandlung in Geschichte ab.

Kulturindustrie

I

Horkheimers und Adornos Ausführungen über Kulturindustrie bilden vermutlich das bekannteste Fragment der *Dialektik der Aufklärung.*[1] Sie gelten als klassische Kritik der Popkultur und der Massenmedien. Zugleich macht sich an ihnen oft auch der größte Unmut fest. Ihre Urteile erscheinen als Zeugnisse eines elitären Denkens, das mit den Bedürfnissen und Wünschen der Konsumenten nichts anzufangen weiß und den subversiven Eigensinn von Pop und Medien nicht erkennt. Da Horkheimer und Adorno die Kulturindustrie zudem als eine Form totaler Herrschaft verstehen, rücken Popkultur und Massenmedien neben die Herrschaftsformen von Faschismus und Stalinismus. Auch das kommt manchem überzogen vor. So steht das Fragment über Kulturindustrie gemeinhin als eine Form überanstrengter Kulturkritik von oben da.

Gegen diese Einschätzung spricht, daß die Kritik der Kulturindustrie einen geheimen Subtext besitzt. Sie kritisiert mit Film, Schlager und Cartoons zugleich zentrale Kategorien der bürgerlichen Ästhetik. Diese Kategorien lauten: Versöhnung (DA 141-145), Stil (DA 145-153), Katharsis (DA 153-166), Schein (DA 166-172), Tragik (DA 172-177), Autonomie (DA 177-185) und *L'art pour l'art* (DA 185-191). Daher schaut die Kritik der Kulturindustrie nicht von oben auf die Popkultur herab. Vielmehr werden die Antinomien ästhetischer Grundbegriffe reflektiert, die sich in der Kulturindustrie zur Kenntlichkeit verändert haben, so daß sich in deren Problematik die Problematik des Ästhetischen insgesamt spiegelt. Ganz im Sinne der These von einer Dialektik der Aufklärung schlägt die Freiheit, die die ästhetische Sphäre verspricht, in Unfreiheit um. Im Blick auf die angegebenen Grundbegriffe soll im folgenden das Fragment gedeutet werden.

1 Im Text unter der Sigle »DA« mit Seitenzahl nach der folgenden Ausgabe zitiert: *Max Horkheimer* und *Theodor W. Adorno*, Dialektik der Aufklärung. Philosophische Fragmente (= Gesammelte Schriften III), Frankfurt am Main 1981.

II

Das Konzept der Kulturindustrie verbindet zwei Begriffe, die gewöhnlich gegensätzliche Bereiche kennzeichnen. In den Bereich der Industrie gehören Arbeit und Mühe, Fleiß und Eifer, Berechnung und Organisation, Wertschöpfung und Ausbeutung. In den Bereich der Kultur hingegen gehören Muße und Kult, Phantasie und Befriedigung, Individualität und Bildung, Selbstbestimmung und Gemeinsinn. Das Konzept der Kulturindustrie zwingt diese Bereiche zusammen.

Um das Verhältnis der Bereiche zu bestimmen, gibt es zwei Großdeutungen, die in verschiedenen Varianten bis heute wirksam sind: Liberalismus und Konservativismus. Für das liberale Denken bereitet die Industrie die gesellschaftliche Grundlage der Kultur, während diese von wirtschaftlicher Rationalität dispensiert, um der freien Entfaltung des Individuums Raum zu gewähren. Für das konservative Denken überwindet die Kultur die Entfremdungen des industriellen Bereichs, indem sie von dessen Erfordernissen entlastet und Traditionen und Bildungshorizonte lebendig hält. Wenn Horkheimer und Adorno beide Bereiche in dem einen Konzept »Kulturindustrie« verbinden, widersprechen sie daher von Anfang an sowohl dem liberalen als auch dem konservativen Selbstverständnis moderner Gesellschaften. Als Kulturindustrie stellt Kultur keinen Freiraum für Selbstentfaltung und kompensierende Bildung dar; statt dessen gehört sie in den Zusammenhang jener wirtschaftlichen Rationalität hinein, die zu übersteigen sie verspricht.

Wie Adorno in einem aus den sechziger Jahren stammenden Rückblick festhält, bezieht sich der Begriff »Industrie« hierbei weniger auf den Produktionsvorgang als auf die Standardisierung der Produkte und auf die Rationalisierung ihrer Verbreitung.[2] Kulturindustrie besteht in der planvollen Herstellung von Produkten in einem nahezu lückenlosen System von Sparten, die auf den Massenkonsum zugeschnitten sind und diesen Konsum zugleich bestimmen. An die Stelle des Gehalts kultureller Erzeugnisse tritt hier der unverhüllte Primat ihrer Verwertbarkeit. Dadurch entstehen ganz neue Phänomene, deren Organisation nicht in ihrer inneren

2 *Theodor W. Adorno*, Résumé über Kulturindustrie, in: *ders.*, Gesammelte Schriften X/1, Frankfurt am Main 1997, S. 337-345, hier: S. 339.

Logik besteht, sondern in ihrer Ausrichtung auf Verbreitung und Reproduktion, von deren Techniken sie leben. Sie nehmen daher keine Rücksicht darauf, was die Rationalität solcher Techniken für kulturelle Gehalte bedeutet, und bieten ein Gemisch aus *streamlining* und individualistischen Restbeständen dar. Ein prägnantes Beispiel dafür ist das Starsystem.[3] Es verschmilzt die Geltung des Individuums, die im Zentrum des traditionellen Kulturverständnisses steht, mit seiner kommerziellen Ausbeutung, so daß ein entmenschlichter Betrieb mit angeblich großen Persönlichkeiten entsteht. Die auf diese Weise hergestellten Produkte, die Stars, werden in Sparten für alle Bedürfnisse angeboten, die sie umgekehrt wiederum erzeugen.

Entscheidend ist hierbei, daß die neuen Produkte, die unter dem Primat ihrer Verwertbarkeit entstehen, nicht als Erzeugnisse einer neuen, »von unten« bestimmten Kultur verstanden werden. Die konservative Kulturkritik legt nahe, daß die auf den Massenkonsum zugeschnittenen Kulturwaren aus einer Einebnung der feinen Unterschiede und Hierarchien der Bildung folgen, die mit dem Gleichheitsgedanken der Französischen Revolution einherging. Und die Verteidiger der Kulturindustrie zeichnen dasselbe Bild unter umgekehrten Vorzeichen: In ihren Augen entsprechen die neuen Produkte demokratischen Bedürfnissen. Gegen solche Diagnosen hält Adorno im Rückblick fest: »In unseren Entwürfen war von Massenkultur die Rede. Wir ersetzten den Ausdruck durch ›Kulturindustrie‹, um von vornherein die Deutung auszuschalten, die den Anwälten der Sache genehm ist: daß es sich um etwas wie spontan aus den Massen selbst aufsteigende Kultur handle, um die gegenwärtige Gestalt von Volkskunst.« Und: »Kulturindustrie ist willentliche Integration ihrer Abnehmer von oben.«[4]

Mit dem Begriff der Integration ist der ästhetische Grundbegriff angesprochen, der im Hintergrund des ersten Abschnitts des Fragments über Kulturindustrie steht. In der bürgerlichen Ästhetik wird die Unterscheidung zwischen den beiden Bereichen, für die die Begriffe »Kultur« und »Industrie« stehen, unter anderem daran festgemacht, daß in der Kultur das Allgemeine und das Besondere versöhnt seien. Während im Wirtschaftsleben allgemeine Gesetz-

3 Ibidem, S. 340.
4 Ibidem, S. 337.

mäßigkeiten und individuelle Bedürfnisse sich immer wieder entzweien, steht die Kultur für die Möglichkeit, daß der Einzelne sich in einen allgemeinen Horizont so hineinbildet, daß er sich in ihm wiederzuerkennen vermag.[5] Auf diese Weise führt die Aneignung des Kulturellen, das immer etwas Allgemeines ist, zugleich zur Selbstbestimmung des Individuums. Für Horkheimer und Adorno wird dieses Versprechen von der Kulturindustrie als Verwirklichung totaler Herrschaft durchgeführt. Ihre These lautet: Kulturindustrie ist »die falsche Identität von Allgemeinem und Besonderem« (DA 141). Sie besagt: So wie es die bürgerliche Ästhetik versprach, ermöglicht Kultur in der Tat die Einheit von Individuum und Allgemeinem. Aber diese Einheit besteht in der Auslöschung des Unterschieds. »Kultur heute schlägt alles mit Ähnlichkeit.« (DA 141) Sie läßt das Besondere nicht mehr als Besonderes gelten, sondern macht es in einem Allgemeinen gleichnamig.

Die behauptete Ähnlichkeit suchen die Autoren unter zwei Gesichtspunkten aufzuweisen: als Einstimmigkeit der Sparten und als Einstimmigkeit von Produktion und Konsumtion. Kulturindustrielle Erzeugnisse treten als bunte Vielfalt auf. Ihre differenzierten Genres aber erweisen sich für Horkheimer und Adorno als Sparten. Das heißt, sie sind Unterteilungen eines Systems. Die bunte Vielfalt ist immer schon vereinheitlicht, und etwas wahrhaft anderes bietet sie nicht. Um das Argument hierfür zu erkennen, ist der zweite Gesichtspunkt zu berücksichtigen. Denn die Genres der Kulturindustrie stellen deshalb Sparten dar, weil sie der organisierten Erfassung der Konsumenten dienen. »Jeder soll sich gleichsam spontan seinem vorweg durch Indizien bestimmten ›level‹ gemäß verhalten und nach der Kategorie des Massenprodukts greifen, die für seinen Typ fabriziert ist.« (DA 144) Was unterschiedlich auftritt, weiß sich in seiner Eigenart jeweils durch dieselbe Funktion bestimmt. Dementsprechend sind auch die Bedürfnisse der Konsumenten bereits erfaßt. Indem sie sich in Sparten organisieren lassen, werden sie vom System der Produktion vorgeformt. Dieser »Zirkel von Manipulation und rückwirkendem Bedürfnis« (DA 142) entlarvt die Ausdifferenzierung der Produkte als deren Einhegung. Denn hier geht es nicht um die Produktion des Anderen, sondern um die

5 *Hans Georg Gadamer*, Wahrheit und Methode. Grundzüge der philosophischen Hermeneutik (= Gesammelte Werke I), Tübingen 1990, S. 19-24.

Produktion von etwas, dessen Eigenart stets durch die Funktion bestimmt ist, von den bereits erfaßten Konsumenten konsumiert zu werden.

Ebendadurch schlägt die Versöhnung von Allgemeinem und Besonderem in eine neue Form von Herrschaft um. Ihre Besonderung erfahren Individuen durch ihre Bedürfnisse. Die Bedürfnisse aber sind durch die Sparten vorbestimmt, in denen die Produkte zu ihrer Befriedigung hergestellt werden. Sie stehen daher im Einklang mit dem allgemeinen System kulturindustrieller Produktion. Das bedeutet: Während die bürgerliche Ästhetik die Einzelnen durch ihre Bildung mit dem Allgemeinen versöhnen wollte, identifiziert die Kulturindustrie die Einzelnen mit ihrem auf Massenkonsum angelegten System, indem sie sie zu in Sparten gegliederten Konsumtionsfaktoren macht. Das Versprechen der Kultur, durch die Versöhnung von Allgemeinem und Besonderem individuelle Freiheit zu gewähren, wird in Gestalt einer vollständigen Einordnung verwirklicht.

III

Das einheitliche System von Spartenprodukten erfordert, daß alle Einzelheiten im Sinne seiner Ausrichtung auf Konsumtion funktionieren. Entsprechend stellen die Details kulturindustrieller Produkte kalkulierte Wirkungsgrößen dieses Systems dar. Sie dürfen keinen Eigensinn einbringen, sondern gewinnen ihre Bestimmtheit durch den Effekt, den sie im Konsumtionsbereich erzielen. Deshalb sind sie wie alles Einrechenbare reproduzierbar und handhabbar. Das heißt, sie gleichen fertigen Versatzstücken, die sich um einer bestimmten Wirkung willen einsetzen lassen, und tendieren zum Klischee.

Die Folgen dieser Behandlung der Einzelheiten verdeutlichen Horkheimer und Adorno im Vergleich zum Kunstwerk (DA 146-147). Auch das Kunstwerk bildet eine Einheit von einzelnen Momenten, und auch im Kunstwerk erfüllen die einzelnen Momente bestimmte Funktionen. Aber das Verhältnis zwischen seiner Einheit und ihren Einzelheiten ist grundsätzlich anders geartet. Denn die Details des Kunstwerkes stehen in einer Spannung zueinander und zu ihrer Einheit. Sie haben einen Eigensinn, der sich im Einspruch gegen die übergreifende Organisation geltend macht. In der avantgardistischen Kunst zu Beginn des zwanzigsten Jahrhunderts kam dieser Eigensinn der Einzelheiten zutage. Zwar gelangt das Einzelne nur innerhalb der Werkeinheit zur Sprache, doch schwingt in ihm stets eine Eigentendenz gegen diese Einheit mit. In der Musik läßt sich das gut an Motiven beobachten, die sogar in klassischen Formen wie der Sonate einen Hang zur Verselbständigung aufweisen, aufgrund dessen sie Nebenwege zu ihrer formalen Funktion einschlagen. Das Verhältnis von Einheit und Einzelheit bildet im Kunstwerk demnach ein Spannungsverhältnis. Adorno wird es in seiner späten ästhetischen Theorie mit dem Begriff »gewaltlose Synthesis« bezeichnen.[6]

Von dieser Spannung ist in kulturindustriellen Produkten nichts zu spüren. Weil sie Einzelheiten nur als Wirkungsgrößen kennen, können sie ihnen keinen Einspruch gegen das Ganze zugestehen. Statt dessen unterwerfen sie alle einzelnen Momente einer übergreifenden Formel, in der sie einkalkuliert sind. Ihre Verfassung besteht entsprechend in einer Harmonie, die bereits vor dem konkreten Durchgang durch die Details garantiert ist. An die Stelle der gewaltlosen Synthesis tritt eine unerbittliche Einheit, der sich die Einzelmomente fügen. Mit dieser Verfassung kulturindustrieller Produkte geht sodann eine veränderte Rezeptionshaltung einher. Die ästhetische Erfahrung der Kunst hat die beschriebene Spannung von Detail und Ganzem auf sich zu nehmen. Sie vollzieht sich in einer Vereinheitlichung widerstrebender Momente, die die Einbildungskraft entwirft und zugleich von dem Eigensinn der Details erschüttern läßt. Kulturindustrielle Produkte hingegen erfordern den Nachvollzug der einkalkulierten Versatzstücke. »Sie sind so angelegt, daß ihre adäquate Auffassung zwar Promptheit, Beobachtungsgabe, Versiertheit erheischt, daß sie aber die denkende Aktivität des Betrachters geradezu verbieten, wenn er nicht die vorbeihuschenden Fakten versäumen will.« (DA 148) Die Fakten huschen vorbei, weil sie von der Formel des Ganzen einberechnete Effekte darstellen, die es prompt und versiert zu erfassen gilt, ohne eine Vereinheitlichung seitens der Rezipienten zu verlangen; denn durch ihre Kalkulation sind sie ohnehin schon vereinheitlicht. Statt

6 *Theodor W. Adorno*, Ästhetische Theorie (= Gesammelte Schriften VII), Frankfurt am Main 1970, S. 216.

der Leistung der Einbildungskraft ist die Anspannung einer automatisch erfolgenden Aufmerksamkeit gefragt.

In der eigentümlichen Einheit, die kulturindustrielle Produkte aufweisen, sehen Horkheimer und Adorno die Kategorie des Stils zur Kenntlichkeit gelangt. Stil bedeutet: Einheitlichkeit der Gestaltung durch gewisse Regeln, Normen und Muster. Das wird von der Kulturindustrie zu Ende gedacht. Strenge und Geltung des Stils finden ihre Zuspitzung in der Übersetzung aller Einzelmomente in das Schema, das sie als Wirkungsgrößen der Konsumtion einkalkuliert. Hiermit ist ein ausdrücklicher und unausdrücklicher Katalog verbunden, nach dem die Einzelheiten gemodelt werden (DA 148-150). Verstöße gegen den Jargon, die kulturindustrielle Produkte eines spezifischen Stils durchaus durchführen, sind im voraus berechnete Unarten, die in die Einheitlichkeit der Gestaltung einbezogen bleiben (DA 150). Das so erzeugte Idiom bildet den kulturindustriellen Stil. Es differenziert sich in die Idiome der verschiedenen Sparten. Ihre jeweilige Strenge und Geltung erfordert genaue Befolgung, um sich als Kenner der entsprechenden Sparte zu erweisen, und die Konsumenten müssen sie sprechen, wenn sie die Verfassung der Produkte nachvollziehen wollen.

Mit dem Begriff des Stils lassen Horkheimer und Adorno ein Konzept anklingen, das die kunstgeschichtliche Methode geprägt hat: die Stilkritik. Sie sollte die Erforschung formgeschichtlicher Phänomene anleiten, indem Individualstile, Volksstile, Zeitstile und Stilwandel mit Hilfe grundlegender Darstellungsformen erfaßt werden.[7] So bot die Stilbestimmung einen Schlüssel zum Kunstverständnis. Entsprechend konnten die neuartigen Produkte der Kulturindustrie als stillos erscheinen. Hiergegen konstatieren Horkheimer und Adorno lakonisch: »Die Klagen der Kunsthistoriker und Kulturanwälte übers Erlöschen der stilbildenden Kraft im Abendland sind zum Erschrecken unbegründet.« (DA 148) Durch ihre Vereinheitlichung der Details besitzt die Kulturindustrie eine besonders starke stilbildende Kraft. Weil es sich hierbei allerdings um einen Stil handelt, der sich grundlegend vom Stil der Kunst unterscheidet, ist der Stil der Kulturindustrie zugleich die Negation von Stil (DA 151).

7 *Heinrich Wölfflin*, Kunstgeschichtliche Grundbegriffe. Das Problem der Stilentwicklung in der neueren Kunst, München 1915, S. 10 ff.

Zur Kennzeichnung dieses Sachverhaltes bemühen Horkheimer und Adorno ein Nietzsche-Zitat:[8] Der neue Stil sei »ein System der Nicht-Kultur, der man selbst eine gewisse ›Einheit des Stils‹ zugestehen dürfte, falls es nämlich noch einen Sinn hat, von einer stilisierten Barbarei zu reden« (DA 150). In dem Zusammenhang, aus dem das Zitat stammt, greift Nietzsche die »Bildungsphilister« an: die Kulturmenschen, die das, was Kultur verneint, für Kultur halten. Sie und ihre Institutionen (Schulen, Universitäten, Kunstbetrieb) erzeugen jenes System der Nicht-Kultur, der man eine gewisse Einheit des Stils zugestehen muß. Horkheimer und Adorno wenden diese Überlegung auf die Kulturindustrie an. Sie kennzeichnen diese damit als Fortsetzung der Gleichförmigkeit der Gebildeten, die den Bildungsphilister ausmacht, der sich selber in der Regel über die kulturindustrielle Produktion erhaben glaubt. Allerdings wendet sich ihr Gedankengang zugleich unausgesprochen gegen Nietzsches eigenen Versuch, der stilisierten Barbarei zu begegnen. Nietzsche glaubte, den Widerspruch gegen diese in der Form des »großen Stils« zu finden. »Der große Stil entsteht, wenn das Schöne den Sieg über das Ungeheure davonträgt.«[9] Mit ihm würde man den Durchschnitt, das Alltägliche, die Massenkultur durchbrechen. Wenn aber Stil als solcher in der Kulturindustrie sein Zerrbild findet, dann bietet auch der große Stil nicht das Andere zum Massenkonsum, sondern nur das unverzerrte Original.

In ihrer stilbildenden Kraft spricht die Kulturindustrie die Wahrheit über den Stil aus. Weil Stil sich nur am ihm widerstrebenden Material bewährt, behält Kunst ein Mißtrauen gegen ihren Stil, der die Eigenheiten des Materials zu bändigen sucht. Schönberg hat dieses Mißtrauen mit seiner Unterscheidung zwischen Stil und Gedanke bekundet. Stil, das ist das zeitgebundene Idiom, in das ein Gedanke sich kleidet; der Gedanke hingegen stellt die wahre Totalität des Kunstwerkes dar, die die Sprache der Zeit übersteigt. Stil kann daher veralten; ein Gedanke bleibt immer neu.[10] In Adornos Begrifflichkeit heißt das: Der Gedanke ist die gewaltlose Synthesis, die das Werk ausmacht, während der Stil in den Regeln, Normen

8 *Friedrich Nietzsche*, Unzeitgemäße Betrachtungen, in: *ders.*, Kritische Gesamtausgabe III/1, Berlin 1972, S. 155-423, hier: S. 162.

9 *Friedrich Nietzsche*, Menschliches, Allzumenschliches, in: *ders.*, Kritische Gesamtausgabe IV/3, Berlin 1967, S. 3-342, hier: S. 234.

10 *Arnold Schönberg*, Stil und Gedanke, Frankfurt am Main 1992, S. 49 ff.

und Mustern besteht, die in jene Synthesis eingehen. Demnach gelangt der Gedanke ohne Stil nicht zum Ausdruck; aber als bloßer Stil wird er verfehlt. Diese Überlegung läßt sich auf die Kritik der Kulturindustrie übertragen. Indem diese die Einheit des Stils so verwirklicht, daß sie sich seinem Scheitern nicht mehr aussetzt, verliert sie den ästhetischen Gedanken aus dem Blick. Das heißt, sie hat das Mißtrauen gegen den Stil verloren. Gerade dadurch aber plaudert sie sein Geheimnis aus: Stil ist das ästhetische Äquivalent von Herrschaft (DA 151). Ihm haben die Einzelheiten und das Material zu gehorchen, sofern sie zum Ausdruck kommen wollen. In der Kunst ist diese Gefahr angelegt, in der Kulturindustrie wird sie ausdrücklich. So »erfüllt sie höhnisch den Begriff der einheitlichen Kultur, den die Persönlichkeitsphilosophen der Vermassung entgegenhielten« (DA 153).

IV

Wenn die Kulturindustrie auf ihre Konsumtion angelegt ist, dann muß sie darauf abzielen, die Bedürfnisse der Konsumenten zu erfüllen. Damit kommt deren Triebstruktur ins Spiel. Triebe und ihre Regungsherde werden von kulturindustriellen Produkten bedient. Hier gilt allerdings der bereits eingeführte Zirkel von Manipulation und rückwirkendem Bedürfnis. Auch die kulturindustrielle Triebstruktur erlangt ihre Bestimmtheit in diesem Zirkel.

Der ästhetische Grundbegriff, der die Triebstruktur betrifft, ist der Begriff der Katharsis. »Katharsis« heißt »Reinigung«. Aristoteles hatte den Zweck der Tragödie in der Reinigung von Erregungszuständen gesehen: Schauder und Jammer sollten in der Erfahrung des Schauspiels abgebaut werden.[11] Von der Moderne ist diese Bestimmung in zwei Richtungen aufgegriffen worden. Einerseits hat Lessing Schauder und Jammer als Furcht und Mitleid interpretiert, die die Zuschauer in bezug auf die Personen des Dramas haben, und ihre Reinigung als »Verwandlung der Leidenschaften in tugendhafte Fertigkeiten« gedeutet. Das Durchleben leidenschaftlicher Extreme soll von diesen Extremen befreien.[12] Kathar-

11 *Aristoteles*, Poetik 1449 b 27 f.

12 *Gotthold Ephraim Lessing*, Hamburgische Dramaturgie, in: *ders.*, Werke IV, München 1973, S. 229-707, hier: S. 595.

sis steht hier für die ästhetische Bewältigung von Regungsherden im Fluchtpunkt der moralischen Erhebung. Anderseits hat Jacob Bernays die Reinigung der Tragödie nach Art der medizinischen Reinigung des Körpers von angestauten Flüssigkeiten (Sperma, Menstruationsblut) gedeutet. Im tragischen Spiel wird durch das Durchleben von Schauder und Jammer ein Erregungsstau abgebaut.[13] Diese Interpretation wirkte nicht zuletzt in Nietzsche und Freud weiter; Wolfgang Schadewaldt hat sie gegen die »humanitär-moralisierende, geschmäcklerische (›interesseloses Genießen‹), spekulativ vergeistigende oder sensualistische Ästhetik«[14] positioniert und die lustvolle Ausscheidung von elementaren Erregungszuständen betont. Katharsis bedeutet hier die »Macht des Lebens« in der Kunst. Beide Deutungen des aristotelischen Begriffs zeigen Möglichkeiten der ästhetischen Befriedigung von Triebstrukturen an. Während die erste Richtung diese Befriedigung als Verwandlung der Leidenschaften durchführt, will die zweite Richtung in deren Tiefe eintauchen.

»Wie über den Stil enthüllt die Kulturindustrie die Wahrheit über die Katharsis« (DA 166). Auch dieser Grundbegriff bürgerlicher Ästhetik verändert sich demnach zur Kenntlichkeit. Das Stichwort lautet »Amusement«. Es vermittelt die Verfügung über die Konsumenten. Indem kulturindustrielle Produkte ihnen Spaß bereiten, beglaubigen sie ihre Einheit mit den Bedürfnissen ihrer Abnehmer. Sie versetzen sie in einen lustvollen Zustand. Doch was hier wie die Befriedigung von Erregungen aussieht, ist für Horkheimer und Adorno ein Betrug um das Versprochene. »Der Begierde, die all die glanzvollen Namen und Bilder reizen, wird zuletzt bloß die Anpreisung des grauen Alltags serviert, dem sie entrinnen wollte.« (DA 161) Und: »Mit der Flucht aus dem Alltag, welche die gesamte Kulturindustrie in allen ihren Zweigen zu besorgen verspricht, ist es bestellt wie mit der Entführung der Tochter im amerikanischen Witzblatt: der Vater selbst hält im Dunkeln die Leiter.« (DA 164) Die hier angesprochene Struktur läßt sich folgendermaßen erläutern.

Bedürfnisse zielen immer auf etwas noch nicht Vorhandenes.

13 *Jacob Bernays*, Grundzüge der verlorenen Abhandlung des Aristoteles über Wirkung der Tragödie, Breslau 1857.

14 *Wolfgang Schadewaldt*, Furcht und Mitleid? Zur Deutung des Aristotelischen Tragödiensatzes, in: Hermes 83 (1955), S. 129-171, hier: S. 171.

Kulturindustrielle Produkte sind aber gerade dadurch gekennzeichnet, daß sie das Andere nicht als Anderes gelten lassen können. Sie haben es immer schon einkalkuliert. Sie versprechen das noch nicht Vorhandene – und lösen dieses Versprechen mit einem Vorhandenen ein, in dem alle Details eingeplant sind. Die eigentümliche Bekanntheit der bunten Neuheiten der Kulturindustrie läßt sich hieraus erklären. Amusement ist der Titel für die Lust an Bedürfnisbefriedigungen, die den Zustand, den das Bedürfnis nach etwas anderem übersteigen will, für dieses Andere ausgeben. Dementsprechend entpuppt sich das kulturindustrielle Vergnügen als Verlängerung der Arbeit (DA 158). Arbeitsprozesse beherrschen den Alltag. Das Vergnügen wird gesucht, um ihnen auszuweichen. Kulturindustrielle Produkte aber sind durch einkalkulierte Elemente bestimmt, deren Nachvollzug die aufmerksame Anspannung der Konsumenten erfordert. Sie folgen daher derselben funktionalen Rationalität wie die Arbeitsprozesse. Auch hier kehrt der Alltag auf der Seite wieder, die die Befriedigung der von ihm unbefriedigten Bedürfnisse ankündigt. Dieser Gedanke steht quer zu der bis heute verbreiteten Kulturkritik, die die Zerstörung der westlichen Arbeitsethik durch den popkulturellen Hedonismus anklagt. Sie besagt: Dessen Ausrichtung auf individuelle Bedürfnisbefriedigung untergrabe die Leistung rationaler Institutionen und Wirtschaftsformen. Und umgekehrt kann sich die Hingabe an seine Versprechungen als Entspanntheit gegenüber der Funktionalität des Arbeitens feiern. Das Argument der Dialektik der Aufklärung verläuft anders. Unter kulturindustriellen Bedingungen gibt es keinen Gegensatz zwischen rationaler Arbeitsethik und popkulturellem Hedonismus. Vielmehr ist dieser mit jener strukturverwandt, weil die Kulturindustrie dieselbe Rationalität aufweist wie die funktionale Wirtschaftsform. Darum ist ihr Versprechen auf Lusterfüllung ein Betrug.

Den kulturindustriellen Betrug legen Horkheimer und Adorno an drei Themen dar: Gewalt, Sex, Lachen. Als Beispiel für den Spaß an der Gewalt führen sie Trickfilme an. Deren Lust an der Zerstörung sehen die Autoren aus dem Verlust einer sinnvollen Zeitgestaltung entstanden (DA 159). Die überschnappende Zeitfolge der Cartoons wird zur Hetze. Weil aber die Lust an der Gewalt nur scheinbar befriedigt wird, verschiebt sich ihre Befriedigung auf einen Zeitpunkt außerhalb des Trickfilms. Die Lust am

Trickfilm hält die Lust auf gewalttätige Realhetzjagden lebendig. Unerfüllt bleibt auch die Begierde, die von der kulturindustriellen Darbietung von Sexualität angesprochen wird. Hier entwickeln die Autoren eines der interessantesten Argumente des Abschnittes. Es gewinnt seinen Skopus durch den Kontrast: »Kunstwerke sind asketisch und schamlos, Kulturindustrie ist pornographisch und prüde« (DA 162). Mit Freud kann die Kunst als Sublimierung von Triebregungen verstanden werden.[15] Alle Sublimierung versagt die unmittelbare Erfüllung der Triebe. Indem nun Kunst die Triebregung sublimiert, rettet sie das Begehrte in seiner Versagung: Die Begierde wird nicht ausgelöscht, sondern durch ihre sublimierte Form anerkannt. Das bedeutet, daß sie sich der Triebe nicht schämt und sich zugleich asketisch gegenüber ihnen verhält. Kunst stellt deshalb die Erfüllung der Bedürfnisse als gebrochene Erfüllung dar. Anders die Kulturindustrie. Sie sublimiert die Triebe nicht, sondern unterdrückt sie, indem sie die Vorlust in erotischer Betriebsamkeit aufstachelt. Ihre unverhüllte Darstellung sexueller Reize sieht von der Sublimierung des Triebes ab. Aber weil das noch nicht Vorhandene, auf das das Bedürfnis zielt, von einem Vorhandenen, in dem alles eingeplant ist, eingelöst wird, bleibt der Trieb unbefriedigt. Er ist unsublimierte Vorlust. Aus diesem Grund sind kulturindustrielle Produkte pornographisch (unsublimiert) und prüde (triebverneinend) zugleich. Das Lachen schließlich, das mit dem Vergnügen einhergeht, ist der Vollzug jovialer Unbefriedigung. Es scheint Ausdruck eines lustvollen Zustands zu sein, wird in der Kulturindustrie aber im Zusammenhang nur versprochener Lust provoziert. Lachend finden sich die Konsumenten daher mit ihren unerfüllten Wünschen ab. »Fun ist ein Stahlbad« (DA 162).

Nun könnte das Amusement der Kulturindustrie ein Korrektiv der Kunst bilden. Denn die ernste Kunst ähnelt durch den Ernst ihres Widerspruchs zum Bestehenden allzusehr dem Ernst des Bestehenden (DA 164f.). Aber durch die funktionale Verfassung kulturindustrieller Produkte werden freie Assoziationen, bloßer Unsinn oder das Erotische wie alle Details in ein Schema gefügt, das sie einkalkuliert. Das Amusement sorgt daher für die Beherrschung der Triebe. Sie strukturiert sie als Regungen, die sich in ihrer Nichterfüllung ergehen und allein dort ihr Leben haben. Das hat Folgen

15 *Sigmund Freud*, Das Unbehagen in der Kultur, in: *ders.*, Gesammelte Werke XIV, London 1948, S. 419-506, hier: S. 441f. und S. 457.

für die menschliche Emanzipation. Marx zufolge schreibt sich die freie, kommunistische Gesellschaft auf die Fahne: »jedem nach seinen Bedürfnissen«.[16] In der Kulturindustrie verschwindet der Sinn dieser Forderung, da sie die Versagung von Bedürfnissen mit deren unsublimiertem Aufstacheln verdeckt. Dadurch reinigt ihr Amusement die Leidenschaften von ihren transzendierenden Schüben. In diesem Vorgang spiegelt sich die Katharsis der Erregungen, die diese entweder moralisch verwandeln oder hygienisch abbauen sollte. Katharsis führte die Leidenschaften in die bestehende Ordnung zurück. Kulturindustrielle Produkte vollziehen das durch Spaß und Vergnügen.

V

Mit dem Eigensinn des Ästhetischen eng verbunden ist der Begriff des Scheins. Der schöne Schein der Kunst hebt sie von der Wirklichkeit des Lebens ab. So hat Schiller die bürgerliche Kultur als ästhetischen Staat gekennzeichnet: als »Reich des schönen Scheins«, in dem die Gebildeten frei miteinander leben.[17] Hegel wiederum, der keinen ästhetischen Staat kennt, spricht vom »sinnlichen Scheinen der Idee«, das die Kunst auszeichnet. Bei ihm tritt in der Kunst die Wahrheit in der Form des schönen Scheins zutage.[18] Nietzsche schließlich, der sowohl das Bildungs- als auch das Wahrheitskonzept einer schneidenden Kritik unterzog, konfrontiert den »vernünftigen Menschen«, der vergessen hat, daß seine Wahrheiten versteinerte Illusionen sind, mit dem »intuitiven Menschen«, der »nur das zum Schein und zur Schönheit verstellte Leben als real annimmt«. Bei ihm ist alles Schein; der Glaube an Wahrheit verbirgt diesen Sachverhalt, der ästhetische Zustand bekennt ihn freudig.[19] Bildungsästhetik, Wahrheitsästhetik und Illusionsästhetik kreisen

16 *Karl Marx*, Kritik des Gothaer Programms, in: Marx-Engels-Werke XIX, Berlin 1968, S. 13-32, hier: S. 21.

17 *Friedrich Schiller*, Über die ästhetische Erziehung des Menschen in einer Reihe von Briefen, in: *ders.*, Werke V, München 1993, S. 570-669, hier: S. 668.

18 *Georg Wilhelm Friedrich Hegel*, Vorlesungen über die Ästhetik I (= Werke XIII), Frankfurt am Main 1973, S. 151.

19 *Friedrich Nietzsche*, Über Wahrheit und Lüge im außermoralischen Sinn, in: *ders.*, Kritische Gesamtausgabe III/2, Berlin 1973, S. 367-384, hier: S. 383.

somit allesamt um den Begriff des Scheins. Er markiert aus verschiedenen Perspektiven das Ästhetische.

Auch die Kulturindustrie ist durch den Schein bestimmt. Aber dieser Schein ist der notwendig falsche Schein, den man Ideologie nennt. Er folgt aus dem kulturindustriellen Amusement. Wie gesehen, hat es der Forderung »jedem nach seinen Bedürfnissen« den revolutionären Stachel gezogen und verbreitet Einverständnis mit der bestehenden Gesellschaft. Das heißt: Es ist deren Ideologie. Diese These darf nicht mißverstanden werden. Kulturindustrielle Ideologie zeichnet sich nicht durch gewisse »falsche« Inhalte aus, die sie zugunsten der gesellschaftlichen Einrichtung verbreiten würde. Ihr ideologischer Charakter geht tiefer. Er betrifft selbst die Inhalte, die mit kritischem Bewußtsein auf die Gesellschaft reagieren. Denn der ideologische Charakter der Kulturindustrie entspringt ihrer funktionalen Integration aller Einzelheiten in das einheitliche Ganze, das die Rationalität der bestehenden Welt wiederholt. Entsprechend erklären kulturindustrielle Produkte den Sinn alles Einzelnen und seines Zusammenhangs als dessen faktisches Funktionieren. Aber dann läßt sich die Frage danach, ob das Funktionieren selber sinnvoll ist, nicht mehr stellen. An ihre Stelle tritt die schiere Faktizität des Bestehenden, in dem alles seine Funktion einnimmt. Mit anderen Worten: Der Funktionszusammenhang wird zum »Surrogat von Sinn und Recht« (DA 171). In dieser Ersetzung der Rechtsfrage durch schiere Faktizität besteht die kulturindustrielle Ideologie. Sie ist darum »leer« (DA 169) und erzeugt in ihrer Leere den falschen Schein, daß das Bestehende nicht auf sein Recht befragt werden kann. Entsprechend wird die Kulturindustrie durch die kritischen Inhalte, die sie zu vermitteln vermag, nicht berührt. Auch diese bilden integrierte Funktionen ihres einheitlichen Ganzen, obwohl sie die Rechtsfrage zu stellen beanspruchen. Sie sind einkalkulierte Einsprüche.

Als leere Ideologie verdoppelt die Kulturindustrie die bestehende Welt. Sie wiederholt die Faktizität als Faktizität. Dieses blinde Fortbestehen des Systems wird durch das *streamlining* der Einzelheiten in unendlichem Weitergehen und Weitermachen bekräftigt. »Ewig grinsen die gleichen Babies aus den Magazinen, ewig stampft die Jazzmaschine.« (DA 171) Die Kritik an der Kulturindustrie, die Horkheimer und Adorno üben, lautet demnach nicht auf ihre Flucht aus dem Alltag. Es verhält sich genau umgekehrt: Statt aus dem Bestehenden in eine falsche Traumwelt zu fliehen, verdoppeln kulturindustrielle Produkte durch ihre funktionale Form die Realwelt, mit deren Tatsächlichkeit sie alle Rechtsfragen verdrängen. Kulturindustrieller Schein besteht im »Kultus der Tatsache« (DA 170) – also in der Verherrlichung dessen, was gerade keinen Traum, sondern Wirklichkeit darstellt.

Auf den ersten Blick hat sich diese Verherrlichung der Wirklichkeit vom Reich des Scheins verabschiedet. In Wahrheit ist sie selber Schein, weil sie die falsche Gesellschaft als wahre Gesellschaft geltend macht. Im Hintergrund steht stillschweigend folgender Gedankengang. Der Begriff des Scheins bezeichnet das Gegenteil des wahrhaft Seienden. »Wahrhaft seiend« heißt für Horkheimer und Adorno aber nicht »faktisch seiend«, sondern »eine vernünftige Verfassung aufweisend«. Das haben sie von Hegels Logik gelernt, die die Unmittelbarkeit des Faktischen in den Vermittlungszusammenhang der vernünftigen Wirklichkeit überführt.[20] Und wenn Hegel das sinnliche Scheinen der Idee als Kennzeichen des Schönen darlegt, dann bedeutet das, daß die wahrhafte, nämlich vernünftig verfaßte Wirklichkeit zur sinnlichen Erscheinung gelangt. Anders liegen die Dinge im Fall der Kulturindustrie. Indem sie die bestehende Gesellschaft ohne Einspruch verdoppelt, setzt sie das faktisch Seiende als wahrhaft Seiendes – und bleibt dadurch in der vorvernünftigen Welt befangen. Sie ist nicht die Welt des schönen Scheins, in der Wahrheit zur Erscheinung gelangt, sondern eine Scheinwelt, die mit dem Faktischen das Vernünftige verdrängt. Gesellschaftliche Faktizität wird in ihrer kulturindustriellen Verdoppelung zum Schein, weil ihre Verdoppelung die Frage nach ihrer Vernünftigkeit zugunsten ihrer Wiederholung aufgibt.

Aus dieser Struktur erhellt der Ideologiebegriff, den Horkheimer und Adorno entwickeln. Oft wird Ideologie als notwendig falsches Bewußtsein verstanden. Die Kritik der Kulturindustrie hingegen versteht den ideologischen Schein nicht als falsches Bewußtsein, sondern als Erhebung des unvernünftigen, falschen Seins zur unhinterfragbaren Tatsächlichkeit. Adorno schreibt das an anderer Stelle sehr deutlich: »[Es gibt] im eigentlichen Sinn von falschem Bewußtsein keine Ideologien mehr [...], sondern bloß noch die Reklame für die Welt durch deren Verdopplung, und die

20 *Georg Wilhelm Friedrich Hegel*, Wissenschaft der Logik. Die objektive Logik (= Gesammelte Werke XI), Hamburg 1978, S. 233ff.

provokatorische Lüge, die nicht mehr geglaubt werden will, sondern Schweigen gebietet.«[21] Und: »Ideologie heißt heute: die Gesellschaft als Erscheinung.«[22]

Im falschen Schein der Kulturindustrie reflektiert sich indessen der Schein des Ästhetischen. Horkheimer und Adorno behandeln ihn nicht ausdrücklich, aber es ist deutlich, daß der Scheincharakter der Kulturindustrie auf ihn anspielt. Adornos Philosophie der neuen Musik, die als »Exkurs zur ›Dialektik der Aufklärung‹ genommen werden« [will],[23] spricht diese Verwicklung des ästhetischen Scheins in den ideologischen Schein dann auch eigens aus: Der schöne Schein der Musik, den Schönbergs Werke aufgelöst haben, besteht darin, daß der Einzelfall so auftritt, als wäre er mit der vorgegebenen Formensprache identisch.[24] Hiernach hat bereits der ästhetische Schein eine Tendenz zu jener Identität von Allgemeinem und Besonderem, deren Rationalität die kulturindustrielle Verdoppelung des Bestehenden anleitet. Solange sie nur als schöner Schein auftrat, konnte diese Tendenz vor ihren realen Konsequenzen bewahrt werden. Mit der kulturindustriellen Absage an den Eigensinn der Kunst aber wird der schöne Schein durch die erscheinende Faktizität ersetzt. Mit ihr ist das Reich des Scheins in das Reich der Ideologie umgeschlagen.

VI

Den ästhetischen Grundbegriff der Tragik behandeln Horkheimer und Adorno anders als die bisherigen Grundbegriffe. In seinem Fall sprechen sie von »Abschaffung« und »Liquidation« (DA 177). Dennoch spiegelt auch die ästhetische Problematik der Tragik sich in den kulturindustriellen Produkten wider.

Tragik ermöglicht der Kulturindustrie die Integration menschlichen Leids. Auf den ersten Blick scheint dem Einbezug der Konsumenten in das kulturindustrielle Amüsiersystem deren Leid-

21 *Theodor W. Adorno*, Kulturkritik und Gesellschaft, in: *ders.*, Gesammelte Schriften X/1, op. cit., S. 11-30, hier: S. 29.

22 Ibidem, S. 25.

23 *Theodor W. Adorno*, Philosophie der neuen Musik (= Gesammelte Schriften XII), Frankfurt am Main 1975, S. 11.

24 Ibidem, S. 45.

erfahrung zu widersprechen. Der junge Marx hatte seine revolutionäre Hoffnung nicht zuletzt auf die »Existenz der leidenden Menschheit, die denkt«[25] gesetzt. Der kulturindustrielle Einbezug von Tragik erlaubt es, die leidende Menschheit in den ideologischen Schein des Faktischen einzufügen. Horkheimer und Adorno stellen fest, daß die Kulturindustrie das Leiden nicht verleugnet. Im Gegenteil: Die Darstellung von Leid wird einkalkuliert und bejaht, macht das Glück interessant und dient als Surrogat der Tiefe und Bildungsabhub. »Das lückenlos geschlossene Dasein, in dessen Verdoppelung die Ideologie heute aufgeht, wirkt um so großartiger, herrlicher und mächtiger, je gründlicher es mit notwendigem Leiden versetzt wird. Es nimmt den Aspekt von Schicksal an« (DA 174). Auf diese Weise Leid als Schicksal zu verstehen ermöglicht dreierlei. Einerseits kann man es als Schicksal mannhaft auf sich nehmen. Anderseits lassen sich in seinem Rahmen das gütige Eingreifen von Mensch zu Mensch, die Kameradschaftspflege und das goldene Herz als Fürsorge für die leidende Menschheit gestalten (DA 173). Vor allem aber erfüllt das Leid als Schicksal eine Initiationsaufgabe. Wie Schläge, die man zu ertragen hat, führt es zur Identifikation mit der Macht, der man ausgesetzt ist. Es ruft die Widerspenstigen zur Ordnung. Als Leidende erkennen sie die eigene Nichtigkeit an, um dazuzugehören. Wenn das Leid als Schicksal erscheint, vermag seine Darstellung somit zu einer »moralischen Besserungsanstalt« (DA 175) zu werden. »Die Schaubühne als moralische Anstalt betrachtet«: So lautet der Titel eines entscheidenden Textes von Schiller, der das »Verdienst der bessern Bühne um sittliche Bildung« durch den Nachvollzug von Leid behandelt.[26] Dieses Bildungsgeschehen verwandelt sich in der Kulturindustrie in Eingemeindung. Denn sie verdoppelt ja die unhinterfragbare Faktizität. Ihre Darstellung des Leidens, das eigentlich die Unwahrheit der bestehenden Gesellschaft anzeigt, wird dadurch zum ebenfalls unhinterfragbaren Element dieser Faktizität: eben zum Schicksal, gegen das man nichts machen kann. Schillers Vision der sittlichen Bildung gerät zur Anpassung der Leidenden. Sie bessern sich gemäß einer Moral des Sich-Einfügens.

25 *Karl Marx*, Briefe aus den Deutsch-Französischen Jahrbüchern, in: Marx-Engels-Werke I, Berlin 1968, S. 337-346, hier: S. 343.

26 *Friedrich Schiller*, Was kann eine gute stehende Schaubühne eigentlich bewirken? in: *ders.*, Werke V, München 1993, S. 818-830, hier: S. 827 f.

Gerade durch die offen dargestellte Tragik wird die Macht der schieren Faktizität eingehämmert. Das unterscheidet die Kulturindustrie von der Kunst. Dort bringt Tragik den »hoffnungslosen Widerstand gegen die mythische Drohung« zum Ausdruck (DA 175). Auf den Hintergrund dieser Deutung des Tragischen geben Horkheimer und Adorno keine Hinweise. Systematisch läßt sie sich im Horizont von Hölderlin und Benjamin lesen. Hölderlin versteht das Tragische als die äußerste Grenze des Leidens, an der sich der Anfang und das Ende der göttlichen Zeit nicht mehr reimen und an der auch der Mensch, der sich und den Gott vergißt und sich wie ein Verräter umkehrt, dem Anfänglichen nicht mehr gleicht.[27] Hier wird Leiden nicht in das Ganze integriert, sondern zeigt dessen »gränzenloses Scheiden«[28] an, an dem es sich umwendet. Für Walter Benjamin wiederum ist die Tragödie das Zeugnis sprachlosen Leidens, in dem der »Mensch noch stumm, noch unmündig – als solcher heißt er der Held – im Erbeben jener qualvollen Welt sich aufrichten« will.[29] Bei Horkheimer und Adorno schließen sich Hölderlins Ungereimtheit des Ganzen und Benjamins unmündiges Aufrichten des Menschen in der qualvollen Welt zum hoffnungslosen Widerstand gegen die mythische Drohung zusammen.

Dieser Horizont verdeutlicht, was in der kulturindustriellen Tragik wegfällt. Weil die Kulturindustrie den Widerstand nur als einkalkulierte Funktion des Faktischen kennt, läßt sie der Tragik die Aufgabe, die Leidenden in die Herrschaft der nackten Tatsachen zu integrieren. Deshalb bringt sie das Tragische auf die Formel »getting into trouble and out again« (DA 175), auf das »Durch- und Unterschlupfen« (DA 177). Marx' Hoffnung auf die leidende Menschheit, die denkt, ist hiermit neutralisiert.

27 *Friedrich Hölderlin*, Anmerkungen zum Oedipus, in: *ders.*, Werke I, München 1992, S. 309-316, hier: S. 316.

28 Ibidem, S. 315.

29 *Walter Benjamin*, Ursprung des deutschen Trauerspiels, in: *ders.*, Gesammelte Schriften I/1, Frankfurt am Main 1974, 203-409, hier: S. 289.

VII

Der Kernbegriff der bürgerlichen Kunstkonzeption ist der Begriff der Autonomie. Insofern Kunst sich ihre eigenen Gesetze gibt, bietet sie eine Welt dar, die einen eigenen Sinn aufweist. Ästhetische Versöhnung, Stil, das Reich des schönen Scheins: Sie alle werden durch die Eigenregelung der Kunst errichtet. Solche Autonomie beinhaltet Zwecklosigkeit. Weil Kunst nicht unter den Gesetzen der Nicht-Kunst steht, erfüllt sie in deren Regelsystemen keinen Zweck. Kant hat diese Zwecklosigkeit des Ästhetischen in der Formel »Zweckmäßigkeit ohne Zweck« ausgesagt.[30] Zweckmäßig ist die Kunst, insofern ihre Form eine Organisation besitzt, die ihre ästhetische Erfahrung ermöglicht. Ohne Zweck aber ist sie, weil der Zweck der Kunst entweder in der Welt der Natur oder in der Welt des Handelns aufzufinden sein müßte, die ästhetische Erfahrung die Kunst aber weder in die eine noch in die andere einzufügen vermag, da ihre Urteile sich weder auf Beschreibungen von Sachverhalten (Naturerkenntnis) noch auf praktische Forderungen (Handlungsmoral) reduzieren lassen. Daher ist die Kunst zweckmäßig ohne Zweck.

In diesen Horizont autonomer Kunst bringen Horkheimer und Adorno die Marxsche Analyse der Ware ein. Lukács hatte sie als Schlüssel zur kapitalistischen Rationalität geltend gemacht;[31] die Autoren wenden sie auf die Autonomie der Kunst an. Waren zeichnen sich durch ihren Gebrauchswert und ihren Tauschwert aus.[32] Ihr Gebrauchswert besteht darin, daß sie ein bestimmtes Bedürfnis befriedigen; ihr Tauschwert darin, daß sie sich mit anderen Dingen austauschen lassen. Da verschiedene Gebrauchswerte kein gemeinsames Maß aufweisen, kann der Tauschwert nicht aus den Gebrauchswerten der Waren abgeleitet werden. Tauschwerte entspringen statt dessen der abstrakten Arbeit, die zur Herstellung der Waren jeweils angesetzt wird, so daß sie sich einander gleichsetzen lassen. Arbeit wiederum ist eine menschliche Tätigkeit, die als

30 *Immanuel Kant*, Kritik der Urteilskraft (= Akademie-Ausgabe V), Berlin 1913, S. 226.

31 *Georg Lukács*, Geschichte und Klassenbewußtsein. Studien über materialistische Dialektik, Berlin 1923.

32 *Karl Marx*, Das Kapital. Kritik der politischen Ökonomie, in: Marx-Engels-Werke XXIII, Berlin 1968, S. 49 ff.

gleichzusetzende abstrakte Arbeit ein gesellschaftliches Verhältnis zwischen Menschen darstellt. Aber der Tauschwert scheint eine Eigenschaft der jeweiligen Ware zu sein, die ein Verhältnis zwischen Dingen ermöglicht. In der Ware erfolgt daher eine Verdinglichung menschlicher Beziehungen: Das gesellschaftliche Verhältnis zwischen Menschen erscheint als Verhältnis zwischen Sachen. Marx nennt das den »Fetischismus der Ware«.[33]

Mit dieser Begrifflichkeit bestimmen Horkheimer und Adorno die gesellschaftliche Lage der autonomen Kunst. Gesellschaftlich ist die autonome Kunst an die Warenwirtschaft gebunden. Ihre Zwecklosigkeit »lebt von der Anonymität des Marktes« (DA 180). Anders als Fürstenhöfe und Kirchen unterwirft er die Kunst nicht bestimmten Zwecken, sondern läßt ihr ihre eigenen Regeln, die sich freilich in einem zweiten Schritt auf ihm zu bewähren haben. Die autonome Kunst besitzt folglich Warencharakter. Entsprechend besitzt sie einen Gebrauchswert und einen Tauschwert. Ihr Gebrauchswert besteht in ihrer ästhetischen Erfahrung, die unter gesellschaftlichem Gesichtspunkt als Befriedigung eines bestimmten Bedürfnisses verstanden werden kann. Ihr Tauschwert wiederum macht sie käuflich und fungibel. Er hat nichts mit ihrer ästhetischen Erfahrung zu tun, sondern damit, daß sie dem Eintausch anderer Waren dient. Wenn sie aber dem Eintausch anderer Waren dient, dann besitzt sie hierin einen Zweck. Die Zweckmäßigkeit ohne Zweck, die die Autonomie der Kunst auf den Begriff bringt, erweist sich als Zwecklosigkeit für Marktzwecke (DA 181). Die autonome Kunst enthält somit die Antinomie einer zweckhaften Zwecklosigkeit.

Diesen Warencharakter der Kunst führt die Kulturindustrie zu seiner Konsequenz. Er ist nicht mehr der Schatten der ästhetischen Autonomie, sondern Dreh- und Angelpunkt der Kultur. Kulturindustrielle Produkte sind um ihres Konsums willen verfaßt. Sie richten sich also von Anfang an auf den Kauf und haben gar keinen anderen Gebrauch im Sinn. Damit wird das zwiespältige Verhältnis von Gebrauchswert und Tauschwert der Kunst eindimensional aufgelöst. Der Gebrauchswert der autonomen Kunst besteht in der Zweckmäßigkeit ohne Zweck; derart das Werk von allen Zwecken freizusprechen räumt ihm sein Sein um seiner selbst willen ein. Aus

33 Ibidem, S. 85 ff.

der Sicht der Kulturindustrie bedeutet das die Fetischisierung des Kunstwerks. Hiergegen stellt sie ihre Produkte, die um ihres Konsums willen sind. Weil Konsum wiederum mit Erwerb einhergeht, kettet sie dadurch das Sein ihrer Produkte an deren Tauschwerte. Sie zu konsumieren heißt, Tauschwerte zu konsumieren. Das aber bedeutet, daß der Gebrauchswert der kulturindustriellen Waren gar nichts anderes ist als ihr Tauschwert. Und weil nach Marx die Tauschwerte der Waren den Grund des Warenfetischismus darstellen, erscheinen hier die Verhältnisse zwischen Menschen als Eigenschaften der Dinge. Folglich macht der Warenfetischismus die gesamte Bestimmung der Kulturwaren aus. »Der Fetisch, ihre gesellschaftliche Schätzung [...], wird zu ihrem einzigen Gebrauchswert.« (DA 181-182) Entsprechend genießen ihre Konsumenten vor allem den sozialen Wert, den diese Erzeugnisse vermitteln.

Auf diese Weise sehen Horkheimer und Adorno die Antinomie der autonomen Kunst aufgelöst, daß dic Zweckmäßigkeit ohne Zweck zugleich eine Zwecklosigkeit für Marktzwecke beinhaltet. Indem die Kulturindustrie den Gebrauchswert ihrer Waren in deren Tauschwert verlagert, streicht sie die Zwecklosigkeit aus der Formel. Denn dort, wo einzig der Tauschwert überlebt, erfüllt alles seinen Zweck im Warentausch. Diese allumfassende Zweckmäßigkeit für Marktzwecke umgreift selbst diejenigen kulturindustriellen Produkte, die nicht eigens erworben werden müssen, wie etwa den staatlichen Rundfunk oder Propagandafilme. Weil sie derselben Machart folgen wie alle kulturindustriellen Produkte, sind auch sie einzig als Waren strukturiert. Ihre scheinbare Freiheit von Marktzwecken kann daran nichts ändern. Deshalb sind sie als Zugaben, Ausverkauf oder Reklame zu begreifen, die den »trainierten Gabenempfänger[n]« (DA 185) als Prämien übermittelt werden. Für den Eigensinn der Kunst hingegen besteht hier kein Ort. »So zerfällt der Warencharakter der Kunst, indem er sich vollends realisiert.« (DA 182)

VIII

Wenn der Gebrauchswert kulturindustrieller Produkte in deren Tauschwert besteht, dann lassen sie sich eigentlich gar nicht genießen. Auch aus diesem Grunde erfüllen sie die Bedürfnisse, die sie anstacheln, nicht. Sie reduzieren den Genuß auf seine Verheißung. Horkheimer und Adorno sehen die Kulturindustrie darum mit der Reklame zusammenfallen (DA 185). Reklame wirbt für Produkte, indem sie deren Gebrauchswert verheißt. Ist aber der Gebrauchswert vom Tauschwert aufgesogen worden, dann bleibt er selber bloße Verheißung. Die Produkte und ihre Reklame verschmelzen.

Mit diesem Argument schließen Horkheimer und Adorno ihre Kritik der Kulturindustrie ab. Es spitzt sie zu ihrem Extrem zu. Reklame, die nicht mehr für Produkte gemacht wird, sondern mit den Produkten verschmolzen ist, dient deren Absatz nur indirekt. Direkt bestimmt sie nun die Verfassung der Produkte. Und das bedeutet: Sie bestimmt den einheitlichen Stil der Kulturindustrie. Diesen Reklamestil sehen die Autoren in einer Reihe von Phänomenen verwirklicht. In den Magazinen lassen sich Texte und Bilder von denen der Reklame kaum unterscheiden; Monumentalbauten bilden Stein gewordene Reklame; Landschaft gerät zum bloßen Hintergrund für Bilder und Zeichen; die Effekte, die Tricks, die isolierten und wiederholbaren Einzelleistungen oder die Großaufnahmen, die kulturindustrielle Produkte kennzeichnen, überwältigen reklameartig die Kunden. Vor allem aber die Sprache, die die Konsumenten der Kulturindustrie sprechen, erweist sich als Reklamesprache. Ihre Wörter gründen nicht mehr in der Erfahrung der Sprechenden, sondern werden als Stereotype und Stellenwerte benutzt, oft durch rasche Sprachmodelle von oben in Umlauf gebracht. So verwandelt sich die Sprache in eine Kette von Signalen: Ihre Wörter werden zu Bezeichnungen mit Schlagkraft (DA 188). Man kann diese Überlegung mit der alten Bestimmung des Menschen als »sprachbegabtes Tier« (*zôon lógon échon*) verbinden. Wenn der kulturindustrielle Stil die Konsumenten so überwältigt, daß sie sich ihm bis in ihre Sprache hinein einfügen, dann ist das sprachbegabte Tier in der Tat zu einem kulturindustriellen Tier geworden. Bei Horkheimer und Adorno heißt es entsprechend: Menschen unternehmen den »Versuch, sich selbst zum erfolgsadäquaten Apparat zu machen« (DA 191). Dieser Triumph der Reklame bedeutet die »zwangshafte Mimesis der Konsumenten an die zugleich durchschauten Kulturwaren« (DA 191). »Mimesis«, das heißt: die Konsumenten machen sich den kulturindustriellen Produkten ähnlich. »Zwangshaft«, das bedeutet: Diese Selbstangleichung ist keine Selbstbestimmung, sondern das Sich-Einfügen in die schicksalhafte Faktizität des Bestehenden. Und »zugleich durchschaut« sind die Kulturwaren deshalb, weil sie, deren Gebrauchswerte in Tauschwerte aufgelöst sind, nicht um ihrer besonderen Inhalte willen konsumiert werden, sondern allein um mitzumachen. Der Reklamestil der Kulturindustrie bestimmt somit die menschliche Verfassung selber.

Aus dem Sachverhalt, daß Reklame nicht so sehr dem Absatz von Produkten dient, sondern deren Stil ausmacht, schließen Horkheimer und Adorno auf ihren Selbstzweck. Reklame hat immer einen Zweck: etwas an den Mann zu bringen. Wenn sie nun mit dem Produkt verschmilzt, dann bringt sie sich selbst an den Mann. Sie wird sich selbst zum Zweck. Das verbindet sie mit dem letzten Begriff der bürgerlichen Ästhetik: dem *L'art pour l'art*. Er führt die autonome Kunst zu ihrer reinsten Form. Unter seiner Leitung folgt Kunst nicht nur ihren eigenen Regeln und bietet eine Zweckmäßigkeit ohne Zweck dar; vielmehr weiß sie sich selber als ihren Zweck. Eine solche Kunst scheint daher am weitesten entfernt von den Marktzwecken der Kulturindustrie. Horkheimer und Adorno aber schreiben: »Reklame wird zur Kunst schlechthin, mit der Goebbels sie ahnungsvoll in eins setzte, *l'art pour l'art*, Reklame für sich selber, reine Darstellung der gesellschaftlichen Macht.« (DA 186) In der Tat erschafft die Kulturindustrie dann, wenn die geübte Kritik an ihr zutrifft, mit ihrem Reklamestil eine Kunst um ihrer selbst willen. Sie hat ja nichts anderes zum Zweck als die gesellschaftliche Faktizität, deren Erscheinung sie darstellt.

Um die Reichweite dieser Gleichsetzung zu sehen, ist zu berücksichtigen, daß unter dem Begriff des *L'art pour l'art* die Künstlermoderne von Baudelaire bis George steht. Sie wiederum bildet insbesondere für Adorno einen dauernden Bezugspunkt seines Denkens.[34] Jene Gleichsetzung schiebt somit die eigenen ästhetischen Voraussetzungen in den Skopus der Kritik. Unter dem Begriff des *L'art pour l'art* stehen aber auch Gottfried Benns bemerkenswerte Worte über George:

> Es ist vielmehr die unerbittliche Härte des Formalen, die über seinem Werk liegt, durch die er sein Werk schuf, ihm Einheit und Norm erkämpfte, und

34 Etwa *Theodor W. Adorno*, George und Hofmannsthal. Zum Briefwechsel 1891-1906, in: *ders.*, Gesammelte Schriften X/1, op. cit., S. 195-237; *Theodor W. Adorno*, George, in: *ders.*, Gesammelte Schriften XI, Frankfurt am Main 1974, S. 523-535.

der er sein Leben zum Opfer brachte; es ist das, was Alfred Rosenberg den ›ästhetischen Willen‹ nennt, diesen deutschen Willen, der im Kunstwerk eine Welt aufrichtet und eine überwindet, *formend* überwindet. [...] George also, auch wo er scheinbar politisch, scheinbar prophetisch, scheinbar aktuell und legislativ auftritt, verläßt niemals den formalen Standpunkt, er bleibt immer und allein und in uneingeschränktem Umfang der absolute Gestalter, bleibt der Artist, betreibt *l'art pour l'art.*[35]

Der Vergleich von *l'art pour l'art* mit der Kulturindustrie bringt somit die reine Form, deren Rücksichtslosigkeit von Benn gefeiert wird, mit den unfreiesten und dienendsten Erzeugnissen auf einen Nenner. Wenn Horkheimer und Adorno die kulturindustrielle Reklame für sich selbst als Spiegelbild der Kunst um ihrer selbst willen kennzeichnen, dann verbinden sie einerseits die Künder der ästhetischen Form mit den Kulturwaren und legen anderseits eine Tendenz in der ihnen selber teuren Kunst frei. Diese Tendenz lautet: Kunst, die sich selber Zweck ist, gleicht der schieren Faktizität. Als Reklame für sich selber zeigt die Kulturindustrie diese Tendenz unverhüllt. Während aber die Reinheit der Kunst, die um ihrer selbst willen geschieht, trotz alledem die Negation des Daseins beinhaltet, wird das kulturindustriell verdoppelte Dasein zur reinen Darstellung der Macht.

Auf diese Weise errichtet die Kulturindustrie eine Form totaler Herrschaft. Total ist sie, weil sie alles in ihre Funktionalität integriert und die Frage nach ihrem Recht verschwinden läßt. Zugleich unterscheidet sie sich von der offenen Gewalt, die in der totalen Herrschaft der faschistischen oder stalinistischen Staatsformen ausgeübt wird. Sie ertränkt die freie Gesellschaft im Amusement. Es wäre falsch, Horkheimer und Adorno hier Ignoranz gegenüber den Unterschieden vorzuwerfen, die die kulturindustrielle Welt von Faschismus und Stalinismus trennen. In ihrer Kritik an der Kulturindustrie geht es vor allem darum, eine Selbstkritik der bürgerlichen Ästhetik durchzuführen, ohne die der Begriff der gesellschaftlichen Freiheit nicht entwickelt worden wäre. Umso bitterer ist die Schlußfolgerung, die die Autoren ziehen. Adorno bringt sie in seinem Rückblick auf den Punkt: Kulturindustrie »verhindert die Bildung autonomer, selbständiger, bewußt urteilender und sich

35 *Gottfried Benn*, Rede auf Stefan George, in: *ders.*, Gesammelte Werke I, Stuttgart 1989, S. 464-477, hier: S. 474.

entscheidender Individuen. Die aber wären die Voraussetzung einer demokratischen Gesellschaft, die nur in Mündigen sich erhalten und entfalten kann.«[36] Kulturindustrie erweist sich hiernach als Einübung des Menschen in seine eigene Unmündigkeit.

36 *Adorno*, Résumé über Kulturindustrie, op. cit., S. 345.

Scheitern als Rettung
Ästhetische Erfahrung nach Adorno

I

Der Zentralbegriff in Adornos Theorie der ästhetischen Erfahrung heißt Erschütterung. Unter diesem Titel versteht Adorno diejenigen Augenblicke, »in denen der Rezipierende sich vergißt und im Werk verschwindet« (ÄT 363).[1] Das Vergessen und Verschwinden des Rezipienten darf allerdings nicht als dessen bloß subjektives Erlebnis missdeutet werden. »Die Erfahrung von Kunst als die ihrer Wahrheit oder Unwahrheit ist mehr als subjektives Erlebnis: sie ist Durchbruch von Objektivität im subjektiven Bewußtsein.« (ÄT 363) Durchbruch von Objektivität bedeutet die Erschütterung des ästhetisch Erfahrenden deshalb, weil sie nur im Anschmiegen, in der Mimesis, an das Kunstwerk stattfinden kann. Ein derartiges Anschmiegen respektiert die Gestalt des künstlerischen Objekts. Obgleich höchste subjektive Anstrengung dazugehört, die Befähigung zu wahrer Anschmiegung zu erreichen, geht diese subjektive Anstrengung doch darauf aus, nichts anderes als das Objekt zu erfahren. Nur diese ästhetische Aufnahme des Objekts, das »Verschwinden in ihm«, führt zur Erschütterung des Subjekts. Sie ist daher nicht schieres Erlebnis, das ausschließlich im Inneren des Subjekts stattfindet, sondern Erfahrung: die subjektive Begegnung mit einem vom Subjekt Unterschiedenen. Auf der anderen Seite bleibt Erschütterung natürlich eine subjektive Kategorie. Wenn sie auch nur durch die Erfahrung eines künstlerischen Objekts erlangt werden kann und somit tatsächlich »Durchbruch von Objektivität« darstellt, findet sie doch innerhalb des Subjekts statt. Es ist ja niemand sonst als das ästhetisch erfahrende Subjekt, das von diesem Durchbruch der Objektivität erschüttert wird. In der Erschütterung verschlingen sich daher die immer subjektive ästhetische Erfahrung und das in ihr erfahrene ästhetische Objekt.

Objektivität und Subjektivität verschlingen sich nach Adorno jedoch noch in anderer Hinsicht. Wenn auch gilt, daß sich nur in

1 Zitiert wird unter der Sigle »ÄT« die folgende Ausgabe: *Theodor W. Adorno*, Ästhetische Theorie (= Gesammelte Schriften VII), Frankfurt am Main 1970.

der Aufnahme der objektiven Gestalt die adäquate subjektive Erfahrung dieses Objekts regen kann, so gilt ebenfalls, daß nur im Erschüttern Objektivität durchzubrechen vermag. Um diesen zweiten Aspekt der Verschlingung zu verstehen, muß man sich noch einmal verdeutlichen, was in der ästhetischen Erfahrung erschüttert wird. Die selbstverständliche Antwort wurde schon gegeben und lautet: das erfahrende Subjekt. Doch weil das erfahrende Subjekt erschüttert wird, bleibt es nicht als die scheinbar unversehrte Instanz bestehen, als die es außerhalb der ästhetischen Erfahrung auftritt. Es erfährt vielmehr seine eigene Versehrtheit. »Erschütterung, dem üblichen Erlebnisbegriff schroff entgegengesetzt«, bestimmt Adorno, »ist keine partikulare Befriedigung des Ichs, der Lust nicht ähnlich. Eher ist sie ein Memento der Liquidation des Ichs, das als erschüttertes der eigenen Beschränktheit und Endlichkeit innewird.« (ÄT 364) Die Erschütterung des ästhetisch erfahrenden Subjekts ist eine Erfahrung seiner Begrenzung. Subjektivität wird in ihrer Erschütterung dessen gewahr, daß sie nicht unbegrenzt ist, daß sie aus ihrer scheinbar unzügelbaren Bahn geworfen werden kann, damit aber auch, daß es jenseits ihrer Grenze etwas gibt, das sie begrenzt. Was aber Subjektivität begrenzt, ist dieser Subjektivität entgegengeworfen (*obiectum*). Indem also das erschütterte Subjekt seine eigene Grenze erfährt, erfährt es zugleich das Jenseits dieser Grenze und damit Objektivität.

Genau diese Erfahrung des Jenseits der Grenze, die das erschütterte Subjekt macht, bezeichnet Adornos Ausdruck vom Durchbruch der Objektivität im subjektiven Bewußtsein. Der Begriff »Durchbruch« darf deshalb nicht dazu führen, ästhetische Erfahrung als unbefleckte Empfängnis eines von außen durchbrechenden Gegebenen fehlzudeuten. Der Anfang wird im erfahrenden Subjekt gemacht, nicht außerhalb. Und er bedarf aller subjektiven Anstrengung. Doch weil dieser subjektive Anfang in der Erschütterung des erfahrenden Subjekts besteht, führt er zur Selbstüberschreitung des Subjekts in der Erfahrung seiner Grenze und damit zur Erfahrung seines Außerhalbs. Dieses bricht *im Subjekt* durch, weil es nirgendwo anders als in der *subjektiven Erfahrung* als Grenze erfahren wird. Und es *bricht durch*, weil es als *Grenze* erfahren wird. Der vormals selbstgenügsame Raum der Subjektivität wird von etwas anderem betreten. Das Andere wird indes auch *einzig* als Grenze und Jenseits erfahren, nicht als innerhalb dieser Grenze Handhabbares oder der subjektiven Erkenntnis Gegebenes. Es ist eine nur *negative* Erfahrung von Objektivität, die das erschütterte Subjekt macht. Dieses erfährt Objektivität als Begrenzung und möglicherweise auch Bedrohung, wenn es angesichts des künstlerischen Objekts seine eigene Hinfälligkeit und Hilflosigkeit erfährt. Objektivität bleibt, wenn sie ästhetisch erfahren wird, demnach nicht bewältigbar, damit aber stets auch außerhalb des bewältigenden Subjekts. Nur in der Erfahrung dessen, daß eine Sache nicht bewältigt werden kann, kann jene Objektivität erfahren werden und so in das Subjekt durchbrechen. Ästhetische Erfahrung von Objektivität bleibt daher eine Erfahrung der Grenze des Subjekts, eine negative Erfahrung, die sich nicht zur Erfahrung eines Positiven aufzuschwingen vermag. Deshalb ist Erschütterung der Zentralbegriff in Adornos Theorie der ästhetischen Erfahrung: ein Begriff, der die Erfahrung der Hinfälligkeit des Subjekts in den Vordergrund stellt und nur von dorther zur Erfahrung von Objektivität kommt, die notwendig eine negative bleiben muß. Jeder Begriff der Erfahrung eines Positiven wäre bereits im Ansatz verfehlt.

II

Hinfällig wird das Subjekt angesichts des ästhetischen Gegenstandes, weil dieser sich nicht den subjektiven Kategorien fügt. In der ästhetischen Erfahrung geraten die Kategorien des Subjekts ins Tanzen. Sie, ohne deren Anwendung wir in der gewöhnlichen Erfahrung verloren wären, verlieren ihre Kraft vor dem künstlerischen Objekt. Das ästhetisch erfahrende Subjekt wird daher als Subjekt hilflos. Seine Kategorien scheitern.[2] Adorno hat dieses Scheitern der subjektiven Kategorien unter dem Titel der Prozessualität ästhetischer Erfahrung auf den Begriff gebracht. Adäquate Erfahrung eines ästhetischen Gegenstandes kann dessen Einzelmomente nicht isoliert betrachten, aber auch nicht einfach als Ganzes. »Durch ihre eigene Beschaffenheit vermögen sie [sc. die Einzelmo-

2 Dazu *Christoph Menke*, Die Souveränität der Kunst. Ästhetische Erfahrung nach Adorno und Derrida, Frankfurt am Main 1991, S. 45 ff. – Der vorliegende Text kann insgesamt als eine Auseinandersetzung mit Menkes Deutung gelesen werden, die den bis heute wichtigsten systematischen Beitrag zu Adornos Ästhetik darstellt.

mente] in ihr Anderes überzugehen, setzen darin sich fort, wollen darin untergehen und determinieren durch ihren Untergang das auf sie Folgende.« (ÄT 263) Nur als unendlicher Prozeß, der doch im ästhetischen Gegenstand scheinbar geschlossen vorliegt, kann dieser angemessen erfahren werden. Damit scheitert aber das außerästhetische Verfahren, Objekte zu identifizieren. Ein Kunstgegenstand kann nicht identifiziert werden, weder als Ganzes noch in seinen Momenten, weil jedes Moment, das identifiziert worden ist, schon wieder zu etwas anderem wird und damit der vollzogenen Identifizierung entkommt. Auch die Identifizierung des Ganzen hilft aus dieser Schwierigkeit nicht heraus, da das Ganze ohne seine Momente gar nicht identifizierbar ist. Die nicht identifizierbaren Momente verweigern sich ihrer Einfügung in den Gesamtzusammenhang und zerrütten diesen somit. Man kann daher gar nicht sagen, was ein ästhetischer Gegenstand oder seine Momente sind. Ihre Washeit besteht gerade darin, solcher Bestimmung zu widersprechen. Der Versuch zur Bestimmung wird darum nicht überflüssig oder sinnlos. Denn es ist genau das Scheitern der Bestimmung des ästhetischen Gegenstandes, das dessen Erfahrung bedeutet. Ohne Bestimmung wäre kein Scheitern und also keine ästhetische Erfahrung. Aber als gelungene Identifikation wäre sie auch nicht. Es ist nicht weniger, aber auch nicht mehr als eben der scheiternde Vollzug von Identifikationen, der die Eigenart der ästhetischen Erfahrung ausmacht.

Demnach kann die Tonfolge d'-a'-f'-d'-cis' zwar als Folge der Töne d'-a'-f'-d'-cis' identifiziert werden oder auch als gebrochener kleiner Dreiklang auf d' mit angeschlossenem Leitton cis' oder als Aufschwung und Abfall, der von der kleinen Sekunde in den Leitton spannungsreich und daher nur scheinbar gestoppt wird; doch mit keiner dieser Identifikationen, auch nicht mit allen möglichen zusammen, wird die ästhetische Eigenart dieses Themenkopfes des ersten Contrapunctus der *Kunst der Fuge* bestimmt, obgleich eine angemessene ästhetische Erfahrung ohne solche analytischen Identifikationen ärmer und letzten Endes unmöglich würde. Hat man ein Moment der genannten Tonfolge in den identifizierenden Griff bekommen, so ist es schon wieder geflohen in die Weiterführung d'-e'-f' oder in sein Auftauchen in der ersten Themendurchführung. Es kann nur adäquat erfahren werden, wenn man es als Knotenpunkt sämtlichen Geschehens jenes ersten Contrapunctus begreift, vollends womöglich nur als Knotenpunkt des Geschehens der gesamten *Kunst der Fuge* oder gar der Fuge schlechthin, die Bach in seinem Werk immerhin auf den Begriff bringt.[3]

Knotenpunkte des Geschehens – Adorno spricht auch von »Kraftzentren, die zum Ganzen treiben« (ÄT 266) – werden Momente jedoch nur dann, wenn das Geschehen auch als Geschehen, und das heißt eben: als Prozeß ästhetischer Phänomene erfahren wird. Jedes Moment ist darum auch nicht nur Knotenpunkt im Sinne dessen, daß alle Fäden des gesamten Kunstgegenstandes in ihm zusammenlaufen und ihm seinen strukturalistischen Sinn geben, sondern auch derart, daß jeder Knotenpunkt gegenüber den anderen Knotenpunkten seine Eigenständigkeit behauptet. Sonst wäre das ästhetische Objekt kein Prozeß, sondern ein starres, geschlossenes Muster. Nur als eigenständige Momente, die das Ganze verknoten und somit als eigenständige im Ganzen angemessen zu begreifen sind, gehen sie ineinander über; anders blieben sie ohnehin immer nur das gleiche. Adorno konstatiert folgerichtig: »Kunstwerke synthetisieren unvereinbare, unidentische, aneinander sich reibende Momente.« (ÄT 263) Weil sich aber jedes Moment an den anderen Momenten reibt, kann es nur als in andere Momente übergehendes Moment erfahren werden. Ginge es nicht über, käme Reibung gar nicht erst zustande; verschwände es aber im Zusammenhang, käme Reibung ebenfalls nicht zustande. So bleibt der Kunstgegenstand nur als unendlicher Prozeß zu erfahren. Was das Thema des ersten Contrapunctus eigentlich ist, ist nicht zu identifizieren, weil es und seine Teile ständig in einem Anderen, etwa seiner Fortspinnung, verschwinden. Wer den Contrapunctus fassen will, steht ständig vor solchen Verwandlungen und kann am Ende nicht anders, als die Prozessualität des ästhetischen Gegenstandes zuzugestehen.

Man könnte vermuten (und mein Beispiel legt das nahe), daß Adornos Begriff der Prozessualität ästhetischer Erfahrung aus der engen Beschäftigung mit Musik gewonnen worden ist und daher auch nur auf musikalische Erfahrung paßt. Denn Musik scheint in zweierlei Hinsicht hervorragend auf Adornos Überlegungen zu passen. Zum einen wurde sie, prominent zu Beginn der modernen Musiktheorie unseres Jahrhunderts bei August Halm und Ernst

3 Eine solche Erfahrung geht an die Grenze möglicher Rezeptionsfähigkeit. Dazu *Hans Heinrich Eggebrecht*, Bachs Kunst der Fuge. Erscheinung und Deutung, München 1984, S. 126 f.

Kurth,[4] als reines Werden, als Prozeß und Dynamik verstanden. Und zum anderen ist es eine alte Einsicht, daß Musik die semantisch unbestimmteste aller Künste ist und sich daher ihrer Identifizierung entzieht. Nicht nur die romantische Musikästhetik hat diese Unbestimmtheit philosophisch ausgenutzt und die zuhöchst unbestimmte Instrumentalmusik zum Ausdrucksort des unbestimmbaren Unendlichen erklärt;[5] noch Wagners Künstlerästhetik sprach dem Orchester eine »unendliche Melodie« zu, womit nichts anderes gemeint ist als ebenjener musikalische Ausdruck des semantisch ungreifbaren Unendlichen,[6] und seine Kompositionen gestalten die Orchesterpartien der Musikdramen konsequenterweise derart, daß in ihnen aus den instrumentalmusikalischen, semantisch unbestimmten Verflechtungen der semantisch bestimmteren Textpartien ein die verschiedenen Schichten der Musikdramen verbindender Gewinn gezogen wird. Adornos These, daß Identifizierungen aufgrund der unendlichen Prozessualität ästhetischer Erfahrung scheitern, wäre vor diesem Hintergrund nichts anderes als die Neuauflage der altbekannten semantischen Nicht-Identifizierbarkeit der Musik, kombiniert mit der seit Halm und Kurth ausformulierten Auffassung musikalischer Form als Prozeß.

Doch die Prozessualität der ästhetischen Erfahrung darf nicht mit der technischen Eigenart musikalischer Prozesse verwechselt werden. Jene ist das Scheitern der Identifikationen und somit auf der Ebene der Rezeption angesiedelt; diese ist das Kennzeichen der produzierten Musik. Wohlgemerkt: Beide Seiten sind untrennbar verbunden. Die im Produkt verwirklichte künstlerische Verfahrensweise führt ja zur ästhetischen Erfahrung, einer Erfahrung, die sich auf das Produkt einläßt.[7] Doch die spezifische Prozessualität der

4 *August Halm*, Von zwei Kulturen der Musik, München 1913; *Ernst Kurth*, Grundlagen des linearen Kontrapunkts. Einführung in Stil und Technik von Bachs melodischer Polyphonie, Bern 1917.

5 Etwa bei *Wilhelm Heinrich Wackenroder*, Werke und Briefe, München 1984, S. 248; *E.T.A. Hoffmann*, Schriften zur Musik. Nachlese, München 1963, S. 35.

6 Und nicht etwa eine nicht-endende Melodie, wie es die Wagnerianer mißverstanden. Dazu *Fritz Reckow*, Zu Wagners Begriff der unendlichen Melodie, in: *Carl Dahlhaus* (Hrsg.), Das Drama Richard Wagners als musikalisches Kunstwerk. Studien zur Musikgeschichte des 19. Jahrhunderts 23, Regensburg 1970, S. 81-103.

7 In diesem Kontext sind die aufschlußreichen Bemerkungen in Adornos Berg-Monographie über die Idee der musikalischen Analyse zu lesen: Musikalische Analyse ergreife das »Beredte«, den »Namen« von Musik »in technologischen Sachverhal-

Musik verwirklicht jene Verbindung auf ihre Weise; andere Kunstformen verfügen über andere Verfahrensweisen, die ebenso zum Scheitern der Identifikationen führen und daher ebenfalls als Prozessualität betitelt werden können. Dem scheint zu widersprechen, daß Adorno selbst in einem Atemzug von der Prozessualität der Erfahrung und dem Prozeßcharakter der Werke spricht (ÄT 262 f.). Denn das klingt danach, als ob unter »Prozeßcharakter des Werkes« dessen technische Dimension angesprochen sei. Tatsächlich aber spricht Adorno unter diesem Prozeßcharakter die nicht zu schlichtende »Antithetik« (ÄT 263) der Identität und der Nicht-Identität von Werken an, die eben aufgrund der Nicht-Identifizierbarkeit der künstlerischen Gegenstände entsteht, wie sie Adornos Theorie der ästhetischen Erfahrung umreißt. Dieser Prozeßcharakter der Werke verwirklicht sich durch, ist aber nicht zu verwechseln mit deren verfahrenstechnischer Gestalt. Die unterschiedlichen ästhetischen Techniken bereiten ganz unterschiedlich den Boden für völlig unterschiedliche ästhetische Erfahrungen, die sich sämtlich als die prozessuale Zerstörung starrer Identifikationen auszeichnen.

Die These von der Prozessualität der Kunstgegenstände gilt daher ganz unabhängig von der Eigenart der Musik.[8] Selbst folgendes, in der Semantik der Sätze gewiß nicht sonderlich vage Gedicht namens *Die Verwandlung* kann adäquat nur prozessual erfahren werden:

Als unser Bruder Frantiček aufwachte
Preßte seinen Leib etwas zusammen
Er wußte nicht was: vielleicht
Eine große Büroklammer?[9]

ten«. *Theodor W. Adorno*, Berg. Der Meister des kleinsten Übergangs, in: *ders.* Gesammelte Schriften XIII, Frankfurt am Main 1971, S. 321-494, hier: S. 374.

8 Daher ist die Behauptung, der »eigentliche [...] Gehalt der ästhetischen Position Adornos liegt in seiner Musikästhetik« (*Günther Seubold*, Die Erinnerung retten und dem Kitsch die Zunge lösen, in: *Richard Klein* und *Claus-Steffen Mahnkopf* (Hrsg.), Mit den Ohren denken. Adornos Philosophie der Musik, Frankfurt am Main 1998, S. 134-166, hier: S. 134), nicht akzeptabel. So gut gemeint diese Behauptung angesichts der, von wohlfeilen Zitaten abgesehen, tatsächlichen, ärgerlichen Mißachtung der musikästhetischen Überlegungen Adornos auch ist, so verfehlt sie doch den Sachverhalt, daß Adornos Theorie der ästhetischen Erfahrung über eine Theorie der musikalischen Erfahrung hinausgeht.

9 *Volker Braun*, Die Verwandlung, in: *ders.*, Texte in zeitlicher Folge III, Halle und Leipzig 1990, S. 107.

Denn auch wenn sich der Rezipient bewußt ist, daß das Gedicht um 1968 geschrieben wurde, wenn er die Anspielung des Titels, des Anfangs und des Personennamens bemerkt, von den politischen Geschehnissen in Prag weiß, das Bild imaginiert und womöglich das Ganze unter den Titel »ironischbissige Kritik an der Parteibürokratie« bringt, hat er das, was er beim Lesen des Gedichts ästhetisch erfährt, in keiner Weise identifiziert. Das hat nicht nur damit zu tun, daß sich Kunstwerke nicht auf urteilende Aussagen reduzieren lassen – eine Reduzierung, die Adorno bekanntlich vehement, gegen die Vertreter des Engagements wie gegen die des Kulturkonservatismus, bekämpft hat.[10] Es hat vielmehr damit zu tun, daß der Inhalt selbst dieses formal ziemlich harmlosen Gedichts in das ihm fremde und doch notwendige Moment der Form, die Anordnung der Zeilen, die Interpunktion übergeht und schließlich in den Klang der Worte. Man verharrt bei »Frantiček«, dessen sonore Erfahrung nicht auf den Hinweis »Tscheche« zu reduzieren ist, ebenso wie bei »Büroklammer« und seinem ü, bei dessen Aussprache der Mund so spitz wie das Gedicht wird. Kein Wort könnte ausgetauscht werden, ohne den Vierzeiler zu einem ganz anderen zu machen, auch wenn sogenannte semantische Äquivalente der Wörter leicht gefunden werden könnten. Diese Unsubstituierbarkeit beruht auf nichts anderem als eben der Unidentifizierbarkeit des Erfahrenen. Jede Erfahrung des Gedichts bleibt prozessual, weil jedes seiner Momente in ein anderes übergeht: Ist der Inhalt identifiziert, entschwindet er in das genannte ü, und verharrt man beim ü, springt wieder die Parteibürokratie hinein. Keine dieser Identifizierungen hilft dem erfahrenden Subjekt weiter. Als Prozeß entzieht sich jeder gelungene ästhetische Gegenstand, selbst ein so unscheinbarer wie das angeführte Gedicht, seinem Zugriff und läßt die subjektiven Methoden zu seiner Identifikation scheitern.

III

Weil ästhetische Gegenstände sich ihrem Zugriff entziehen, bestimmt sich ihre Erfahrung wesentlich als Negation. Der Begriff des Scheiterns impliziert diese Bestimmung. Wenn ästhetische

10 *Theodor W. Adorno*, Engagement, in: *ders.*, Gesammelte Schriften XI, Frankfurt am Main 1974, S. 109-135.

Erfahrung nichts anderes als das Scheitern ihrer außerästhetischen Schwester ist, heißt das, daß eine Erfahrung des Ästhetischen nur stattfinden kann, indem sie die ansonsten so überaus erfolgreiche identifizierende Erfahrung aus den Angeln hebt. Und ein solches Verhältnis heißt traditionell die Negation der außerästhetischen Erfahrung.

Aus ihrer Eigenart, wesentlich Negation zu sein, folgt aber auch, daß ästhetische Erfahrung im Verhältnis der Einheit und des Gegensatzes zur außerästhetischen steht. Sie ist mit ihr vereint, weil sie nicht nur indifferent neben der außerästhetischen Erfahrung ihren Ort findet, etwa als Reservoir von Entlastung[11] oder als eine von vielen möglichen Welterzeugungsweisen,[12] sondern sie direkt angreift. Weil sie sie jedoch angreift, stellt sie sich auch in den Gegensatz zu ihr. Ästhetische Erfahrung zeigt die Alternative zur außerästhetischen, indem sie sich als Erfahrung von deren Unzulänglichkeit ereignet. Sie tritt nicht als eine unter mehreren Alternativen auf, sondern als die einzig angemessene angesichts eines künstlerischen Gegenstandes, weil alle außerästhetischen Verhältnisse Schiffbruch erleiden. Die Welt der Kunst ist somit keine Nebenwelt zur gewöhnlichen Welt oder eine von deren Varianten, sondern die Verneinung, welche die Vollzüge der gewöhnlichen Welt aushebelt. Ästhetische Erfahrung kann es daher nicht verkraften, wenn ihr Gegensatz zur außerästhetischen Welt eingeebnet wird. Das wird der sachliche Hauptgrund dafür sein, daß die historischen Avantgardebewegungen, die auf die Vereinigung von Kunst und Leben abzielten, in dieser Hinsicht gescheitert sind. Die Überführung von Kunst in Lebenspraxis hat bekanntlich, abgesehen von falschen Überführungen, etwa in der Warenästhetik, nicht stattgefunden.[13] Hätte sie stattgefunden, so hätte sie auch die Negation der außerästhetischen Erfahrung aufgelöst, indem sie alle Erfahrung zur ästhetischen erklärte – und damit keine: Denn ästhetische Erfahrung ist ja, Adornos Konzeption zufolge, wesentlich Negation und benötigt daher das Negierte. Werden künstlerische und außerkünstlerische

11 Wie *Arnold Gehlen*, Über einige Kategorien des entlasteten, zumal des ästhetischen Verhaltens (= Studium Generale CCCXI), Heidelberg 1950, S. 54-60, behauptet.

12 Das geht gegen *Nelson Goodman*, Ways of Worldmaking, Indianapolis 1978.

13 Siehe dazu *Peter Bürger*, Theorie der Avantgarde, Frankfurt am Main 1974, S. 63 ff.

Erfahrung jedoch verschmolzen, verschwindet das, was erschüttert werden kann, und demnach auch die Erschütterung selbst.[14]

Es ist diese Negation des identifizierenden Zugriffs auf den Gegenstand, welche das Subjekt erschüttert: Daß die subjektiven Mechanismen nicht mehr greifen, ermöglicht die negative Erfahrung wahrer, nicht vom Subjekt zugerichteter Objektivität. Daraus erhellt, daß Erschütterung nicht primär und schon gar nicht essentiell den Schock des Erfahrenden bedeutet. Eine schockierende Begegnung mit einem Kunstgegenstand kann zwar zum Scheitern der Identifikationsmechanismen des Subjekts führen, sie ist es aber darum nicht schon. Denn der Schock ist, wie eine Notiz aus Walter Benjamins Manuskripten überlegt, nicht so sehr Erfahrung als vielmehr Erlebnis.[15] Wenn ein Bild oder ein Stück Musik schockt, dann betrifft das eher den Gemütszustand des Subjekts, nicht aber dessen Subjektivität. Das erlebende Subjekt wird durchgerüttelt, weil es den Anblick des zerschnittenen Eselauges im *Andalusischen Hund* oder das Getöse der Musikmontage in Mosolovs *Zavod (Eisengießerei)* nicht erträgt, um zwei herausragende Schockerlebnisse unseres Jahrhunderts zu nennen. Doch bleibt dieses Durchrütteln nur Erlebnis, solange es auf der gleichsam körperlichen Ebene der Reizempfängnis stehenbleibt. Erst wenn der Schock des Gesehenen oder Gehörten auch dazu führt, daß dieses sich nicht nur als eklig oder lärmend einordnet, sondern außerästhetische Zugriffsweisen zerspringen läßt, vermag Subjektivität erschüttert und der Gegenstand ästhetisch erfahren zu werden. Der erlebte Schock kann dazu verhelfen, indem die den Rezipienten anspringende Ungewohntheit des Anblicks oder des Gehörten die zuschnappenden Rezeptionsmechanismen verwirrt und in dieser Verwirrung den Beginn einer ästhetischen Erfahrung ermöglicht. Aber ein Schock ist dazu nicht genügend, weil er das zerschnittene Auge wesentlich als zerschnittenes Auge wahrnimmt und nicht als ästhetisches Moment.

14 Eine Kunst, welche die Verschmelzung von Kunst und Außerkünstlerischem nicht nur materialiter versucht, sondern, anders als die meisten Avantgardebewegungen, sie *technisch* zu verwirklichen strebt, würde indes eine Erfahrung erheischen, die das Scheitern der außerästhetischen Erfahrung selbst noch einmal scheitern läßt, ohne in gewöhnliche Erfahrung zurückzufallen. Sie wäre ästhetisch erfahrbar nur als Negation des Außerästhetischen und als Außerästhetisches zugleich, weil sie in ihrer technisch erzwungenen Gestalt selbst beides darstellt. Die Musik John Cages ist eine solche Kunst.

15 *Walter Benjamin*, Gesammelte Schriften I/3, Frankfurt am Main 1974, S. 1183.

Und ein Schock ist natürlich auch nicht notwendig zur Erschütterung von Subjektivität. Das oben erwähnte Gedicht, wirklich nicht schockierend, vermag das, ganz unauffällig, ebenso. Schockierende Verstörungen, die ein Rezipient erlebt, sind nur Anstöße zum wahrhaft ästhetischen Erfahren, das auch unabhängig vom Schock erschütternd wirkt.

Solches Erfahren ist, wie bereits eingangs angesprochen, keine passive Empfängnis des Kunstgegenstandes. Auch wenn die Leistungen des Subjekts erschüttert werden und Objektivität durchbricht, ist eine enorme Anspannung von Subjektivität nötig, um zu deren Erschütterung zu gelangen. Denn die angemessene Erfahrung eines ästhetischen Objekts fällt den Rezipienten nur in Ausnahmefällen in den Schoß. Um die Prozessualität des Objekts überhaupt angemessen, und das heißt ja für Adorno: um prozessual, Identifikationen negierend erfahren zu können, muß man sich auf die Machart des Objekts einlassen. Ein derartiges Einlassen aber benötigt weniger die Information über technische Verfahren (die allerdings oftmals auch) als vielmehr die subjektive Anstrengung, sich dem Objekt zu überantworten. Es ist diese Anstrengung zur Überantwortung des Subjekts an künstlerische Gegenstände, die deren subjektive Rezeption kennzeichnet: Hören ist, wie Helmut Lachenmann die Sache bezüglich musikalischer Rezeption auf den Punkt brachte, »Arbeit«.[16] Die Übergänge der Momente des Kunstobjekts müssen allererst entdeckt, ihre widersprüchliche Einheit im Nachvollzug hergestellt werden. Auch offenbart sich die Differenz von identifiziertem Inhalt und ästhetischer Gestalt keineswegs von allein. Nur das Einlassen auf jenes ü und verwandte Akte führen zur ästhetischen Erfahrung des zitierten Gedichtchens, die dieses nicht auf seine Aussage reduziert. Das kann allein geschehen, indem der Rezipient eigenständig an der Erfahrung des Kunstgegenstandes arbeitet. In der ästhetischen Erfahrung erfordert daher bereits die Rezeptivität der Sinne die höchste Spontaneität des Subjekts – mit dem Ziel, dieses aus seinen eingetretenen Bahnen zu werfen.

Es ist offenkundig, daß Erschütterung in dem beschriebenen Sinne nicht die alltagssprachliche Bedeutung von Erschütterung meint, in deren Sinne sich Kunstliebhaber oft brüsten; der ältliche Musiklehrer, der tränenden Auges von seinem ersten *Tristan-*

16 *Helmut Lachenmann*, Hören ist wehrlos – ohne Hören, in: *ders.*, Musik als existentielle Erfahrung. Schriften 1966-1995, Wiesbaden 1996, S. 116-135, hier: S. 118.

Erlebnis erzählt, das ihn 16-jährig für zwei Wochen ins Bett schickte, wurde in seinem identifizierenden Zugriff auf das Stück wahrscheinlich gar nicht berührt. In der Musiksoziologie nennt Adorno solche Hörer »emotionale Hörer«, die nicht fern vom »konsumierenden Hörer« stehen.[17] Emotionale Hörer benutzen ein Musikstück als Auslöser von normalerweise unterdrückten Triebregungen. Ins Verhältnis zu Adornos Theorem der Erschütterung gesetzt, muß man sagen: Es bricht in emotionalen Hörern keine Objektivität durch, sondern eigene Subjektivität, die im Alltag nicht zugelassen wird. Daher wird Subjektivität in ihnen auch gar nicht erschüttert, sondern läßt sich einfach gehen. Seine Grenze erfährt ein derartig »erschüttertes« Subjekt überhaupt nicht. Im Gegenteil, es streckt sich aus und umschlingt auch noch den ästhetischen Gegenstand, dessen sich entziehende Objektivität den emotionalen Hörer nicht schert.

Ebensowenig wie den Abbau von Triebhemmungen bedeutet Erschütterung im Sinne Adornos Triebauslebung, um diese Triebe dann wieder einzuschränken. Die nach Erschütterung klingende Lehre von der Katharsis stellt daher ebensowenig ein Vorbild dar wie der Alltagssprachgebrauch. Zwar greift die Katharsis auf das ästhetisch erfahrende Subjekt direkt zu und schüttelt es gleichsam; bei Aristoteles[18] im Durchgang durch Schauder (φόβος) und Jammer (ἔλεος), bei seinem deutschen Interpreten Lessing[19] in der Furcht als dem auf uns selbst bezogenen Mitleid mit den dramatis personae. Doch trotz dieses Erhebens der Rezipienten sind Katharsis und Adornosche Erschütterung grundverschieden. Denn Katharsis sowohl in ihrer aristotelischen Urgestalt als auch in ihrer Lessingschen Übersetzung zielt darauf ab, die Identität des Subjekts mit sich selbst nach einer großen Säuberung in neuer Reinheit gelungener wiederherzustellen; bei Aristoteles staatshygienisch als von seelischen Beschwerden erleichterten Menschen,[20] bei Lessing

17 *Theodor W. Adorno*, Einleitung in die Musiksoziologie. Zwölf theoretische Vorlesungen (= Gesammelte Schriften XIV), Frankfurt am Main 1973, S. 21 ff.

18 *Aristoteles*, Poetik 1449 b 26.

19 *Gotthold Ephraim Lessing*, Hamburgische Dramaturgie, in: *ders.*, Werke IV, München 1973, S. 229-707, hier: S. 579.

20 *Aristoteles*, Politik 1339 b 15. – In dieser Verbindung des achten Buches der Politik mit den Ausführungen der Poetik zur Tragödie folge ich *Wolfgang Schadewaldt*, Furcht und Mitleid? Zur Deutung des Aristotelischen Tragödiensatzes, in: Hermes 83 (1955), S. 129-171.

als tugendhaften Bürger. Erschütterung ist daher in der Katharsis als ethisch-pathetische Wiederherstellung und nicht als wirkliche Erschütterung von Subjektivität zu verstehen.

Wirkliche Erschütterung von Subjektivität, die Adorno in seiner Theorie der ästhetischen Erfahrung anvisiert, reinigt das Subjekt nicht von Überflüssigem, sondern negiert es als Begrenztes. Es erleichtert das Subjekt nicht um seinen verschmutzten Ballast, sondern zeigt auf denjenigen Ballast, den es nie loswerden wird, weil es selbst dieser Ballast ist. Deshalb wird das Subjekt erschüttert: Es wird an sich selbst irre und erfährt so negativ sein Anderes. Katharsis vermag solche Erfahrung nicht hervorzurufen. Konsequenterweise polemisiert Adorno gegen die Katharsis als eine »Reinigungsaktion gegen die Affekte, einverstanden mit Unterdrückung«, deren zeitgenössische Parodie der Kitsch sei, der nichtvorhandene Gefühle neutralisiere (ÄT 354f.). Der alltagssprachliche Gebrauch von Erschütterung verfehlt demnach Adornos Theorie darin, daß er Subjektivität in ihrer Emotionalität sich austoben läßt; die Katharsis hingegen verfehlt sie ebenfalls, indem sie Subjektivität in Emotionalität sich austoben läßt, nur um diese Emotionalität nach der ästhetischen Erfahrung wieder im Griff zu haben. Beide haben letztlich, wie der Schock, die Qualität von Erlebnissen, nicht von Erfahrungen. Erschütterung im Sinne Adornos jedoch verliert sich weder in Emotionalität, noch will sie sie austreiben. Sie begrenzt Subjektivität und damit Emotion, ohne sie zu verwehren: Die erschütternde ästhetische Erfahrung »verdichtet sich im Augenblick, und dazu bedarf es des ganzen Bewußtseins, nicht punktueller Reize und Reaktionen« (ÄT 363).

IV

Anstatt auf die alltagssprachlichen Bezüge oder die Lehre von der Katharsis verweist Adornos Theorie einer negativen Erfahrung und Erschütterung des Subjekts auf Kants Analytik des Erhabenen.[21] Es

21 Die Bedeutung der kantischen Analytik des Erhabenen für Adornos Ästhetik herausgestellt hat *Albrecht Wellmer*, Adorno, die Moderne und das Erhabene, in: *ders.*, Endspiele. Die unversöhnliche Moderne, Frankfurt am Main 1993, S. 178-203, der den Zusammenhang jedoch versöhnungsphilosophisch thematisiert.

sind hier vor allem Theorieelemente der Analytik des Mathematisch-Erhabenen, die in Adornos Überlegungen relevant werden. Die Erfahrung des Erhabenen hatte Kant dort als Erfahrung eines sinnlich Nicht-Erfahrbaren bestimmt. Ihren Ausgang nimmt diese Bestimmung vom Begriff des Erhabenen: »*Erhaben* nennen wir das, was *schlechthin groß* ist.«[22] Was schlechthin groß ist, ist nicht nur ganz besonders groß, sondern groß außerhalb jedes Maßstabs. Das Thema des Erhabenen besteht daher in einem Sachverhalt, der alle empirische Quantifikation übersteigt. Die in ihm angesprochene Größe ist keine Größe der Sinnlichkeit und auch kein Verstandesbegriff, der sich kantisch durch seine Anwendbarkeit auf Sinnlichkeit rechtfertigen müßte, sondern kann nur ein Vernunftbegriff sein. Nur ein Vernunftbegriff übersteigt jegliche Empirie; nur ein Vernunftbegriff kann daher das schlechthin Große begreifen. Vernunftbegriffe nennt Kant Ideen. Diese thematisieren wir, wenn wir das Erhabene erfahren. Die schließliche Formulierung des Erhabenen muß demnach lauten: Die ästhetische Urteilskraft bezieht sich »in der Beurteilung eines Dinges als erhaben auf die *Vernunft,* um zu deren *Ideen* (unbestimmt welchen) subjektiv übereinzustimmen«.[23]

Daran anschließend, gelangt das nun wirklich vorausschauend Besondere des kantischen Erhabenen in folgendem Gedankengang zum Ausdruck. Vernunftideen sind, wie gesehen, dadurch bestimmt, daß sie niemals mit Sinnlichkeit vermittelt werden können. Das führt erkenntnistheoretisch zu ihrem Ausschluß aus dem Bereich dessen, wovon wir Wissen haben können; wir können zwar über Vernunftideen sprechen und müssen es sogar, um der Verstandeserkenntnis allererst zu systematischer Einheit und damit zu wahrhafter Legitimation zu verhelfen.[24] Doch als Erkenntnisinhalte können sie nicht gelten, da sie sich nicht dem Anwendungsprinzip auf Sinnlichkeit fügen wollen, welches nach Kant die notwendige Legitimation einer Meinung als Erkenntnis bedeutet.

Der Unterschied zur vorliegenden Abhandlung sollte im folgenden deutlich werden.

22 *Immanuel Kant,* Kritik der Urteilskraft (= Akademie-Ausgabe V), Berlin 1913, S. 248.

23 Ibidem, S. 256.

24 Dazu *Immanuel Kant,* Kritik der reinen Vernunft A 642 = B 670 ff. und A S. 832 = B S. 860 ff.

Nun spielt in der Ästhetik die menschliche Einbildungskraft die entscheidende Rolle. Ihre Funktion besitzt sie als Vermittlerin zwischen Sinnlichkeit und Verstand. Aufgrund dieser Bindung an die Sinnlichkeit vermag die Einbildungskraft mit Vernunftideen nicht übereinzustimmen. Das hat ästhetisch zur Folge, daß unsere Einbildungskraft zur Darstellung der Vernunftideen unangemessen ist. Doch genau diese Unangemessenheit ist es, die in der Erfahrung des Erhabenen zum Ausdruck gelangt. Denn das Erhabene zieht ja gerade Vernunftideen in den Bereich des Ästhetischen hinein, der durch die Einbildungskraft abgesteckt ist: dasjenige, was die Einbildungskraft nicht darstellen kann. Während die Erfahrung des Schönen in einer Harmonie verschiedener Erkenntnisvermögen besteht, im spielerischen Einklang von Einbildungskraft und Verstand, ist es daher eine Dissonanz, der Widerstreit zwischen Einbildungskraft und Vernunft, welche die Erfahrung des Erhabenen qualifiziert.

Von diesem Widerstreit sucht Kant allerdings Entlastung. Denn die Unangemessenheit der Einbildungskraft führt nicht nur zu deren Scheitern, sondern ebenso zur Apotheose der Vernunft. Die Vernunft und ihre Ideen erscheinen hier, gerade weil sie nicht erscheinen können, sondern die Einbildungskraft scheitern lassen, in ihrer Eigenart eines absoluten Überschreitens der Sinnlichkeit besonders prägnant. Zudem ist es die einzige Erscheinung, in der Vernunftideen auftreten können. Vernunft kann, weil sie alle Sinnlichkeit, die Bedingung von Erscheinung, überschreitet, nur als eine die Einbildungskraft disqualifizierende Instanz erscheinen. Es ist so eine verneinende Erfahrung der Kraft der Vernunft, die in der Erfahrung des Erhabenen stattfindet: eine Erfahrung des Absoluten der Vernunft, gerade indem die Einbildungskraft diese gar nicht darstellen kann. So entsteht eine eigentümliche Wechselbewegung des Hingezogen- und Abgestoßenseins, der anziehenden Erfahrung unserer Vernunft und der abstoßenden Erfahrung der Unangemessenheit der Einbildungskraft. In einem Wort, es entsteht Erschütterung.

Das Gemüt fühlt sich in der Vorstellung des Erhabenen in der Natur *bewegt:* da es in dem ästhetischen Urteile über das Schöne derselben in *ruhiger* Kontemplation ist. Diese Bewegung kann (vornehmlich in ihrem Anfange) mit einer Erschütterung verglichen werden, d. i. mit einem schnellwechselnden Abstoßen und Anziehen eben desselben Objekts. Das überschwengliche der Einbildungskraft [...] ist gleichsam ein Abgrund, worin sie sich selbst zu verlieren fürchtet; aber doch auch für die Idee der Vernunft vom übersinnlichen nicht überschwenglich, sondern gesetzmäßig, eine solche Bestrebung der Einbildungskraft hervorzubringen: mithin in eben dem Maße wiederum anziehend, als es für die bloße Sinnlichkeit abstoßend war.[25]

In der Erfahrung des Erhabenen findet daher eine Verquickung von Lust und Unlust statt. Die Unlust am eigenen Unvermögen der Einbildungskraft stößt auf die Lust am ebenso eigenen Vermögen der Vernunft.

Es wird bereits in den kantischen Formulierungen deutlich, wie sehr die Analytik des Erhabenen das systematische Vorbild zu Adornos Theorie der ästhetischen Erfahrung abzugeben vermag. Der Gedanke eines Abgrundes, in dem sich unsere Einbildungskraft zu verlieren droht, das Theorem der Unangemessenheit und schließlich die Erfahrung eines überhaupt nicht Darstellbaren geben die ersten Bausteine zu einer negativen Theorie ästhetischer Erfahrung ab, welche die wahre Modernität der kantischen Überlegungen ausmachen. Es ist jedoch ebenso deutlich, daß der andere Strang des kantischen Theorems, die Apotheose der Vernunft, in Adornos Augen ein Relikt darstellen muß, das es zu kritisieren gilt. Bei Kant scheitert Subjektivität nur in einem – allerdings ästhetisch bedeutenden – Teil: der Einbildungskraft. Ihr Scheitern führt zum grandiosen Triumph eines anderen Teils unserer Subjektivität, nämlich der absoluten Vernunft. Zwar ist Kants Analytik des Erhabenen die einzige ästhetische Theorie vor Adorno, die eine Erschütterung von Subjektivität anvisiert, welche sich nicht in emotionalem Aufruhr erschöpft, sondern an die Grundfesten des Subjekts geht; doch sie begreift die Erschütterung bloß soweit, wie diese zugleich zum Hervortreten eines unerschütterlichen Vermögens führt. Subjektivität scheitert, nur um besonders stark dazustehen.

Adornos Theorie der ästhetischen Erfahrung hat deshalb systematisch die kantische *ratio triumphans* ihrer eigenen Niederlage zu überführen. Sie darf dabei allerdings nicht auch die Abstoß- und Anziehungsbewegung in der Erfahrung des Erhabenen zerstören. Sie muß vielmehr den Sieg der Vernunft dergestalt zunichte ma-

25 *Kant*, Kritik der Urteilskraft, op. cit., S. 258.

chen, daß ihr Anziehungspotential bewahrt, die triumphierende Bestätigung von Subjektivität aber ausgeschaltet wird. Das geschieht, indem Adorno erstens Vernunft selbst als ebenso naturhaft wie das, über das sie sich bei Kant erhebt, kennzeichnet und indem er zweitens das kantische Absolute, das als schlechthin Großes im Erhabenen zum Scheitern der Einbildungskraft führt, in das Nicht-Identische transformiert. Den ersten Schritt vollziehen Adornos bereits gemeinsam mit Horkheimer formulierte Gedanken zur Rationalitätskritik; den zweiten Schritt vollzieht die innerästhetische, aber an die Rationalitätskritik anknüpfende Kritik am traditionellen Begriff des Erhabenen.

V

Die Subjektivität, die in der ästhetischen Erfahrung scheitert, ist die der neuzeitlichen Rationalität, wie sie von Horkheimer und Adorno grundlegend in der *Dialektik der Aufklärung* bestimmt wird. Der *Dialektik der Aufklärung* zufolge ist die neuzeitliche Rationalität charakterisiert durch ihr Bestreben, das, was sich den rationalen Mitteln nicht beugt, zu tabuisieren. Rationalität in ihren verschiedenen Ausprägungen bestimmt, prädiziert und identifiziert Sachverhalte und Gegenstände. Mit Hilfe solch rationalen Tuns vermag das bestimmende und identifizierende Subjekt jene Sachverhalte in den Griff zu bekommen. Indem es sie aber in den Griff bekommt, beherrscht es sie zugleich. Der Aspekt der Naturbeherrschung, den die modernen Herolde der Rationalität sich explizit auf ihre Fahnen schrieben, erhält in dieser Formulierung einer instrumentellen Rationalität seine begriffliche Grundlage: Naturbeherrschung ist nicht ein Nebeneffekt des rationalen Weltverhältnisses, sondern dessen Kern. In dieser Naturbeherrschung kann das Subjekt allererst überleben. War es den naturhaften Ereignissen ausgeliefert, solange es diese nicht zu erklären, verstehen, identifizieren vermochte, so verhilft die rationale Naturkontrolle zur Eindämmung jener naturhaften Kraft. Weil man um die Ursachen und Gründe naturhaften Geschehens weiß oder zu wissen meint, ist es nicht mehr naturhaft, sondern der eigenen Vernunft unterworfen. Schon der Mythos, der Natur in einen Sinnzusammenhang zwängt, hatte diese Funktion übernommen; er war daher die erste Form rationaler Aufklärung. Die fortgesetzte Aufklärung, die den Mythos kritisiert, führt dessen Absicht mit anderen Mitteln fort. Sie vollbringt, was jener nur unvollkommen schaffte: die begriffliche Beherrschung der Natur. Deren Bedrohung wird im rationalen Denken abgewehrt. Unsere Vernunft ist daher das Gegengift zur Furcht vor der natürlichen Macht, eine Voraussetzung subjektiver Selbsterhaltung[26] gegenüber der feindlichen Natur.

Rationalität ist, Horkheimer und Adorno zufolge, jedoch nicht nur Eindämmung der naturhaften Gewalt, sondern wird als Herrscherin über Natur selbst naturhaft. Sie tut dies, weil sich das Subjekt, um ein rationales Weltverhältnis einnehmen zu können, methodischen und logischen Zwängen unterwerfen, sich also selbst beherrschen muß. »Die Weltherrschaft über die Natur wendet sich gegen das denkende Subjekt selbst, nichts wird von ihm übriggelassen, als eben jenes ewig gleiche Ich denke, das alle meine Vorstellungen muß begleiten können.«[27] Selbstbehauptung wird zur Selbstbeherrschung, welche letztlich wiederum die Beherrschung durch ein Fremdes bedeutet. Das begründen Horkheimer und Adorno mit folgender Überlegung. Um Natur beherrschen zu können, muß man sie auf bloßes Material reduzieren, das vom Subjekt in prädizierende und identifizierende Formen gegossen werden kann. Die Bestimmungen des solcherart reduzierten Materials machen die Tatsachen und Sachverhalte aus, die zu erkennen Natur beherrscht. Aber diese Erkenntnis verzichtet darauf, vom schier Gegebenen, dem Tatsächlichen, weiterzuschreiten zu dessen begrifflicher Durchdringung, die Horkheimer und Adorno hegelianisch als bestimmte Negation verstehen. So werden Sachverhalte und Tatsachen bloß wiederholt. »Das Tatsächliche behält recht, die Erkenntnis beschränkt sich auf seine Wiederholung, der Gedanke macht sich zur bloßen Tautologie. Je mehr die Denkmaschinerie das Seiende sich unterwirft, um so blinder bescheidet sie sich bei dessen Reproduktion.«[28] In der Wiederholung der Tatsachen aber liegt die Beherrschung des Subjekts beschlossen. Es selbst muß sich

26 Interessante Vorüberlegungen zu dieser in der *Dialektik der Aufklärung* ausformulierten These finden sich bei *Max Horkheimer*, Vernunft und Selbsterhaltung, in: *ders.*, Gesammelte Schriften V, Frankfurt am Main 1987, S. 320-350.

27 *Max Horkheimer* und *Theodor W. Adorno*, Dialektik der Aufklärung. Philosophische Fragmente (= Gesammelte Schriften III), Frankfurt am Main 1981, S. 43.

28 Ibidem, S. 44.

den Tatsachen beugen, sie reproduzieren – und das, um sich selbst zu behaupten. In der Bildung der Subjektivität mit Hilfe der rationalen, aufklärerischen Weltsicht liegen somit die Ausdünnung des Subjekts zur logischen Funktion und seine Unterwerfung unter das Gegebene beschlossen. Diese Unterwerfung ist ebenso naturhaft wie die naturhafte Beherrschung vor aller Rationalität. Denn vor den Tatsachen ist das Subjekt ebenso gering wie vor der unbeherrschten Natur. Tatsachen können zudem kaum wahrhaft kritisiert werden, weil sie das Ergebnis jener Rationalität bilden, welche wiederum die Voraussetzung von selbstbehauptender Subjektivität, die solche Kritik vollziehen könnte, abgibt. Naturbeherrschung und die damit verbundene Selbstbehauptung schlagen so um in die Beherrschung des Subjekts durch eine naturhafte Faktizität, die sich aus eben den subjektiven Identifikationsmechanismen ergibt, die aus der Herrschaft der Natur herausführen sollten.

Die naturbeherrschende Vernunft, die auf die Befreiung des Subjekts aus naturhaften Zusammenhängen aus war, wird damit selbstwidersprüchlich, weil sie dieses Subjekt in neue, ebenso naturhafte Zusammenhänge fesselt. Sie tabuisiert alles, was außerhalb des subjektiv-rationalen Einflußbereichs liegt, und gleicht in diesem Tabu den unaufgeklärten Aspekten des Mythos, die zu zerstören sie vorhatte. Sie gibt vor, alles zu analysieren, und errichtet doch eben durch ihre Kritik ein Tabu, das nicht mehr analysiert werden darf. Denn was ihr inkommensurabel ist, kann nicht thematisiert werden. Dabei wäre der Bezug auf das Inkommensurable gerade die Erfüllung ihrer eigenen Intention. Denn Rationalität will ja prädizieren, was etwas ist. Sie will jedes Einzelne begreifen. Doch in der identifizierenden Prädikation sagt sie gar nicht, was etwas ist, weil sie das wirklich Partikulare, das, was sich nicht ihrem Zugriff fügt, tabuisiert. Was etwas ist, wird letztendlich gar nicht in bezug auf das betreffende Etwas gesagt, sondern nur als Wiederholung subjektiv-rationaler Identifikationsschemata. Um einen wahrhaften Bezug auf das Inkommensurable herzustellen, müßten solche Schemata gesprengt werden.

Deren Sprengung erfordert allerdings eine nahezu unmögliche Leistung. Sie muß die Akzeptanz jedes naturhaft Gegebenen durchbrechen und auch den Rückfall in rein subjektives Herstellen vermeiden, da ja beide Seiten nur die zwei Seiten der einen Medaille neuzeitlicher Rationalität darstellen. Sie kann aber auch nicht aus der neuzeitlichen Rationalität einfach herausspringen; nicht nur, weil diese schlichtweg alle anderen Weltverhältnisse zu Staub analysieren würde, sondern vor allem, weil die Bildung des Subjekts, Voraussetzung aller Kritik, ohne sie gar nicht denkbar ist. Die Sprengung der Schemata muß also selbst mit den Mitteln der neuzeitlichen Rationalität arbeiten. Ihre Aufgabe ist daher, »gegen Wittgenstein sagen, was nicht sich sagen läßt«.[29] In diesem Satz sind das Kernproblem und das Eigentümliche der Adornoschen Rationalitätskritik ausgesprochen. Diese erkennt die Kraft der Rationalität an, indem sie Wittgensteins Ausschluß nicht-sagbarer, d.h. nicht-identifizierbarer Gegenstände aus dem Bereich des Sinnvollen nachvollzieht; sie negiert diese Kraft jedoch, indem sie diesen Ausschluß nicht hin-, sondern zum Anlaß nimmt, das scheinbare Paradox einer begrifflichen Rede über begrifflich Inkommensurables zu fordern.

Was eine derartige Forderung meint, ist die interne Negation eines Zustands, die selbst noch dem Negierten zugehört. Anders gesagt: Sie meint die begriffliche Kritik vom Boden eines allumfassenden Immanenzzusammenhangs aus. Die Immanenz umschließt alles, was sich sagen, identifizieren läßt; was ihr nicht zugehört, sie transzendiert, wird vom Tabu bedeckt und darf nicht berührt werden. Diese Immanenz kann kritisiert werden nur aus ihr selbst heraus, nicht aus dem Tabuisierten, das von ihr schließlich erfolgreich beherrscht wird. Doch das heißt, es muß ein Weg gefunden werden, aus der Immanenz herauszugelangen, obgleich deren Gewalt doch gerade darin besteht, solchen Ausgang zu versperren. Adornos Philosophie entwickelt zwei Wege, den Ausgang zugleich als versperrt anzuerkennen und ihn dennoch zu suchen. Der begriffliche, theoretische Weg soll als negative Dialektik ausbuchstabiert werden; einen zweiten, ebenbürtigen Weg aber bildet die Theorie der ästhetischen Erfahrung. Wenn Subjektivität scheitert, wie nach Adorno in der ästhetischen Erfahrung, ist der ersehnte Ausgang eröffnet, ohne daß man durch ihn vollends hinausschlüpfen könnte. Was ästhetisch erfahren wird, ist ebenjenes Inkommensurable, das ansonsten von den Identifikationsleistungen des Subjekts verschüttet wird. Es wird allerdings nicht als etwas Positives erfahren, das vom Außerhalb der Immanenz hineinkäme oder zu dem wir ins

29 *Theodor W. Adorno*, Negative Dialektik (= Gesammelte Schriften VI), Frankfurt am Main 1975, S. 21.

Außerhalb der Immanenz flüchten könnten, sondern es wird als Grenze und Scheitern der immanenten Mechanismen auch immanent erfahren.

Adornos ästhetische Erfahrung ist demnach kein sauberer, der unreinen Welt entzogener Ort. Sie gehört zur Immanenz, weil sie dieser kein Positives entgegenstellt, affirmiert sie aber nicht, weil sie die immanenten Vollzüge der Identifikationen mit deren Scheitern negiert. Anders gesagt: Sie erschüttert Subjektivität nicht, weil sie einen archimedischen Punkt besäße, an dem sie ihren Hebel ansetzen könnte, sondern weil Subjektivität in ihr ihre eigene Unzulänglichkeit erfährt. Deshalb kann ästhetische Erfahrung, wie oben beschrieben, nicht auf höchste subjektive Arbeit verzichten, obgleich doch diese subjektive Arbeit im Immanenzzusammenhang mit Herrschaft verstrickt ist. Doch sie vermag im Weiterführen ihres Tuns sich selbst auszuhebeln, indem ihr Tun in seiner Weiterführung scheitert: ohne Weiterführen des Tuns kein Scheitern, doch im Scheitern die Negation des Tuns. Diese wiederum scheinbar paradoxe Subjektivität zur Erschütterung der Subjektivität liefert eine rein negative Öffnung des stählernen Gehäuses neuzeitlicher Rationalität, eine Öffnung, die von innen geschieht und nicht aus der Transzendenz außerhalb der Vernunft. Das Inkommensurable erscheint damit innerhalb der subjektiven Leistungen und wird dennoch von diesen nicht zugerichtet.

VI

An genau dieser Stelle kann Kants Analytik des Erhabenen transformiert fruchtbar greifen. In der Erfahrung des Erhabenen scheitert die Einbildungskraft, weil sie dem Absoluten der Vernunft unangemessen ist. Dennoch wird das Absolute von der Einbildungskraft ästhetisch dargestellt: In der Erfahrung des Erhabenen findet eine, wie Kant sagt, »bloß negative Darstellung«[30] des Absoluten statt. Die Darstellung des Undarstellbaren kann nach der kantischen Theorie ja einzig dadurch erfolgen, daß die unzulängliche Einbildungskraft scheitert und negativ erfahren läßt, daß es eine sie überschreitende Instanz gibt. Das Absolute wird so in seiner einzig

30 *Kant*, op. cit., S. 274.

möglichen Darstellung nicht identifizierend ausgemalt, sondern verharrt in seiner Negativität, die allerdings über die Darstellungen der Einbildungskraft erfahren wird. Nicht zufällig bemüht Kant darum das zweite Gebot des Dekalogs: »Vielleicht gibt es keine erhabenere Stelle im Gesetzbuche der Juden, als das Gebot: Du sollst dir kein Bildnis machen, noch irgendein Gleichnis, weder dessen, was im Himmel, noch auf der Erden, noch unter der Erden ist u. s. w.«[31] Ein Bild kann von den Vernunftideen nicht existieren, und doch fallen sie darum nicht aus dem Ästhetischen heraus. Exakt dies ist aber auch die Konzeption der negativen Darstellung des Nicht-Identischen oder Inkommensurablen, das Adorno ebenfalls in der Aufnahme des alttestamentarischen Bilderverbots thematisiert, sowohl bezüglich der Theorie[32] als auch der Kunst (siehe ÄT 159 f.). Wie das kantische Absolute nicht von der Einbildungskraft, so kann das Inkommensurable von subjektiven Vermögen schlechthin nicht dargestellt werden. Dennoch muß es subjektiv dargestellt werden, wenn es überhaupt dargestellt werden soll. Es kann daher nur, wie das Erhabene, negativ dargestellt werden: in der Erfahrung der Unangemessenheit von Subjektivität.

Wieso aber ist solche Negativität überhaupt noch anziehend? In der kantischen Erfahrung der Unangemessenheit der Einbildungskraft haben wir immerhin noch die Lust an unserer triumphierenden Vernunft, die den Abstoß durch jene Unangemessenheit wieder in Attraktion verwandelt und so, als Anzug und Abstoß, das Subjekt erschüttert. Was in Adornos Theorie systematisch an diese Stelle tritt, ist das bereits angesprochene Bedürfnis nach dem Inkommensurablen. Weil die Intention unserer Subjektivität auf die Sache selbst geht, die doch durch die Darstellungen dieser Subjektivität verstellt wird, sehnt sich Subjektivität ihrem Begriff gemäß nach dem ihr Nicht-Identischen. Sie kann es nur negativ in ihrem Scheitern darstellen, fühlt sich damit durch ihr Scheitern nicht nur abgestoßen, sondern zugleich auch angezogen, weil sie ja nur im Scheitern ihrer Sehnsucht inne wird. Deshalb bleibt ästhetische Erfahrung nach Adorno, ganz wie in Kants Analytik des Erhabenen, weiterhin die attrahierende und repulsierende Erschütterung des Subjekts.

Mit der Transformation des Absoluten in das Nicht-Identische

31 Ibidem.

32 *Adorno*, op. cit., S. 207.

verändert sich allerdings auch der Begriff des Erhabenen von Kant zu Adorno. Der triumphierende Aspekt der kantischen Analytik bestand darin, Vernunft als sich über die Natur erhebend zu kennzeichnen. In den diskutierten Theorieelementen des Mathematisch-Erhabenen kommt das zum Ausdruck in der schlechthinnigen Größe als Vernunftidee, die sich über alle empirische Quantifikation erhebt. Die Theorieelemente des Dynamisch-Erhabenen ergänzen das um die Erfahrung der Unantastbarkeit des intelligiblen Subjekts durch empirische Bedrohung. Wir erfahren nach Kant das Dynamisch-Erhabene, wenn wir die Natur in ihrer Stärke von einem sicheren Standpunkt aus erfahren: etwa den stürmischen Ozean vom festen Land aus. In dieser Erfahrung werden wir uns bewußt, daß uns die Natur zerschmettern könnte; dennoch fühlen wir uns von diesem potentiellen Zerschmettertwerden nicht nur abgestoßen, sondern auch angezogen. Diese Attraktion erklärt Kant damit, daß wir uns in der Erfahrung des Dynamisch-Erhabenen nicht nur als physisch der Natur unterlegen, sondern, analog zum Mathematisch-Erhabenen, ihr zugleich auch überlegen fühlen, nämlich im Bewußtsein unserer über die Natur erhabenen Vernunft. Denn weil das Vernunftvermögen von der Sinnlichkeit getrennt ist, kann die sinnliche Vernichtung des Menschen seine Vernunft nicht berühren. Das Dynamisch-Erhabene betrachtet so Natur als gewaltlose Macht, als Instanz, die den Menschen, als empirisches Subjekt betrachtet, vernichten könnte, ihm aber, als intelligibles Subjekt betrachtet, nichts anzuhaben vermag.[33] Mit dem Dynamisch-Erhabenen wird daher derjenige Teil unserer Subjektivität erfahren, der sich angesichts der möglichen physischen Vernichtung über diese physische Macht erhebt und die mächtige Natur als gewaltlos zurechtstutzt.

Nun ist aber, der *Dialektik der Aufklärung* zufolge, die subjektive Vernunft selbst naturhaft. Damit verschiebt sich die kantische Konstruktion entscheidend. Das Sich-Erheben der Vernunft über die Natur, das laut der kantischen Theorie erfahren wird, findet gar nicht statt, weil der Bereich des Naturhaften überhaupt nicht verlassen wird. Aus dieser Entlarvung der *ratio triumphans* zieht Adorno Schlüsse auf die Veränderung der Kategorie des Erhabenen selbst. Das Erhabene war kantisch

33 *Kant*, op. cit., S. 260 ff.

von der Nichtigkeit des Menschen tingiert; an ihr, der Hinfälligkeit des empirischen Einzelwesens, sollte die Ewigkeit seiner allgemeinen Bestimmung, des Geistes, aufgehen. Wird jedoch Geist selber auf sein naturhaftes Maß gebracht, so ist in ihm die Vernichtung des Individuums nicht länger positiv aufgehoben. Durch den Triumph des Intelligiblen im Einzelnen, der geistig dem Tod standhält, plustert er sich auf, als wäre er, Träger des Geistes, trotz allem absolut. Das überantwortet ihn der Komik. (ÄT 295)

Das Erhabene wird zum Komischen, weil es eine Herrschaft behauptet, die angesichts der Entlarvung ihrer Verstrickungen hinfällig geworden ist. Das betrifft auch Kants Rede vom schlechthin Großen. Was sich als schlechthin groß aufspielt, sich über Natur erhebt, ist doch selbst nur Produkt der naturhaften Vernunft. Es ist damit in Wahrheit gar nicht schlechthin groß, sein triumphierender Auftritt als eine solche Größe nur grundlos angeberisch. »Komisch ist das Nichtige durch den Anspruch der Relevanz, den es durch sein bloßes Dasein anmeldet und mit dem es auf die Seite des Gegners sich schlägt; so nichtig aber ist, einmal durchschaut, der Gegner, Macht und Größe ihrerseits geworden.« (ÄT 296) Die vormaligen Gegner, »das Komische« und »das Erhabene«, sind für Adorno nach der Demaskierung des Intelligiblen als naturhaft keine Gegner mehr, sondern deckungsgleich. Weil die Ansprüche des Erhabenen verfehlt sind und dennoch so tun, als sei dem nicht so, werden sie komisch. Das Erhabene verwandelt sich so in sein Gegenteil.

Und doch bleibt es weiterhin relevant. Denn nachdem Vernunft nicht mehr über Natur triumphieren kann, hinterläßt das Erhabene die Theorieelemente der Unangemessenheit der Einbildungskraft und der negativen Erfahrung des ins Nicht-Identische transformierten Absoluten. Diese können nun im neuen Kontext andere Früchte tragen. Von den subjektiven Vermögen ist keines mehr übriggelassen, das sich über Natur erheben könnte. Die Erfahrung der Unangemessenheit kann also nicht länger als Erfahrung einer naturbeherrschenden Instanz, der kantischen Vernunft, erklärt werden, sondern nur als die Erfahrung der Unangemessenheit von Subjektivität überhaupt. So geht die unfreiwillige Verwandlung der triumphierenden Vernunft ins Komische Hand in Hand mit dem Einbruch des Nicht-Identischen, anders gesagt: dem Durchbruch wahrer Objektivität. Neuerdings ist zwischen dem Metaphysisch-Erhabenen und dem Kritisch-Erhabenen in Kants Analytik unterschieden worden: Während jenes die sich erhebende Vernunft bezeichnet, benennt dieses die Disharmonie und negative Kraft in der Erfahrung des Erhabenen; Bestand haben könnte heute nur noch dieses Kritisch-Erhabene.[34] Adornos systematische Aufnahme und Verwandlung der kantischen Theorie liegt jenseits solch feinsäuberlicher Distinktionen. Das sogenannte Metaphysisch-Erhabene wird zwar durch ihn vom Sockel gestoßen, doch die von ihm starkgemachte kritische Funktion des Erhabenen vergißt es nicht einfach. In der Überführung des Absoluten ins Nicht-Identische als negativ Dargestelltes und im Nachspüren der Verschlingungen von Erhabenem und Komischem sind Adornos Gedanken vielmehr auch in der Ästhetik »solidarisch mit Metaphysik im Augenblick ihres Sturzes«.[35] Die Denker eines stur nachmetaphysischen Kritisch-Erhabenen vermögen diese Solidarität nicht zu üben. Sie vergessen, daß das Nicht-Identische aus dem Versuch entspringt, das Absolute zu erfahren, und nicht aus dem Versuch, es abzuschaffen.

Kants Analytik des Erhabenen ist daher in ihrer Gesamtheit die vornehmste Ahnin der Adornoschen Theorie der ästhetischen Erfahrung. »Erbe des Erhabenen ist die ungemilderte Negativität, nackt und scheinlos, wie einmal der Schein des Erhabenen es verhieß.« (ÄT 296) Sie erbt, indem sie die metaphysischen Elemente des Erhabenen ernst nimmt und in Negativität transformiert, sie nicht aber einfach ausschließt. Erst die Erfahrung einer solchen Negativität erschüttert das Subjekt angesichts des ästhetischen Gegenstands, wie bei Kant angesichts des Erhabenen der Natur.

VII

Als Erschütterung bedeutet die ästhetische Erfahrung Rettung aus dem Käfig der neuzeitlichen Subjektivität. Indem sie die Mechanismen der Subjektivität scheitern läßt, demaskiert sie deren eiserne Stabilität als Schein und zeigt, wo die Käfigstangen brüchig sind: In ihr schaut das Ich »um ein Winziges über das Gefängnis hinaus[...], das es selbst ist« (ÄT 364). Adornos Rettung der Subjektivität aus ihr selbst gerät allerdings in eine eigentümliche Zwangslage.

34 Das ist die These von *Christine Pries*, Übergänge ohne Brücken. Kants Erhabenes zwischen Kritik und Metaphysik, Berlin 1995.

35 *Adorno*, op. cit., S. 400.

Walter Benjamin hatte in seinen Thesen *Über den Begriff der Geschichte* einen Begriff von Rettung entwickelt, der den historischen Fortschritt als die Anhäufung eines gewaltigen Trümmerhaufens beschreibt, dessen Schutt die Gegenwart wie das Vergangene zudeckt. Vergangenes wahrhaft zu artikulieren heißt daher, es gegen den Geschichtsverlauf zu retten. Dies kann für Benjamin nur aus dem messianischen Augenblick geschehen.

Vergangenes historisch artikulieren heißt nicht, es erkennen »wie es denn eigentlich gewesen ist«. Es heißt, sich einer Erinnerung bemächtigen, wie sie im Augenblick der Gefahr aufblitzt. Dem historischen Materialismus geht es darum, ein Bild der Vergangenheit festzuhalten, wie es sich im Augenblick der Gefahr dem historischen Subjekt unversehens einstellt. Die Gefahr droht sowohl dem Bestand der Tradition wie ihren Empfängern. Für beide ist sie ein und dieselbe: sich zum Werkzeug der herrschenden Klasse herzugeben. In jeder Epoche muß versucht werden, die Überlieferung von neuem dem Konformismus abzugewinnen, der im Begriff steht, sie zu überwältigen. Der Messias kommt ja nicht nur als der Erlöser; er kommt als der Überwinder des Antichrist.[36]

Was es zu überwinden gilt, ist das Zukleistern der Überlieferung durch Herrschaft. Das Beherrschte muß der Herrschaft entrissen, erlöst und die Herrschaft wie der Antichrist vom Thron gestürzt werden. Dazu ist es notwendig, im Kairos sich dem Geschichtsverlauf zu entziehen. Nur aus der dem katastrophischen Geschichtsverlauf entrückten Perspektive kann dieser als das Fortschreiten eines Trümmerhaufens entlarvt werden. Benjamins berühmtes Motiv vom Engel der Geschichte malt eine solche Perspektive vor. Der Engel der Geschichte »hat das Antlitz der Vergangenheit zugewendet. Wo eine Kette von Begebenheiten vor *uns* erscheint, da sieht *er* eine einzige Katastrophe, die unablässig Trümmer auf Trümmer häuft und sie ihm vor die Füße schleudert.« Dieser Engel ist des Eingreifens allerdings nicht fähig. »Er möchte wohl verweilen, die Toten wecken und das Zerschlagene zusammenfügen. Aber ein Sturm weht vom Paradiese her, der sich in seinen Flügeln verfangen hat und so stark ist, daß der Engel sie nicht mehr schließen kann. Dieser Sturm treibt ihn unaufhaltsam in die Zukunft, der er den Rücken kehrt, während der Trümmerhaufen vor ihm

36 *Walter Benjamin*, Über den Begriff der Geschichte, in: *ders.*, Gesammelte Schriften I/2, op. cit., S. 693-704, hier: S. 695.

zum Himmel wächst. Das, was wir den Fortschritt nennen, ist *dieser* Sturm.«[37] Die Rettung des vom katastrophischen Geschichtsverlauf Verschütteten kann der Engel der Geschichte somit nicht leisten. Er besitzt zwar die Perspektive, die man zum Gegen-den-Strich-Bürsten der Geschichte benötigt, doch wird er noch von diesem Fortschritt weggeblasen. In seiner Erkenntnis kann er nur hilflos auf die Trümmer starren. Messianisches Eingreifen in die Geschichte jedoch rettet das Verschüttete. Engel und Messias haben den gleichen Ort der Erkenntnis; doch während jener gegen den Sturm nicht ankommt, wirkt dieser ihm entgegen. Die Engel bleiben am Himmel kleben, der Messias jedoch wird Mensch und kommt auf die Erde. Sein Augenblick erst ist der Übergang von der erkennenden Perspektive auf die Geschichte zu deren rettender Erlösung. Nach einem solchen messianischen Eingreifen sehnte sich Benjamin angesichts des Sieges des Faschismus, der ihm als der endgültige Triumph der Katastrophe erscheinen mußte; im ergriffenen Kairos würden Gegenwart und Vergangenheit gerettet.

Ästhetische Erfahrung nach Adorno soll eine ganz ähnliche Rettung gewähren. Denn Adornos Begriff der Subjektivität ist ebenfalls mit einem geschichtsphilosophischen Konzept verbunden, das Geschichte als Katastrophe begreift. Die Trümmer, von denen Benjamin nur bildlich spricht, werden in der Geschichtsphilosophie der *Dialektik der Aufklärung* ganz konkret in den verschiedenen Ausprägungen der Unterdrückung des Inkommensurablen ausbuchstabiert. Die fortschreitende rationale Aufklärung bedeutet zugleich die fortschreitende Tabuisierung des Nicht-Identischen und damit, Horkheimers und Adornos Konzeption zufolge, die katastrophal fortschreitende Selbstzerstörung des Subjekts wie der Natur. Wenn gegen diese fortschreitende Unterdrückung des Nicht-Identischen das Unterdrückte gerettet werden soll, muß nach einem Augenblick gesucht werden, in dem Subjektivität gegen den Strich gebürstet werden kann.

Wie gesehen, ist ästhetische Erfahrung ein solcher Augenblick. Weil sie Subjektivität scheitern läßt, kann Objektivität hereinbrechen und aus den Trümmern der naturbeherrschenden wie naturhaften Geschichte hervorlugen. Sie rettet, weil sich in ihr die Perspektive auftut, aus welcher aus dem subjektiven Dunstkreis

37 Ibidem, S. 697 f.

hinausgelugt zu werden vermag. Diese Perspektive verdient jedoch besondere Beachtung. Benjamins Idee war an die Perspektive eines Engels oder eines Messias gebunden. Man muß vom Außerhalb der Geschichte auf diese schauen, um sie als Trümmerhaufen entlarven zu können. Von diesem Außerhalb dann kann der Messias auf die Erde hinabsteigen und sie erlösen. Das ist in der Geschichtsphilosophie Adornos nicht möglich, und diese Unmöglichkeit ist ihre Zwangslage. Zwar gesteht Adorno die Notwendigkeit der Erlösung, ganz im Sinne Benjamins, zu. »Philosophie, wie sie im Angesicht der Verzweiflung einzig noch zu verantworten ist, wäre der Versuch, alle Dinge so zu betrachten, wie sie vom Standpunkt der Erlösung aus sich darstellten.«[38] Würde sie dies nicht tun, gäbe sie alle Dinge dem katastrophischen Fortschritt der Geschichte anheim. Damit gäbe sie auch ihren eigenen Anspruch auf, Erkenntnis zu gewinnen. Denn sie beugte sich dem Diktat des Fortschritts, ginge nicht auf die Sachen selbst, sondern verbliebe im Käfig der Subjektivität. Sie muß sich daher auf den Standpunkt der rettenden Erlösung stellen.

> Es ist das Allereinfachste, weil der Zustand unabweisbar nach solcher Erkenntnis ruft, ja weil vollendete Negativität, einmal ganz ins Auge gefaßt, zur Spiegelschrift ihres Gegenteils zusammenschießt. Aber es ist auch das ganz Unmögliche, weil es einen Standort voraussetzt, der dem Bannkreis des Daseins, wäre es auch nur um ein Winziges, entrückt ist, während doch jede mögliche Erkenntnis nicht bloß dem was ist erst abgetrotzt werden muß, um verbindlich zu geraten, sondern eben darum selber auch mit der gleichen Entstelltheit und Bedürftigkeit geschlagen ist, der sie zu entrinnen vorhat.[39]

Der Immanenzzusammenhang macht sich demnach auch in der Erlösung bemerkbar: Diese gehört ebenfalls zur Immanenz, aus der sie retten will. Das hier durchschlagende Theorem der umfassenden Immanenz ist der entscheidende Unterschied zu Benjamins Messianismus. Während Benjamin an der Idee eines entrückten Standortes festhält, eines Standortes, der außergeschichtlich am Himmel zu suchen ist, gibt Adorno diese Idee auf. Der Standpunkt der Erlösung ist zu suchen, obgleich er als Standpunkt unmöglich

38 *Theodor W. Adorno*, Minima Moralia. Reflexionen aus dem beschädigten Leben (= Gesammelte Schriften IV), Frankfurt am Main 1980, S. 283.

39 Ibidem, S. 334.

geworden ist. Er muß innerhalb der Katastrophe gegen diese gefunden werden. Adorno behält sozusagen die Idee der Rettung bei, nachdem sich die Englein (und der Messias) vom Himmel auf die Erde totgefallen haben.

Adornos Philosophie der Geschichte hat sich, anders als oft behauptet, vom Messianismus verabschiedet, ohne ihn zu verdrängen. Sie bildet statt dessen die Theorie einer unendlichen Vorgeschichte. Bereits in Benjamins Verschmelzung von historischem Materialismus und Messianismus erscheint das, was Marx die menschliche Vorgeschichte genannt hatte, als die katastrophische, unerlöste Geschichte. In der Marxschen Auffassung ist zwischen der Vorgeschichte der Menschheit, deren Antagonismen von ihren eigenen Machern nicht durchschaut werden, und der bewußt vollzogenen Geschichte zu unterscheiden.[40] Die Vorgeschichte der Menschheit ist aufzuheben in der kommunistischen Revolution; in der durch diese Revolution hervorgebrachten Gesellschaft kann dann Geschichte in wirklicher Freiheit gemacht werden. Im Licht der Benjaminschen Thesen *Über den Begriff der Geschichte* ist eine solche Aufhebung auch die Rettung des vom katastrophischen Fortschritt Verschütteten. Der messianische Kairos ermöglicht die Erlösung der Vorgeschichte und deren Transformation in die freie Geschichte der Menschen. Adornos Geschichtsphilosophie erlaubt solch ein Erlösungsdenken nicht mehr. Denn der Immanenzzusammenhang der Subjektivität ist ja total. Noch das Denken gegen neuzeitliche Subjektivität muß sich eben der Mittel bedienen, gegen die sie kämpft. Daher ist der Standpunkt der Erlösung das »ganz Unmögliche«. Und daher kann die Vorgeschichte durch keinen messianischen Kairos beendet und gerettet werden. Sie ist unendlich. In ihrer Unendlichkeit ist indes auch das geschichtsphilosophische Ende der Geschichte eingetreten. Nach der Vorgeschichte kommt nichts qualitativ Anderes mehr, und es kann gar nichts mehr kommen, weil aus der Immanenz kein Weg herausführt. Es ist das ein paradoxes, vielleicht gar perverses Ende der Geschichte: Die Unendlichkeit der Vorgeschichte heißt das Ende der Geschichte. Rudolf Bultmann hat einmal das Besondere der paulinischen Apokalyptik dahingehend benannt, daß in ihr Geschichte von Eschatologie

40 *Karl Marx*, Zur Kritik der politischen Ökonomie. Einleitung, in: Marx-Engels-Werke XIII, Berlin 1968, S. 9.

»verschlungen« werde.[41] In der Geschichtsphilosophie Adornos ist es genau umgekehrt. In ihr wird Eschatologie von Geschichte, präziser: von Vorgeschichte verschlungen.

Diese Abkehr vom messianischen Geschichtsbild führt aber nicht zur Aufgabe der erlösenden Rettung. Sonst würde ja Philosophie tatsächlich, wie Adorno meint, unverantwortlich. Er sucht vielmehr nach einer Art von Rettung, die nicht mehr einen Standort außerhalb des Immanenzzusammenhangs bezieht. Ästhetische Erfahrung bietet diesen Standort, weil sie bloß negative Erfahrung und das Scheitern von Subjektivität ist, nicht aber die Präsentation eines positiven Grundes, der dem subjektiven Käfig entzogen wäre. Daher bietet sie die gesuchte Perspektive zur Rettung, ohne aus der Subjektivität herauszuspringen. Das erklärt, weshalb Adorno immer wieder Kunst als das »Gedächtnis des akkumulierten Leidens« begreift (ÄT 387). Die Formulierung ist leicht misszuverstehen. Zwar legt Adorno durchaus Wert darauf, daß Leiden im Kunstwerk selbst thematisch wird; das geschieht weniger durch Stoffwahl als durch dessen Gestaltung (ÄT 341 ff.), aber es geschieht immerhin. Doch jene Formulierung darf nicht dahingehend verstanden werden, daß Kunst des Leidens nur deshalb eingedächte, weil sie es thematisiert. Vielmehr ist sie dessen Gedächtnis, weil sie die Möglichkeit zu solchem Eingedenken eröffnet. Die wahre Erinnerung des Leidens wird durch den Immanenzzusammenhang der neuzeitlichen Subjektivität verhindert. Um Leiden zu erinnern, müßte das ganz Partikulare, Nicht-Identifizierbare erinnert werden. Subjektivität aber treibt das Nicht-Identifizierbare gerade aus und tabuisiert es. Um des Leidens innezuwerden, muß die gepanzerte Subjektivität durchbrochen werden. Dies wird sie in ihrem Scheitern. Das Scheitern der Subjektivität, das in der ästhetischen Erfahrung erfolgt, bietet daher einen herausragenden Ansatz zum Eingedenken des Leidens.

Adornos Agnus-Dei-Metapher am Ende des Schönberg-Kapitels der *Philosophie der Neuen Musik* verdeutlicht das: Der »Ernst der künstlerischen Technik«, den die neue Musik radikal weiterführt, besteht darin, »für das Niegewesene immer wieder Schemata des Bekannten zu entwerfen«. Anders gesagt: Das Nicht-Identifizierbare wird mit den zur Verfügung stehenden Mitteln musikalischer

41 *Rudolf Bultmann*, Geschichte und Eschatologie im Neuen Testament, in: *ders.*, Glauben und Verstehen III, Tübingen 1965, S. 91-106, hier: S. 106.

Rationalität dargestellt. Die verfahrenstechnische Eigenart der neuen Musik, insbesondere ihre Absage an die Kategorie des geschlossenen Werks, drückt dieses Nicht-Identifizierbare im Verlust des musikalischen Sinns aus, wobei musikalischer Sinn geschlossener Sinnzusammenhang heißt. Dies aber führt zur Erschütterung des Immanenzzusammenhangs. »Die Schocks des Unverständlichen, welche die künstlerische Technik im Zeitalter ihrer Sinnlosigkeit austeilt, schlagen um. Sie erhellen die sinnlose Welt. Dem opfert sich neue Musik. Alle Dunkelheit und Schuld der Welt hat sie auf sich genommen.«[42] Adornos etwas theatralische Akklamation darf nicht dahingehend mißverstanden werden, daß neue Musik permanent Leiden zu ihrem Gehalt hätte. Sie besagt vielmehr ausdrücklich, daß die künstlerische Form der neuen Musik Identifikationsmechanismen zersprengt und mit dieser Zersprengung das stählerne Gehäuse negiert.

Das gilt auch allgemein für die Kunst. Ein Kunstgegenstand ist Gedächtnis des akkumulierten Leidens nicht als eine Art Behälter, in dem das Leiden aufbewahrt würde, sondern als Anstoß zum Durchbruch von nicht-identifizierbarer Objektivität. Daher können auch komische Kunstwerke Gedächtnis des Leidens sein. Nicht, weil wir in ihrer Erfahrung unmittelbar eines Leidens gewahr würden, sondern weil wir in dieser Erfahrung die Möglichkeit erlangen, das Gefängnis zu erschüttern, welches das Gedächtnis des Leidens unterdrückt. Es ist die schiere Negativität der ästhetischen Erfahrung, das Scheitern der Subjektivität, das zu einer solchen Rettung des vergessenen Leids verhilft.

VIII

Adornos Verbindung von ästhetischer Erfahrung und Rettung kann bezüglich beider ihrer Seiten Unbehagen erregen. Auf der Seite der ästhetischen Erfahrung kann man befürchten, daß deren Autonomie durch jene Verbindung beschädigt werde. Am eindrücklichsten ist dieses Bedenken von Rüdiger Bubner erhoben worden.[43] Es

42 *Theodor W. Adorno*, Philosophie der neuen Musik (= Gesammelte Schriften XII), Frankfurt am Main 1975, S. 126.

43 *Rüdiger Bubner*, Kann Theorie ästhetisch werden?, in: *ders.*, Ästhetische Erfahrung, Frankfurt am Main 1989, S. 70-98.

lautet in seiner Grundgestalt: Weil ästhetische Erfahrung Rettung bedeutet, ist sie unter die Maßgabe eines außerästhetischen, geschichtsphilosophischen Ziels gestellt worden. Ästhetisches Erfahren ist damit vorbestimmt, weil es ohnehin immer nur die Kritik der aufgeklärten Welt leistet. In Bubners Augen verkleidet Adorno sozusagen Theorie als einen ästhetischen Gegenstand. Die Autonomie der Kunst werde hierbei beschädigt, weil diese den Interessen der Theorie zu folgen habe: Kunst sei Erfüllungsgehilfe der kritischen Theorie und müsse sich heteronomen Diktaten beugen.

Es scheint jedoch, daß dieses Bedenken grundlos ist. Adornos Kerngedanke war es, daß gerade die Eigenart der ästhetischen Erfahrung, Identifikationen scheitern zu lassen, sie für die Rolle der Retterin qualifiziert. Um jedoch Identifikationen scheitern lassen zu können, muß ästhetische Erfahrung eben das sein, was ihr nach Bubner von Adorno abgesprochen wird: unvorherbestimmt. Sie muß gerade autonom sein. Der Grundgedanke, der hinter Bubners Einwänden steht, lautet: Ein Positives namens »So soll die Welt nicht sein!« bestimmt in Adornos Theorie die ästhetische Erfahrung. Doch das einzige, was ästhetische Erfahrung im Sinne Adornos tatsächlich bestimmt, ist ihre Bestimmung zur Unvorherbestimmtheit. Scheitern ist kein Positivum, das sich an gesellschaftskritischen Regeln orientierte. Scheitern ist nicht mehr als eben das Scheitern von Identifikationen. Erst als zweiter Schritt tritt die Bestimmung dieses autonomen Scheiterns als Rettung hinzu, ein Schritt, der vor dem geschichtsphilosophischen Hintergrund Adornos seine Rechtfertigung erhält. Die autonome Grundlage der Adornoschen Ästhetik, auf der Kunst retten und damit gesellschaftskritisch werden kann, ist allein die als Scheitern eingesehene ästhetische Erfahrung. Bubners gegen Adorno gerichtete Forderung, die ästhetische Erfahrung müßte zur Basis gemacht werden, eine Forderung, die er mit kantischen Überlegungen bekräftigt,[44] ist daher, bis in die Aufnahme der kantischen Tradition, von Adorno bereits erfüllt worden. Will man sich gegen die Indienstnahme der ästhetischen Erfahrung als Rettung wehren, muß man direkt die außerästhetische Diagnose angreifen, vor deren Hintergrund ästhetische Erfahrung allererst zur Rettung wird. Der innerästhetische Begriff des Scheiterns zieht ästhetische Erfahrung keineswegs in heteronome Verfügbarkeiten

44 Ibidem, S. 91 f.

seitens der philosophischen Theorie herein. Er kann daher auch nicht innerästhetisch kritisiert werden, wie Bubner dies versucht, sondern müßte in seinem außerästhetischen Übergang zur Rettung geschichtsphilosophisch angegriffen werden.

Ein Blick auf Schelling mag das Verhältnis von Kunst und Philosophie, dessen Problematik hinter diesem ersten Einwand steht, weiter erhellen. Schelling hatte im *System des transcendentalen Idealismus* geschrieben, »daß die Kunst das einzige wahre und ewige Organon zugleich und Document der Philosophie sey«.[45] Kunst ist das wichtigste Instrument der Philosophie. Als Instrument ist sie aber tatsächlich bloß ein Erfüllungsgehilfe der Philosophie, das die Interessen des transzendentalen Idealismus Schellings ausführt. Nun besteht das interessanteste Proprium dieser Kunstsicht gegenüber der traditionellen Ästhetik, wie sie im Grunde bis heute betrieben wird, allerdings darin, daß Kunst nicht nur als Gegenstand der Philosophie begriffen wird, sondern auch als ihr Bestandteil.[46] Adornos Ästhetik nimmt diese Eigenart auf, ohne indessen Kunst darum zum philosophischen Erfüllungsgehilfen zu degradieren. Wenn ästhetische Erfahrung Rettung bedeutet, dann bietet sie die Möglichkeit zur (negativen) Perspektive der Erlösung, ohne die in den Augen Adornos ja keine verantwortliche Philosophie mehr möglich ist. Ein Einlassen auf Kunst also liefert die Erfahrungen, die zur Möglichkeit von Philosophie unabdingbar sind. So wird jene zu deren Bestandteil, wie auch die Philosophie in Kunst übergeht, insofern sie ästhetische Erfahrungen in ihre verantwortungsvolle Existenz integriert.

Hier ist, wie bei Schelling, das Verhältnis von Kunst und Philosophie im Vergleich zu den traditionellen Ästhetiken umgewandelt und Theorie tatsächlich ästhetisch geworden. Der Sachverhalt, daß ästhetische Erfahrung Bestandteil der Philosophie ist, zerstört jedoch nicht ihre Autonomie, anders als das bei Schelling selbst der Fall war. Denn ästhetische Erfahrung kann zum Bestandteil der Philosophie nur als autonome werden. Um Bestandteil der Adornoschen Philosophie werden zu können, muß ästhetische Erfahrung, wie dargelegt, Identifikationsmechanismen zersprengen.

45 *Friedrich Wilhelm Joseph Schelling*, System des transcendentalen Idealismus (= Werke I/3), Stuttgart 1858, S. 627.

46 Dazu *Dieter Jähnig*, Schelling. Die Kunst in der Philosophie, 2 Bde., Pfullingen 1966/69.

Dies kann sie aber nur, wenn sie autonom bleibt: als Negation der außerästhetischen Mechanismen. Allein in negierender Autonomie kann ästhetische Erfahrung außerästhetische Leistungen vollbringen. Sie ist daher kein Schellingsches Werkzeug der Philosophie, sondern eine eigenständige Arbeiterin. In dieser Eigenständigkeit allein kann vom Außerästhetischen auf sie zurückgegriffen werden; ein Rückgriff, der keinen heteronomen Zwang über das Ästhetische ausübt.

Das Bedenken, Adornos Theorie leugne die Autonomie der ästhetischen Erfahrung, ist somit unbegründet. Es gewinnt seine Redlichkeit daraus, nicht außerästhetische Differenzen, etwa über die Geschichtsdiagnose, heranzuziehen. Doch ohne deren Diskussion kann es die Kombination von Scheitern und Rettung nicht angreifen. Genau hier, an der Geschichtsdiagnose, setzt indessen das zweite Unbehagen an. Es meint, Adornos Begriff der neuzeitlichen Subjektivität sei verfehlt und könne bestimmte Formen von Rationalität nicht erfassen. Jürgen Habermas hat dieses Unbehagen besonders prominent artikuliert.[47] In seinen Augen übt die *Dialektik der Aufklärung* eine geradezu hemmungslose Vernunftkritik. Denn anders als die Formen der neuzeitlichen subjektiven Rationalität, die Adorno in seiner Geschichtsphilosophie kritisiert, will Habermas' eigenes Konzept einer kommunikativen Vernunft eine Rationalität entwerfen, die der älteren Kritik entgeht. Das Bild von der neuzeitlichen Rationalität, das die *Dialektik der Aufklärung* zeichnet, ist daher nach Habermas unvollständig und die Unterdrükkung des Inkommensurablen nicht so umfassend wie von Adorno behauptet. Was in der ästhetischen Erfahrung scheitert, so muß man Habermas' Einwurf mit unseren Überlegungen engführen, ist daher gar nicht der außerästhetische Vollzug von Rationalität, sondern nur dessen verfehlte Spezialart unterdrückender Identifikation. Adornos emphatisches Gerede über Erlösung und Rettung würde so relativiert und zurechtgestutzt auf das, was es wirklich ist: die Negation eines Vernunftkonzepts, dessen Bedeutung von ihm schlichtweg übertrieben worden ist.

Es scheint jedoch, daß das Habermassche Konzept der kommunikativen Vernunft selbst nicht viel mehr als eine Variante der in der *Dialektik der Aufklärung* bereits kritisierten Rationali-

47 *Jürgen Habermas*, Der philosophische Diskurs der Moderne. Zwölf Vorlesungen, Frankfurt am Main 1988, S. 130 ff.

tät darstellt.[48] Die von Habermas hochgepriesene intersubjektive Kommunikation durchbricht die Identifikationsmechanismen gar nicht, weil sie vernünftige Intersubjektivität auf die Idee des Allgemeinen verpflichtet. Eine solche Verpflichtung zwingt auch ihre Subjekte zu methodischen Mechanismen, die nicht zu erfüllen sie mit dem Ausschluß aus der Kommunikationsgemeinschaft bezahlen müßten. Die verräterische Formel vom »zwanglosen Zwang des besseren Arguments«[49] zeigt aufschlußreich, daß sich Herrschaft und Vernunft auch in der kommunikativen Vernunft weiterhin verschlingen, daß sie damit aber auch Nicht-Identifizierbares, und das heißt ja: Nicht-Beherrschbares, ausschließen. Die kommunikative Vernunft sagt daher gar nicht gegen Wittgenstein, was sich nicht sagen läßt, sondern nur das ohnehin Kommunizierbare: das, was sich von ihr identifizieren läßt. So fügt sich das Habermassche Vernunftkonzept in die von der älteren kritischen Theorie angegriffene Subjektivität ein, weil auch es Vernunft als Unterdrückung des Inkommensurablen konzipiert. Die zur subjektiven Selbstbehauptung ausgeübte Vernunft, die sich in der Anerkennung der idealen Kommunikationsgemeinschaft ausdrückt, geht auf Kosten all dessen, was sich diesem Ideal nicht fügt. Adornos Kritik der neuzeitlichen subjektiven Rationalität kann daher mit Transformationen des Vernunftbegriffs, wie sie die von Habermas vertretene Theorie vollziehen will, kaum stichhaltig begegnet werden. Die Theorie des kommunikativen Handelns ist im Gegenteil nur eine neue Etappe jenes Fortschritts, der nach Benjamin im Anhäufen von Trümmern auf Trümmern besteht. Das Nicht-Identische bleibt weiterhin verschüttet.

Damit harrt es jedoch auch weiterhin seiner Rettung. Diese Rettung kann, wie gesehen, im Rahmen der Adornoschen Philosophie nur im Bannkreis eben der Immanenz geschehen, aus der zugleich gerettet werden soll. Oftmals wird Adorno wie der Knecht verstanden, der Hiob entgegenruft: »Und ich allein bin entronnen, daß ich dir's ansagte!« (Hiob 1, 15) Doch Adornos Philosophie behauptet nicht, sie sei entronnen; und eine Instanz, der man es ansagen könnte, gibt es ihr zufolge auch nicht mehr. Ganz in die Immanenz geworfen, gibt sie sich doch nicht mit dieser zufrieden und sucht

48 Dazu *Heidrun Hesse*, Vernunft und Selbstbehauptung. Kritische Theorie als Kritik der neuzeitlichen Rationalität, Frankfurt am Main 1984, S. 141 ff.

49 *Habermas*, op. cit., S. 157.

sie zu durchbrechen. Ästhetische Erfahrung, welche ihr Eigenes in der Negation der Vollzüge selbstbehauptender Subjektivität, auch der des kommunikativen Handelns, besitzt, vermag eine solche immanente Rettung zu leisten. Sie läßt das Inkommensurable negativ erfahrbar werden. Es ist deshalb nicht die Stimme von oben, die ruft: Ist gerettet! Kein Positives greift göttlich ein. Ästhetische Erfahrung rettet, indem sie autonom Identifikationen zunichte macht und so eine verhärtete Subjektivität erschüttert. Sie kann tatsächlich nur als Scheitern Rettung sein.

Auferstehung des Fleisches
Adornos kritischer Materialismus

I

Adornos negative Dialektik steht in der Tradition dialektischer Entwürfe von der Antike bis zum Marxismus.[1] Zugleich bildet sie ein Hauptstück kritischer Theorie. Beides wird für selbstverständlich genommen. Aber es ist nicht selbstverständlich. Es ist fraglich. Inwiefern kann negative Dialektik der Vollzug kritischer Theorie sein?

Die Frage entsteht, weil unter dem Titel einer negativen Dialektik zwei Denkformen verbunden werden, die unterschiedlichen Typs sind. Auf der einen Seite steht eine Konzeption konstellativer Gegenstandsartikulation. Sie entspringt Adornos Kritik des identifizierenden Denkens. Auf der anderen Seite steht eine Platzhaltergestalt revolutionären Klassenkampfes. Sie entspringt dem Programm der kritischen Theorie. Beides – konstellative Gegenstandsartikulation einerseits, Klassenkampfvertretung anderseits – scheint wenig miteinander zu tun zu haben. Dennoch beansprucht Adorno, mit der negativen Dialektik die kritische Theorie ausdrücklich gemacht zu haben, und er bekundet diesen Anspruch nicht losgelöst von der Gegenstandsartikulation, sondern im direkten Anschluß an seine Konzeption von Objektivität (ND 197).[2]

Der Anspruch ist ernst zu nehmen. Ihn ernst zu nehmen heißt aber nicht, ihn hinzunehmen. Vielmehr bedeutet es, ihn als fraglich zu erkennen und deshalb seinen Gründen nachzugehen. Hierzu gilt es das Konzept zu untersuchen, das die Denkformen unterschiedlichen Typs vereinigt. Die These lautet: Vereint werden kritische Theorie und negative Dialektik im Fluchtpunkt des Materialismus.

1 Materialien zu dieser Tradition bei *Hans Heinz Holz*, Dialektik. Problemgeschichte von der Antike bis zur Neuzeit, 5 Bde., Darmstadt 2011.

2 Unter der Sigle »ND« zitiere ich im folgenden *Theodor W. Adorno*, Negative Dialektik (= Gesammelte Schriften VI), Frankfurt am Main 1977.

II

Was negative Dialektik sei, gibt Adorno in den ersten drei Sätzen seines so betitelten Buches an. Dort steht:

> Die Formulierung negative Dialektik verstößt gegen die Überlieferung. Dialektik will bereits seit Platon, daß durchs Denkmittel der Negation ein Positives sich herstelle; die Figur einer Negation der Negation benannte das später prägnant. Das Buch möchte Dialektik von derlei affirmativem Wesen befreien, ohne an Bestimmtheit etwas nachzulassen. (ND 9)

Hiernach befreit negative Dialektik die Negation von ihrer traditionellen Funktion der Positivierung. Da die Positivierung gerade der Erzeugung von Bestimmtheit diente, besteht das Strukturproblem dieser neuen Dialektik darin, Bestimmtheit rein negativ zur Darstellung zu bringen.

Hegel hatte die traditionelle Funktion der Negation zugespitzt. Ihm zufolge besteht das Dialektische in der Verneinung fester Bestimmungen. Feste Bestimmungen sagen etwas als etwas aus. Sie erfassen ihre Sache daher unter einem von ihnen fixierten Aspekt. Eine Sache – »etwas« – ist aber mehr als nur dieser Aspekt – »als etwas« – und verlangt die Berücksichtigung ihrer vollen Bestimmtheit. Sofern Sachbestimmungen die Sache unter einem bestimmten Aspekt erfassen, verfehlen sie daher die volle Bestimmung der Sache. Aber eben die volle Bestimmung der Sache beanspruchen sie. Denn sie wollen die Sache selbst bestimmen und nicht nur eine ihrer Abschattungen. Entsprechend entpuppen sich feste Sachbestimmungen als Widerspruch ihrer Einseitigkeit und ihres Anspruchs. Sie wollen die Sache selbst bestimmen und verfehlen sie. Dieser Widerspruch verlangt den Übergang in andere Bestimmungen. Das Dialektische ist deshalb das »immanente Hinausgehen«[3] fester Bestimmungen, die sich durch ihren internen Widerspruch verneinen. Diese Operation heißt »bestimmte Negation«.[4] Sie verneint gegebene Bestimmungen und führt zugleich neue Bestimmungen ein.

3 *Georg Wilhelm Friedrich Hegel*, Enzyklopädie der philosophischen Wissenschaften im Grundrisse (1830), Hamburg 1992, § 81 = S. 119.

4 *Georg Wilhelm Friedrich Hegel*, Phänomenologie des Geistes (= Gesammelte Werke 9), Hamburg 1980, S. 73 ff.; *ders.*, Wissenschaft der Logik I (= Gesammelte Werke 11), Hamburg 1978, S. 25.

Herbert Marcuse deutet das skizzierte Verfahren als Antipositivismus.[5] Man kann diese Deutung folgendermaßen reformulieren. Der Positivismus nimmt die Feststellung gegebener Tatsachen zum Begründungsanfang. Alle Argumente müssen sich im Blick auf sie aufbauen. Eine solche Feststellung gegebener Tatsachen glaubt, die Sachlagen in feste Bestimmungen gießen zu können. Indem sie hierin aber etwas als etwas aussagt, verfängt sie sich in der beschriebenen Einseitigkeit. An dieser Stelle setzt die bestimmte Negation ein. Sie artikuliert die Tatsachenfeststellungen als Widersprüche und geht zu anderen Bestimmungen über. Die Begründungsanfänge entpuppen sich als Vorläufigkeiten statt als fester Grund. In diesem Sinn löst die hegelianische Dialektik den Positivismus auf. Sie erkennt die innere Unbeständigkeit jeder Feststellung gegebener Tatsachen, weil eine jede sich als einseitig erweist. Entsprechend muß sich der Positivismus in eine Verneinungsfolge auflösen. Die Negation zwingt seine versteinerten Verhältnisse zum Tanzen, indem sie ihnen ihre eigene Melodie vorspielt.[6]

Dadurch, daß ihre Verneinung den Übergang in neue Bestimmungen bedeutet, flicht die bestimmte Negation nach und nach ein Gewebe von Bestimmungen. Ihr Gewebe darf nicht nach Art einer Struktur verstanden werden, die alle einseitigen Bestimmungen mit Komplementen versieht. Eine solche Struktur wäre nichts anderes als eine feste Bestimmung von umfassender Reichweite: der unbewegte Kristall des Ganzen. Wenn man den Widerspruch zwischen Anspruch und Einseitigkeit fester Sachbestimmungen anerkennt, dann kann das Gewebe nicht in einer solchen Struktur bestehen. Vielmehr muß es den Prozeß von Verneinungen darstellen. Das heißt, das dialektische Bestimmungsgewebe besteht in einem negativen Verhältnis. Allerdings ist dieses Verhältnis, sosehr seine Verfassung auch durch Negativität bestimmt ist, eine Einheit. Das bedeutet: Es bildet einen Gesamtzusammenhang von Verneinungen. Ersichtlich erliegt der Gesamtzusammenhang von Verneinungen selber keiner Verneinung mehr. In das negative Ver-

5 *Herbert Marcuse*, Vernunft und Revolution. Hegel und die Entstehung der Gesellschaftstheorie (= Schriften IV), Frankfurt am Main 1989, S. 34 ff. Ihm folgt *Michael Theunissen*, Sein und Schein. Die kritische Funktion der Hegelschen Logik, Frankfurt am Main 1980, S. 23 ff.

6 *Karl Marx*, Zur Kritik der Hegelschen Rechtsphilosophie. Einleitung, in: Marx-Engels-Werke I, Berlin 1968, S. 378-391, hier: S. 381.

hältnis lassen sich die Verneinungen folglich integrieren. Dieses Integral des Negativen ist ein Positives. So erzeugt die Operation der bestimmten Negation am Ende ihre eigene, nicht mehr negierbare Integration. Hegel schließt daraus: »Das Einzige, um den wissenschaftlichen Fortgang zu gewinnen, ist die Erkenntniß des logischen Satzes, daß das Negative eben so sehr positiv ist, oder daß das sich Widersprechende sich nicht in Null, in das abstracte Nichts auflöst.«[7] Statt des abstrakten Nichts entsteht das Integral der Verneinung: ein Positives ohne Positivismus.

Diesen Gedanken, daß das sich Widersprechende sich nicht in das abstrakte Nichts auflöst, führt negative Dialektik weiter.[8] Sie widerspricht allerdings seiner Gleichsetzung mit Hegels Satz, daß das Negative ebensosehr positiv sei. Stattdessen überführt sie die scheinbare Kontradiktion von Auflösung in null oder neue Positivität in eine dritte Möglichkeit, die das Negative vom abstrakten Nichts unterscheidet, ohne es in die Positivität des Integrals zu überführen. Eine solche dritte Möglichkeit führt eine Negation mit Eigensinn ein – das heißt: eine Negation, die Sachbestimmungen nicht nur verneint, sondern als solche die Sache bestimmt, ohne sie in einen positiven Gesamtzusammenhang von Verneinungen zu integrieren.

III

Der Weg zu dieser eigensinnigen Negation führt über die Selbstreflexion des Denkens. Man kann zwei Formen von Reflexion unterscheiden: Konstitutionsreflexion und Geltungsreflexion.[9] In der ersten erfaßt sich das Denken in seiner Verfassung, in der zweiten erfaßt es sich in seiner Gültigkeit. Adornos Argument weist beide Formen der Reflexion auf. Genauer begründet sie die Verfassung des Denkens mit seinem Geltungsanspruch.

Konstitutionsreflexiv gerät die Heterogenität des Denkens zum Thema. Die Verfassung des Denkens ist durch das uneinhegbare

7 *Georg Wilhelm Friedrich Hegel*, Wissenschaft der Logik I, op. cit., S. 25 f. Ferner Wissenschaft der Logik II (= Gesammelte Werke 12), Hamburg 1981, S. 241 ff.

8 Dazu *Marc Nicolas Sommer*, Das Konzept einer negativen Dialektik. Adorno und Hegel (= Philosophische Untersuchungen 41), Tübingen 2015, S. 96 ff.

9 *Hans Wagner*, Philosophie und Reflexion, München/Basel 1980, S. 59.

Andere gekennzeichnet. Sie läßt sich darlegen, indem man den umrissenen Komplex der Sachbestimmung auf den Begriff der Identifikation bringt. Denken geht auf die Bestimmung der Sache. Als solches identifiziert es seinen Gegenstand und erfährt hierbei, daß die Gegenstände in ihrer Sachbestimmung nicht aufgehen, sondern nur einseitig erfaßt werden. Das bedeutet: Im Vorgang der Identifikation gelangt die Nichtidentität von Sachbestimmung und Gegenstand zum Ausdruck (ND 17). Voraussetzung der Darstellung einer solchen Nichtidentität ist die beanspruchte Identität von Bestimmung und Gegenstand, innerhalb deren die Nichtidentität von beidem aufsässig wird. Entsprechend darf die Nichtidentität nicht aus irgendwelchen Gegebenheiten des Gegenstandes abgeleitet, sondern muß von der Struktur des identifizierenden Denkens her begriffen werden. Der »Widerstand des Anderen gegen die Identität« (ND 163), als den Adorno den Erfahrungsgehalt negativer Dialektik bezeichnet, erfolgt nur auf dem Boden der Identifikation.

Seinen formalen Ausdruck findet dieser Sachverhalt in einem Selbstwiderspruch der Identitätsstruktur. Strukturell besteht Identität in der Homogenität ihrer Glieder und Nichtidentität in deren Heterogenität. Wenn Denken die Dinge identifiziert, dann setzt es die Homogenität von Sachbestimmung und Gegenstand. Da diese Identifikation zu der Darstellung ihrer Nichtidentität führt, mündet die Homogenität des Bestimmungsverhältnisses strukturell in dessen Heterogenität. Das aber besagt, daß Identität letzten Endes nicht homogen ist, sondern der Ort der Heterogenität aller Bestimmung. Hier erzeugt die Struktur der Gleichartigkeit gegen ihren Sinn eine Struktur der Ungleichartigkeit. Weil dieser Vorgang gegen den Sinn der Homogenität erfolgt, wird diese als etwas Unhaltbares deutlich. Entsprechend muß der Widerspruch zwischen Homogenität und Heterogenität als »Index der Unwahrheit von Identität« (ND 17) gelesen werden.

Hieraus entspringt die angesprochene Negation mit Eigensinn. Aus dem Widerspruch zwischen Homogenität und Heterogenität des Bestimmungsverhältnisses ergibt sich die Verneinung der erfolgten Sachbestimmung. Man könnte vermuten, diese Verneinung ließe sich auch – mit Hegel – als Funktion einer Positivierung verstehen. Sie führte dann eine neue Identität ein, in die sich die strukturelle Nichtidentität von Sachbestimmung und Gegenstand integrieren ließe: die Identität des Gesamtzusammenhanges. Integriert wäre die Nichtidentität, indem sie eine integrierbare Funktion einer Identität darstellt, mithin zum Moment einer Homogenität des Bestimmungsverhältnisses würde. Das aber würde den Sinn des Widerspruchs und der ihm innewohnenden Verneinung verletzen. Beide zeigen die Unwahrheit von Identität an. Nimmt man das ernst, so darf die Unwahrheit der Identität in keine höhere, wahre Identität aufgehoben werden. Heterogenität kann nicht zur Funktion von Homogenität werden, weil sie die Darstellung von deren Unhaltbarkeit ist.

Entsprechend ist auch die Negation der Negation anders zu deuten. Bei Hegel integriert sie die Verneinung in einen positiven Zusammenhang. In einer negativen Dialektik hingegen versagt sie sich solcher Integration. Sie treibt zwar die Heterogenität des Bestimmungsverhältnisses über sich hinaus, bekräftigt aber keine neue Homogenität. Vielmehr bleibt im Zuge einer Negation der Negation die Anzeige der Unwahrheit von Identität nicht stehen, sondern wird auch selber noch verneint. Hierin gibt sie eine Antwort auf das Problem, daß die Darstellung von Nichtidentität selber zu etwas Positivem gerinnen kann. Mit der Anzeige der Unwahrheit von Identität würde dann identifiziert, nämlich der strukturelle Widerspruch. Dieses Strukturproblem negativer Dialektik macht sich in der Erfahrung geltend, daß die Einsicht in Negativität diese zu affirmieren tendiert. Man fixiert Leid, Unterdrückung, Tod. Hieraus führt die Negation der Negation hinaus. Sie zeigt, daß die Negation noch nicht negativ genug ist (ND 161 f.). Statt den Übergang in ein Integral zu gewährleisten, zieht sie die Positivität des Negativen in Zweifel. Wer sich im Negativen einrichtet, hat die Verfassung des Denkens nicht begriffen: Das ist der neue Sinn der Negation der Negation. Demnach verzichtet diese sowohl auf die Integration der Verneinungen als auch auf die Affirmation des Negativen. Statt dessen sucht sie nach einem Eigensinn des Negativen, der den Sachbestimmungen nicht nur ein ewiges »Nein« entgegenschleudert. Ein solcher Eigensinn würde die Sache selbst erschließen.

Damit hat die Konstitutionsreflexion die Verfassung des Denkens dargelegt. Sie besteht in dem strukturellen Widerspruch des Identifizierens, dessen Homogenität mit der Heterogenität des Bestimmungsverhältnisses zusammenstößt. Warum aber sollte man diesen strukturellen Widerspruch annehmen?

IV

Die Antwort erteilt die Geltungsreflexion des Denkens. Sie erweist Nichtidentität als das geheime Ziel des identifizierenden Denkens (ND 152).

Das Denken, das seinen Gegenstand zu identifizieren strebt, richtet sich auf etwas anderes als es selbst. Man kann diese Ausrichtung mit dem Titel der Intentionalität bezeichnen. Der Titel umreißt den Geltungsbereich des Denkens: das, wovon es handeln will. Anders als es klingt, macht diese Gerichtetheit das Denken zu keinem Beziehungsglied. »Intentional« ist ein Prädikat, das nicht von einer Relation zwischen Relaten ausgesagt wird, sondern von der Struktur des Denkens.[10] Entsprechend stellt seine Intentionalität das Denken nicht in eine Beziehung von Denken und Nichtdenken. Vielmehr bezeichnet sie seine interne Ausrichtung auf etwas anderes als es selbst. Sie bekundet den Geltungsanspruch des Denkens. Wenn aber die Geltung des Denkens darin besteht, sich auf etwas anderes als sich selbst auszurichten, dann ist das Denken selber heterogen. Identifizierendes Denken ist intentionales Denken und führt dadurch intern Andersheit ein. Adorno formuliert das so: »Denken bricht in zweiter Reflexion die Suprematie des Denkens über sein Anderes, weil es Anderes immer in sich schon ist.« (ND 201) Negative Dialektik führt diese zweite Reflexion durch. Sie verfolgt den Geltungsanspruch des identifizierenden Denkens zu Ende, indem sie die Heterogenität des Bestimmungsverhältnisses entfaltet, die in der Intentionalität eines Denkens gründet, das die Homogenität jenes Verhältnisses behauptet.

Die Heterogenität des identifizierenden Denkens stellt die Konzeption negativer Dialektik in eine frappante Nähe zu Rickerts Gedanken einer Heterogenität des logischen Gegenstandes. Rickert versteht den logischen Gegenstand – den »Gegenstand überhaupt« – als ein leeres Etwas, das sich in Form und Inhalt unterscheidet. Sein Inhalt stellt noch keinen besonderen Inhalt

10 Dazu *Konrad Cramer*, Ich und Ichbewußtsein. Überlegungen zu Edmund Husserls Theorie der Subjektivität in der ersten Auflage seiner Logischen Untersuchungen von 1900/01, in: *ders.* und *Christian Beyer* (Hrsg.), Edmund Husserl 1859-2009. Beiträge aus Anlaß der 150. Wiederkehr des Geburtstages des Philosophen (= Abhandlungen der Akademie der Wissenschaften zu Göttingen N. F. 14), Berlin 2011, S. 3-27, hier: S. 13.

dar, sondern das bloße Was als Minimum des Inhalts, und seine Form keine besondere Form, sondern die bloße Identität als Minimum der Form. In dieser minimalen Bestimmtheit des logischen Gegenstandes ist die Identität bereits verbunden mit ihrem Unterschied zum Was. Das bedeutet: Sie fordert die Verschiedenheit. Rickert schließt: »Identität und Andersheit gehören notwendig zusammen.«[11] Eine Reihenfolge dieser Momente gibt es hierbei nicht. Beide sind äquivalent, und das Letzte des Denkens, das leere Etwas, stellt sich als heterogene Zweiheit von Identität und Andersheit dar. Diese Verfaßtheit des logischen Gegenstandes ähnelt der strukturellen Heterogenität des identifizierenden Denkens. Beide sind in sich Anderes. Aber Rickert folgert aus ihr die Nachrangigkeit der Negation. In seinen Augen darf die Andersheit nicht als Nichtidentität mißverstanden werden. Weil Identität und Andersheit äquivalent sind, kann die zweite nicht durch Verneinung aus der ersten erzeugt werden. Entsprechend geht die Andersheit der Negation voran.[12] Aus diesem Grund richtet sich seine Theorie des logischen Gegenstandes ausdrücklich gegen dialektisches Denken. Sie ersetzt die dialektische Antithesis durch eine Heterothesis. Der logische Gegenstand ist die Synthesis von Thesis der Identität und Heterothesis der Andersheit, die in ihm stets verbunden sind. Ein Widerspruch liegt auf dieser Ebene nicht vor.

Hiergegen versteht negative Dialektik die Heterogenität des Denkens im Zeichen der Negation und des Widerspruches. Ihr Grund besteht darin, daß der logische Gegenstand keinen Anfang darstellt. Was ein Gegenstand überhaupt sei, muß vielmehr im identifizierenden Denken ausgehandelt werden, das sich in seiner Intentionalität intern auf sein Anderes richtet. Die Synthesis des Gegenstandes ist daher nicht vorgängig, sondern erfolgt als Synthesis konkreter Gehalte (ND 158 ff.). Entsprechend wird Andersheit statt im Minimum des Inhalts in der Identifikation solch konkreter Gehalte gefunden. Und im Vorgang der Identifikation kann sie sich nur als die Nichtidentität des Identifizierten geltend machen. Rickerts Argument der Äquivalenz von Identität und Andersheit vermag daher nicht zu greifen. Es setzt den logischen Gegenstand als den Anfang des Denkens voraus, anstatt ihn als das Erzeugnis

11 *Heinrich Rickert*, Das Eine, die Einheit und die Eins. Bemerkungen zur Logik des Zahlbegriffs, Tübingen 1924, S. 19.

12 Ibidem, S. 20.

des identifizierenden Denkens zu erfassen, dessen interne Negation erst Gegenständlichkeit verfaßt.

Demnach folgt negative Dialektik nicht aus der als anfängliche Struktur gesetzten internen Heterogenität eines Gegenstandes überhaupt. Vielmehr ist sie das Unternehmen, die in der Intentionalität des identifizierenden Denkens angelegte Nichtidentität durch die Entfaltung des Widerspruches zwischen Homogenität und Heterogenität des Bestimmungsverhältnisses freizulegen. Das erfolgt mittels bestimmter Negation. Sie artikuliert das Andere, indem sie die Verneinung seiner Sachbestimmung selber verneint und dadurch innerhalb der Negationen einen Eigensinn gelten läßt. Der Titel der »Konstellation« (ND 164ff.) bezeichnet diesen Eigensinn.

V

Mit den umrissenen Problemen dialektischer Logik wenig zu tun zu haben scheint die Denkform der kritischen Theorie. Kritische Theorie ist ein hölzernes Eisen. Ihre Verbindung von Theorie und Kritik fügt gegenläufige Dinge zusammen. Das erfolgt in dem Bewußtsein von der Unzulänglichkeit der traditionellen Theorie.

Theorien bilden Strukturen der Erkenntnis. Sie sind Aussagenmengen, die mit Operationen auf diesen Mengen versehen sind. Kritik hingegen bildet keine Struktur der Erkenntnis. Sie vollzieht sich als die Prüfung von Rechtsansprüchen, Geschmacksbildungen oder Sinnzusammenhängen.[13] Bekanntlich heißt κρίνειν zu Deutsch »trennen«, »unterscheiden«, »untersuchen«, »urteilen«. Diese Aufgaben verbindet die Kritik zumal mit dem juristischen, dem philologischen und dem ästhetischen Bereich. In diesen Bereichen erfolgt die Erwägung situativer Fälle, zu denen die Regel, unter die sie fallen, noch gesucht werden muß, während eine Theorie Fälle bereits so darstellt, daß sie unter einer gegebenen Regel stehen. Hieraus kann man schließen, daß die Kritik eine Alternative zur Theorie eröffne. Dann macht sie gegen die theoretische Rationalität ein irrationales, auf Kennerschaft, Umgang und Ge-

13 Den Begriff der Kritik erhellen die Beiträge von *Emil Angehrn*, *Raymond Geuss* und *Tilo Wesche*, in: *Rahel Jaeggi* und *Tilo Wesche* (Hrsg.), Was ist Kritik?, Frankfurt am Main 2009.

fühl beruhendes Vermögen geltend.[14] Man kann die Kritik aber auch als Vorstufe zur theoretischen Erkenntnis begreifen. Sie wird dann zur Erkenntniskritik. Als solche bildet sie, wie Kant schreibt, eine »Propädeutik« zur Erkenntnis, nicht deren System selber.[15] Erkenntniskritik unterscheidet, prüft, beurteilt die Möglichkeiten und Grenzen von Erkenntnis überhaupt. Dadurch bestimmt sie durchaus die Gestalt der Theorie. Sie erzeugt Vorstrukturen der Erkenntnis: deren Kategorien und Grundsätze, auf denen die Erkenntnisstruktur aufbaut. Solche Vorstrukturen verlassen aber bereits den Bereich der Kritik. Sie sind selber keine Momente der Prüfung mehr, sondern erste Prüfungsergebnisse. Deshalb verhält sich die Kritik propädeutisch zur Erkenntnisstruktur. Als nach Regeln suchende Propädeutik grenzt sie sich gegen die unter Regeln subsumierende Theorie ab. Entsprechend fällt eine Theorie, die sich kritisch nennt, ihrem eigenen Status in den Arm. Sie ist nicht nur eine kritisch begründete Theorie. Vielmehr will sie Erkenntnis als Urteilsspruch verfassen. Indem sie das beansprucht, holt sie die Kritik aus dem Stand der Propädeutik heraus und die Theorie in den Stand der Prüfung hinein. Sie verwischt mit Absicht die Grenze zwischen beiden.

Die Idee einer kritischen Theorie hat Horkheimer entworfen. Mit ihr will er der traditionellen Theorie den Star stechen. Wie umrissen, stellt die traditionelle Theorie Strukturen der Erkenntnis dar. Diese Darstellung macht die Verfassung der reinen Erkenntnis aus. Indessen unterliegt die Theorie, insofern sie reine Erkenntnis darstellt, einer doppelten Blindheit. Sie übersieht die Bedingtheit des Tatsächlichen, das sie in ihren Aussagemengen zu erfassen strebt, und sie übersieht ihre eigene Bedingtheit.[16] Ihre eigene Bedingtheit übersieht die reine Erkenntnis aufgrund ihrer Reinheit. Rein ist Erkenntnis dann, wenn nichts anderes als sie selber sie bestimmt. Entsprechend bestimmt sie sich selbst und vermag keine Bedingungen über sich hinaus anzuerkennen. Sie ist ihre Eigenbedingung. Die Möglichkeit ihrer Bedingtheit durch etwas anderes

14 Das betont einseitig die Begriffsgeschichte von *Alfred Baeumler*, Das Irrationalitätsproblem im 18. Jahrhundert bis zu Kants »Kritik der Urteilskraft«, München 1923.

15 *Kant*, Kritik der reinen Vernunft A 11 = B 25 und A 841 = B 869.

16 *Max Horkheimer*, Traditionelle und kritische Theorie, in: *ders.*, Gesammelte Schriften IV, Frankfurt am Main 1988, S. 162-216, hier: S. 182 ff.

vermag sie daher nicht in den Blick zu nehmen. Die Bedingtheit des Tatsächlichen wiederum übersieht die reine Erkenntnis aufgrund ihrer Erkenntnisfunktion. Erkannt wird, was ist. Unter welchen Bedingungen das ist, was ist, bleibt hingegen außen vor, weil es nicht in den Bereich dessen, was ist, fällt.

Das Argument für die Blindheit gegenüber der Tatsachenbedingtheit muß auf grundsätzlicher Ebene verstanden werden. Ersichtlich gehört zur Erkenntnis dessen, was ist, auch die Erkenntnis der Bedingungen der einzelnen Sachverhalte und ihrer Relationen. Solche Bedingungen befinden sich im Bereich des Tatsächlichen: Daß eine Tatsache durch eine andere Tatsache bedingt ist, ist selber eine Tatsache. Folglich kann das Argument hier nicht greifen. Es greift aber im Bezug auf die Bedingtheit des Tatsächlichen überhaupt. Die Bedingtheit des Tatsächlichen überhaupt bleibt außerhalb des Gesichtskreises, weil sie sich ihrem Begriff nach nicht mehr im Bereich des Tatsächlichen befindet, das ja insgesamt von ihr betroffen wird. Deshalb gehört sie nicht zu dem, wovon die reine Erkenntnis handelt. In den Blick nehmen kann die reine Erkenntnis die grundsätzliche Bedingtheit dessen, was ist, nur in der Form von pragmatischen oder dezisionistischen Entscheidungen, die der Erkenntnis der Tatsachen vorausliegen. Sie bilden den Rahmen der Theorie, den sie in Aussagen nicht zu erfassen vermag, da alle ihre Aussagen sich auf das Innere dieses Rahmens beziehen. Sie kann bis zu der Schicht ihrer ersten Begründungsanfänge an ihn herankommen. Von den Bedingungen hingegen, unter denen die Anfänge stehen, muß sie schweigen.

Die doppelte Blindheit der reinen Erkenntnis läßt ihren Anspruch auf Einsicht zweifelhaft werden. Einsicht nimmt die traditionelle Theorie nur in die Welt der Tatsachen und ihrer Relationen. Selbst dann, wenn man diese Welt so weit wie möglich auszudehnen sucht, bleiben die Bedingtheit des Tatsächlichen und die Bedingtheit der Theorie unberücksichtigt. Der Anspruch auf Einsicht wird dadurch verletzt. Aus ihm ergibt sich der Auftrag, die Augen für die beiden Bedingtheiten zu öffnen.

Öffnet sie die Augen, so verwandelt sich die traditionelle Theorie in kritische Theorie. Kritische Theorie bezieht sowohl die Bedingtheit des Tatsächlichen als auch ihre Eigenbedingtheit in ihr Geschäft ein. Hierdurch ändert sich die Bestimmtheit der Theorie und der Tatsachen.

Für Horkheimer bedeutet das erstens: kritische Theorie erkennt die Selbsterhaltungsfunktion der reinen Erkenntnis für das erkennende und handelnde Subjekt.[17] Die reine Erkenntnis ermöglicht durch ihre Erklärung der Fakten deren Vorhersage und dadurch die Herrschaft über Natur und Menschen. Darum wird sie zu einem Mittel der Selbsterhaltung. Zweitens bedeutet das etwas hinsichtlich der Fakten selber: Kritische Theorie erkennt sie als Produkte gesellschaftlicher Arbeit. Diese Erkenntnis gründet in dem folgenden Zusammenhang. Wenn die reine Erkenntnis der subjektiven Selbsterhaltung dient, dann wird auch ihr Gegenstandsbereich durch diese bestimmt. Denn der theoretische Rahmen, der den Gegenstandsbereich eröffnet, wurde als Funktion der Selbsterhaltung erkannt. Subjektive Selbsterhaltung wiederum stellt kein einsames Geschäft dar. Sie erfolgt als die instrumentelle Bearbeitung der Gegenstandswelt im Zusammenhang einer Gesellschaft. Daher läßt sich ihr Vollzug als gesellschaftliche Arbeit begreifen. Entsprechend bildet der Gegenstandsbereich der Erkenntnis, die sich als Selbsterhaltungsfunktion erwiesen hat, einen Bereich gesellschaftlicher Arbeitsprodukte. Auf diese Weise nimmt die kritische Theorie dem Tatsächlichen das Ansehen eines von Natur aus Vorhandenen. Die Tatsachen sind nicht gegeben. Vielmehr werden sie im Dienst subjektiver Selbsterhaltung und ihrer Herrschaft über Natur und Menschen gesellschaftlich gemacht.

Beide Schritte brechen den Bann der vorhandenen Wirklichkeit. Indem Theorie ihren Anspruch auf Einsicht über ihre Eigen-

17 *Max Horkheimer*, Vernunft und Selbsterhaltung, in: *ders.*, Gesammelte Schriften V, S. 320-350. Den im Hintergrund stehenden Komplex erkunden die Aufsätze von *Dieter Henrich* und *Robert Spaemann* in: *Hans Ebeling* (Hrsg.), Subjektivität und Selbsterhaltung. Beiträge zur Diagnose der Moderne, Frankfurt am Main 1996. Über Horkheimers Konzeption insgesamt *Heidrun Hesse*, Vernunft und Selbstbehauptung. Kritische Theorie als Kritik der neuzeitlichen Rationalität, Frankfurt am Main 1984.

bedingtheit und die Bedingtheit dessen, was ist, ausdehnt, befreit sie sich vom Gegebenen und spricht dessen Geheimnis aus: daß es im Sinne von Herrschaft gemacht ist. Als Gemachtes aber ist es auch veränderbar. Die kritische Theorie betrachtet die Dinge daher unter dem Gesichtspunkt ihrer Veränderung. Im Hintergrund dieses Gesichtspunktes steht Lukács' Diagnose, daß die Naturalisierung des Gesellschaftlichen zur grundlegenden Herrschaftsform im Kapitalismus geworden sei. Nach dieser Diagnose hat sich die stete Auflösung des Bestehenden, die das Kommunistische Manifest[18] der kapitalistischen Gesellschaftsformation als revolutionäres Moment zugestanden hatte, zu jener Verdinglichung verfestigt, die die Primärerscheinung des Kapitals, die Ware, ausmacht.[19] In den Waren treten gesellschaftliche Verhältnisse als die Natur von Dingen auf. Etwas scheint Ware zu sein aufgrund seiner Eigenschaften, ist es in Wahrheit aber aufgrund der Gleichsetzung abstrakter gesellschaftlicher Arbeit. Dieser Warencharakter hat auf alle Bereiche des Lebens übergegriffen. Gesellschaftliche Verhältnisse treten auf, als gründeten sie in der Natur der Sachen. Ihre Veränderung erscheint als sachfremd. Es gilt daher die Verdinglichung zu durchbrechen, um den Gesichtspunkt der Veränderung wiederzugewinnen.

Genau das unternimmt die kritische Theorie. In ihr wird die reine Erkenntnis unrein, indem sie sich als Selbsterhaltungsfunktion weiß, die ihre Gegenstände gesellschaftlich erarbeitet. Demnach macht die kritische Theorie jedes Faktum als ein Produkt sichtbar, das wie eine Ware die in ihm verkörperte gesellschaftliche Arbeit unter seiner Dinggestalt verbirgt. Hiermit verbunden entziffert sie es als Erzeugnis der mit der Selbsterhaltung verknüpften Herrschaft von Menschen über Menschen und über die Natur. Auf diese Weise öffnet sie die Augen für die Bedingtheit des Bestehenden und überführt die bloße Erklärung des Bestehenden in ein Urteil über es, das auf seine Herrschaftsformation lautet. Sie wird kritisch.

18 *Karl Marx* und *Friedrich Engels*, Manifest der Kommunistischen Partei, in: Marx-Engels-Werke IV, Berlin 1968, S. 459-493, hier: S. 464 ff.

19 *Georg Lukács*, Geschichte und Klassenbewußtsein. Studien über materialistische Dialektik (= Kleine revolutionäre Bibliothek 9), Berlin 1923, S. 57 ff. und S. 94 ff.

VII

Um die Idee einer kritischen Theorie einzuführen, unterscheidet Horkheimer zwei Denkformen.[20] Die erste hat den *Discours de la méthode* des Descartes zum Vorbild. Sie besteht in der fachwissenschaftlichen Organisation und Vermehrung des Wissens für die Selbsterhaltung in der bestehenden Gesellschaft. Die zweite orientiert sich an der Marxschen *Kritik der Politischen Ökonomie.* Sie betrachtet die Verhältnisse als etwas Menschengemachtes mit Möglichkeiten und weiß sich als ein Moment der Anstrengung, eine menschliche Welt zu schaffen. Darum ist sie mit dem Interesse verbunden, das gesellschaftliche Ganze zu transformieren.[21] Genauer: Sie ist mit dem »Interesse an der Aufhebung der Klassenherrschaft«[22] verbunden. Die kritische Theorie führt die zweite Denkform weiter. Sie gründet in der Reflexion der Theorie auf ihre eigenen Bedingungen, mit dem Interesse, das Bestehende zugunsten einer klassenlosen Gesellschaft zu verändern.

Ersichtlich stehen diese Bestimmungen im Horizont der beiden Doppelsätze, mit denen Marx das philosophische Denken kennzeichnet. »Die Philosophie kann sich nicht verwirklichen ohne die Aufhebung des Proletariats, das Proletariat kann sich nicht aufheben ohne die Verwirklichung der Philosophie.«[23] Und: »Die Philosophen haben die Welt nur verschieden interpretiert; es kömmt drauf an, sie zu verändern.«[24] Die Verknüpfung von Horkheimers Ausführungen mit der elften Feuerbachthese, dem zweiten Doppelsatz, ist klar. Nach dem Gesagten interpretiert die kritische Theorie nicht die Welt neu. Sie beurteilt sie unter dem Gesichtspunkt ihrer Veränderung. Zugleich versteht sie die Veränderung – wie gesehen – als Aufhebung der Klassenherrschaft, also als Aufhebung des Proletariats. Ihre unreine Erkenntnis richtet sich auf die revolutionäre Weltveränderung aus. Das verknüpft sie mit dem ersten Doppelsatz. Entsprechend konkretisiert sich die Idee der kritischen

20 *Max Horkheimer*, Traditionelle und kritische Theorie, op. cit., S. 162-216.

21 *Horkheimer*, Traditionelle und kritische Theorie, op. cit., S. 192.

22 Ibidem, S. 216.

23 *Karl Marx*, Zur Kritik der Hegelschen Rechtsphilosophie. Einleitung, in: Marx-Engels-Werke I, op. cit., S. 378-391, hier: S. 391.

24 *Karl Marx*, Thesen über Feuerbach, in: Marx-Engels-Werke III, Berlin 1968, S. 5-7, hier: S. 7.

Theorie zu der Idee eines intellektuellen Klassenkampfes. Erst Jürgen Habermas hat in seiner Studie über Erkenntnis und Interesse die kritische Theorie in die Ordnung der Wissenschaften wieder eingepaßt.[25] Seither dient sie nicht mehr der Aufhebung der Klassenherrschaft, sondern beansprucht ihren Platz im Kosmos verschiedener Theorieformen.

Allerdings geht die kritische Theorie auch in Horkheimers Sinn nicht in die Revolution über. Zwar stellt sie keine reine Erkenntnis dar, sondern arbeitet unter dem Gesichtspunkt der Veränderung. Aber sie bekennt sich als Theorie – und stellt sich also in den Gegensatz zur Praxis. Ihre Praxisferne entspringt dem Tatbestand, daß ein revolutionäres Subjekt nicht sichtbar ist. Doch anders als eine verbreitete Auffassung es will, folgt hieraus nicht, daß die kritische Theorie ein Marxismus im Bruch mit der politischen Praxis wäre. Jener Auffassung zufolge hat das Scheitern der Revolutionen außerhalb Rußlands nach dem Ersten Weltkrieg eine Abwendung von der Arbeiterbewegung und eine Hinwendung zur Philosophie und Fragen des kulturellen Überbaus zur Folge gehabt; so entstand der »westliche Marxismus« mit der kritischen Theorie als einer seiner Hauptformen.[26] Die Deutung übersieht die Selbsthinterfragung der Theorie durch ihre Kritischwerdung. Eine kritisch gewordene Theorie wendet sich nicht von der politischen Praxis ab. Indem sie ihre Interpretation als Veränderung konzipiert, bindet sie sich vielmehr an die Aufhebung der Klassenherrschaft – und das heißt: an den Klassenkampf. Sosehr demnach die kritische Theorie sich als Theorie von der revolutionären Praxis unterscheidet, so sehr verknüpft sie sich zugleich mit dieser durch ihre Bestimmtheit als Kritik.

Auch ein zweiter verbreiteter Vorwurf gegen die kritische Theorie ist haltlos. Ihm zufolge gleicht die kritische Theorie der »kritischen Kritik« der Junghegelianer.[27] Als kritische Kritik verhöhnten

25 *Jürgen Habermas*, Erkenntnis und Interesse, Frankfurt am Main 1968. Das marxistische Vokabular hat damals über die Bereinigung der kritischen Theorie getäuscht, die heute offen zutage liegt.

26 Inzwischen klassisch: *Perry Anderson*, Considerations on Western Marxism, London 1976.

27 So *Rüdiger Bubner*, Was ist »kritische Theorie«?, in: Philosophische Rundschau 16 (1969), S. 213-241. Ferner *ders.*, Theorie und Praxis – eine nachhegelsche Abstraktion (= Wissenschaft und Gegenwart 49), Frankfurt am Main 1971, S. 13 ff.

Marx und Engels die Ansätze anderer Hegelianer, die sich von einem festen Standpunkt aus der Wirklichkeit und der in ihr befangenen Masse entgegenstellen, um sie mit dem von vornherein feststehenden Verdammungsurteil zu belegen.[28] Ähnlich scheint eine Theorie, die sich als Kritik gestaltet, alles Bestehende *a priori* dem Gericht zu unterwerfen, unabhängig davon, wie die konkreten Tatbestände beschaffen sind. Man kennt solche Formen der kritischen Kritik aus der Rezeption der kritischen Theorie von den sechziger Jahren bis heute. Aber die Idee der kritischen Theorie kennt keinen festen Standpunkt gegenüber der Wirklichkeit, von dem aus ein Urteil *a priori* zu fällen wäre. Vielmehr weiß sie sich als bedingte Theorie mit ihr verflochten, so wie sie die Wirklichkeit nicht von oben herab beurteilt, sondern im Durchgang durch ihre gesellschaftliche Produktion. Von der kritischen Kritik, die sich selber unbedingt glaubt, ist sie darum grundverschieden.

VIII

Umfassend begründet wird die Weigerung der kritischen Theorie, aus dem Interesse an der Aufhebung der Klassenherrschaft auf den Übergang zur Praxis zu schließen, mit der Diagnose einer Dialektik der Aufklärung. Mit ihr bestimmen Horkheimer und Adorno die Bedingtheit der Theorie weiter.

Von der Dialektik der Aufklärung zu sprechen bedeutet, den Ausgang des Menschen aus seiner Unmündigkeit mit einer neuen Form von Herrschaft zu verbinden. Horkheimer und Adorno setzen die These: »Wir hegen keinen Zweifel [...], daß die Freiheit in der Gesellschaft vom aufklärenden Denken unabtrennbar ist. Jedoch glauben wir, genauso deutlich erkannt zu haben, daß der Begriff eben dieses Denkens, nicht weniger als die konkreten historischen Formen, die Institutionen der Gesellschaft, in die es verflochten ist, schon den Keim zu jenem Rückschritt enthalten,

Der späte Horkheimer, der sich gegenüber seinen frühen Schriften vorsichtig zeigte, war im persönlichen Gespräch dieser Kennzeichnung nicht abgeneigt, wie mir Bubner berichtete.

28 *Karl Marx* und *Friedrich Engels*, Die heilige Familie oder Kritik der kritischen Kritik (= Marx-Engels-Werke II), Berlin 1968, S. 82 ff. und S. 152 ff.

der heute überall sich ereignet.«[29] Hiernach folgt der Rückschritt zur Unfreiheit aus dem Fortschritt zur Freiheit. Es gibt keine helle Progressivität, die von der Nachtseite der Regression durchkreuzt würde. Vielmehr richtet sich der Fortschritt gegen sich selbst. Das Argument für diese These zu rekonstruieren nähme zu viel Raum ein. Jedoch muß die mit ihr verbundene geschichtsphilosophische Diagnose eingeführt werden.

Sie lautet auf die Unendlichkeit der menschlichen Vorgeschichte. Marx unterscheidet die Vorgeschichte der Menschheit, deren Gegensätze von ihren eigenen Machern nicht durchschaut werden, von ihrer bewußt gestalteten Geschichte.[30] Jene ist die Geschichte der Klassenherrschaft, diese wäre die Geschichte freier Menschen. Im Anschluß an Marx erklärt sodann Lukács die Vorgeschichte der Menschheit mittels der zwei bereits genannten Sachverhalte. Erstens erscheint in der menschlichen Vorgeschichte die Gesellschaft als Natur, so daß das Streben nach ihrer Veränderung so sinnlos wirkt wie das Streben nach Veränderung der Naturgesetze. Zweitens erscheint das Verhältnis zwischen Menschen als ein Verhältnis zwischen Sachen, so daß die Menschen sich als funktionale Dinge in die Welt einpassen. Das gesellschaftliche Leben präsentiert sich dadurch als eine naturwüchsige Funktionalität, so daß es den Gedanken, daß es auch grundsätzlich anders sein könnte, verstellt. Auf diese Weise lassen sich die Menschen in das Bestehende integrieren. Die Diagnose einer Dialektik der Aufklärung führt das weiter. Sie gelangt zu dem Theorem eines universalen Verblendungszusammenhanges, in den das befreiende Denken einbezogen ist.[31] Es besagt statt der Kontingenz gescheiterter Revolutionen die verhängnisvolle Selbstverkrümmung des aufrechten Ganges. Hier ist die Integration total. Wenn der Ausgang des Menschen aus seiner Unmündigkeit zu einer neuen Entmündigung führt, dann wird der Gedanke an die Veränderung des Bestehenden nicht nur verstellt. Vielmehr ist er selber ein Faktor der Integration ins Bestehende.

In einer solchen Lage wird der Übergang von der Vorgeschichte in die bewußt gestaltete Menschengeschichte unmöglich. Entspre-

29 *Max Horkheimer* und *Theodor W. Adorno*, Dialektik der Aufklärung. Philosophische Fragmente, Frankfurt am Main 1969, S. 3.

30 *Karl Marx*, Zur Kritik der Politischen Ökonomie, in: Marx-Engels-Werke XIII, Berlin 1968, S. 3-160, hier: S. 9.

31 *Horkheimer* und *Adorno*, op. cit., S. 48.

chend findet die Vorgeschichte der Menschheit kein Ende. Dialektik der Aufklärung heißt unendliche Vorgeschichte. Das bedeutet allerdings auch, daß das Interesse an der Aufhebung der Klassengesellschaft sich nicht in revolutionärer Praxis verwirklichen kann. Deshalb muß es theoretisch sein. Indem es jedoch theoretisch ist, begründet es die Idee einer Theorie, die kritisch ist. Unter der Bedingung einer Dialektik der Aufklärung beschmutzt sich die Theorie mit Klassenkampf wie der Klassenkampf mit unpraktischer Theorie.

IX

Die Notlage einer unendlichen Vorgeschichte muß am Horizont stehenbleiben. Vordringlich ist die Struktur anzugeben, die aus dem Theoretischbleiben und Kritischwerden der kritischen Theorie folgt. Hierzu muß man noch einmal auf Marx zurückgreifen.

Marx hatte in dem ersten Doppelsatz die Revolution als Verwirklichung der Philosophie begriffen. Auch diese Bestimmung steht in der Nachfolge Hegels. Sie bestreitet dessen Konzept von der Selbstverwirklichung der Vernunft und ist zugleich nur im Blick auf dieses Konzept zu verstehen. Hegelianisch findet die Philosophie ihre Vollendung als Reflexion der Reflexion. Der Sinn aller Reflexion ist es, das Gegebene nicht einfach hinzunehmen, sondern seine Voraussetzungen und Zusammenhänge zu betrachten, einschließlich der Voraussetzungen auf seiten des reflektierenden Subjektes. Die Reflexion der Reflexion wiederum holt noch die Voraussetzungen der Reflexion selber ein. Mit ihnen erfaßt sie die Bedingungen jeder Reflexion. Somit scheint die Reflexion der Reflexion die unbedingte, die absolute Reflexion darzustellen. Nun ist die Reflexion der Vollzug von Vernunft, die ihrem Anspruch nach alles auf seine Zusammenhänge und Voraussetzungen hin zu begreifen sucht. Entsprechend darf die absolute Reflexion die Gestalt der voraussetzungslosen Vernunft genannt werden. Mit ihr hätte sich die Letztgestalt der Vernunft ergeben: die Vernunft unter keiner höheren Bedingung. In dieser Letztgestalt der Vernunft würde auch die Philosophie, die sich als die grundlegendste Vernunft vollzieht, ihre Letztgestalt besitzen. Demnach findet die Philosophie in der Reflexion der Reflexion ihre Vollendung.

Gegen die Vollendung der Philosophie als Reflexion der Reflexion läßt sich allerdings ein Einwand erheben. Er lautet: Die voraussetzungslose Vernunft trifft selber noch eine letzte Voraussetzung – sie setzt sich unter der Bedingung der Voraussetzungslosigkeit voraus. Der Vorwurf schält die Eigenvoraussetzung des Voraussetzungslosen heraus. Die Eigenvoraussetzung des Voraussetzungslosen kann von der unbedingten Vernunft nicht eingeholt werden, weil sie sich unter ihr erst konstituiert. Feuerbach, der den Vorwurf eindringlich formuliert, zieht aus ihm einen paradoxen Schluß. Er notiert: »Die einzige *voraussetzungslose* Philosophie ist *die*, welche die Freiheit und den Mut hat, sich selbst zu bezweifeln.«[32] Der Schluß ist begründet. Da die Eigenvoraussetzung des Voraussetzungslosen dessen Voraussetzungslosigkeit versehrt, kann man die Eigenvoraussetzung der absoluten Reflexion nicht hinnehmen. Die voraussetzungslose Philosophie muß sich folglich selber bezweifeln. Sie gehorcht nur dann ihrem Anspruch auf Voraussetzungslosigkeit, wenn sie ihre Voraussetzungslosigkeit in Frage stellt – und damit sich selbst.

Marx folgt Feuerbach in dieser Einschätzung. Indessen weiß sich eine Vernunft, die ihre Eigenvoraussetzung bezweifelt, in einem Zusammenhang, von dem sie abhängt. Das betrifft die Frage ihrer Verwirklichung. Eine unbedingte Vernunft würde die Bedingungen ihrer eigenen Verwirklichung umfassen. Entsprechend wäre das Wirkliche eines ihrer Momente. Die unbedingte Vernunft kann daher sagen: »Was vernünftig ist, das ist wirklich; und was wirklich ist, das ist vernünftig.«[33] Wenn hingegen Vernunft ihre Eigenvoraussetzung und also ihre Unbedingtheit bezweifelt, dann zweifelt sie daran, die Bedingungen ihrer Wirklichkeit in der Hand zu haben. Das bedeutet: Sie umfaßt die Bedingungen ihrer Verwirklichung nicht, sondern steht unter Bedingungen, die ihr vorangehen. Damit ist der Bannkreis der absoluten Vernunft gesprengt. Entsprechend stellt sich die Frage nach ihrer Verwirklichung neu, und mit ihr die Frage nach der Vernünftigkeit des Wirklichen, die mit der Verwirklichung der Vernunft einhergeht. Auf diese Fragen beziehen sich die beiden zitierten Doppelsätze

32 *Ludwig Feuerbach*, Zur Kritik der Hegelschen Philosophie, in: *ders.*, Philosophische Kritiken und Grundsätze (1839-1846), Leipzig 1969, S. 23-72, hier: S. 46.

33 *Georg Wilhelm Friedrich Hegel*, Grundlinien der Philosophie des Rechts, Hamburg 1995, S. 14.

von Marx: »Die Philosophie kann sich nicht verwirklichen ohne die Aufhebung des Proletariats, das Proletariat kann sich nicht aufheben ohne die Verwirklichung der Philosophie«; »die Philosophen haben die Welt nur verschieden interpretiert; es kömmt drauf an, sie zu verändern«. Ihre Antwort lautet auf die revolutionäre Praxis. Denn wenn die Vernunft sich nicht selber verwirklicht, weil sie ihre Voraussetzungslosigkeit nicht voraussetzen darf, dann muß die Wirklichkeit darauf überprüft werden, ob und in wieweit in ihr Vernunft verwirklicht sei. Sollte die Prüfung negativ ausfallen, so erzwingt die Verwirklichung der Vernunft, daß die Wirklichkeit vernünftig umgestaltet wird. Das geschieht in revolutionärer Praxis. Aus diesem Grund bedarf die Verwirklichung der Philosophie der verändernden Revolution. Die Reflexion der Reflexion führt über die Reflexion hinaus.

Vor diesem Sachverhalt gewinnt die kritische Theorie ihre Bestimmtheit. Einerseits ist sie keine Praxis, sondern Theorie. Zugleich nimmt sie sich die von Feuerbach geforderte Freiheit und den Mut, sich selbst zu bezweifeln. Sie weiß, daß sie als Theorie in Frage steht. Vor der Problematik einer absoluten Reflexion muß sie folglich als die Reflexion der Reflexion verstanden werden, die sich ihrer Absolutheit verweigert, ohne im Bezug auf ihre Verwirklichung auf eine nicht-theoretische Instanz zurückgreifen zu können. Die kritische Theorie klammert ihre Verwirklichung durch die Aufhebung der Klassenherrschaft ein, obwohl von ihr die Geltung ihres Urteilsspruches abhängt.

X

Die beiden Linien – die neue dialektische Logik (II-IV) sowie die Theorie als Urteilspruch (V-IX) – sind jetzt zu kreuzen. Zunächst läßt sich das Problem einer Verbindung von negativer Dialektik und kritischer Theorie präziser formulieren. Inwiefern fällt das Unternehmen, das geheime Ziel des identifizierenden Denkens mittels bestimmter Negation freizulegen, einen Urteilsspruch über die Wirklichkeit, der unter dem Gesichtspunkt der Aufhebung von Klassenherrschaft erfolgt?

Seine Lösung findet das Problem in Adornos Materialismus. Schon der Komplex Feuerbach-Marx versteht sich bekanntlich unter materialistischen Vorzeichen. Feuerbach deutet den beschriebenen Zweifel der Philosophie an ihrer Voraussetzungslosigkeit als den Übergang in ihre materiellen Voraussetzungen. Die Deutung erfolgt kraft einer Kritik an Hegels Artikulation des Seins. Im Anfang der *Phänomenologie des Geistes* wird die sinnliche Gewißheit in logische Begriffe aufgelöst, indem ihr Bezug auf etwas Gegebenes mit Hilfe der Indexwörter »dieses«, »hier«, »jetzt« erklärt wird.[34] Die scheinbare Unmittelbarkeit der sinnlichen Gewißheit geht so in die Logik der Indexwörter über. Im Anfang der *Wissenschaft der Logik* wiederum wird die Unmittelbarkeit des Seins in die Begriffe »Sein«, »Nichts«, »Werden« aufgelöst.[35] Das reine Sein ist Unbestimmtheit; Unbestimmtheit aber ist auch das reine Nichts; Sein und Nichts sind daher dasselbe. Weil sie aber zugleich verschieden sind, geraten die Begriffe in Bewegung, was den Begriff des Werdens als den Begriff begrifflicher Entfaltung mittels Widersprüchen einführt. Das unmittelbare Sein weicht der Logik der Begriffsableitungen. Feuerbach bestreitet beide Argumentationen.[36] Ihre Auflösungen des Unmittelbaren in Begriffe seien Erschleichungen. Wer sich etwas sinnlich gewiß ist, der denkt nicht in Indexwörtern, sondern verbleibt beim konkreten, materiellen Sein. Und die Unmittelbarkeit des Seins kann nur dann mit der Unmittelbarkeit des Nichts gleichgesetzt werden, wenn man von der Materialität des Seins im Gegensatz zum Nichts aller Materialität absieht. Aus diesem Grund geht die Auflösung des Materiellen eingangs der beiden Hegelschen Gedankengänge fehl. Geht es jedoch fehl, so bleibt das Materielle am Anfang stehen. Es macht sich als die uneingeholte Voraussetzung der absoluten, voraussetzungslosen Reflexion geltend.

Feuerbachs Einwände betreffen den entscheidenden ersten Schritt auf dem Weg zur absoluten Reflexion. Wenn die materielle Unmittelbarkeit sich nicht in die Logik von Begriffen aufheben läßt, dann wird die Absolutsetzung der Reflexion unmöglich. Feuerbachs Einwände sind daher nicht nur historische Figuren. Sie stellen eine Grundfrage der Reflexion der Reflexion. Marx geht Feuerbachs Weg ein gutes Stück mit. Auch er stellt die Grundfrage der Reflexion der Reflexion: ob es ihr gelinge, das Materielle in

34 *Hegel*, Phänomenologie des Geistes, op. cit., S. 63 ff.

35 *Hegel*, Wissenschaft der Logik I, op. cit., S. 43 ff.

36 *Ludwig Feuerbach*, Grundsätze der Philosophie der Zukunft, §§ 27 f.

das Logische zu verwandeln. Indessen trennt sich Marx von Feuerbach im Begriff des Materialismus. Seine These besagt, daß Feuerbach – wie aller bisheriger Materialismus – die Wirklichkeit nur in der Form des Objektes, nicht aber in der Form der menschlichen Tätigkeit aufgefaßt habe.[37] Hiernach muß das Materielle als materielle Praxis verstanden werden. Die Praxis aber vollendet sich für Marx in der Revolution. Entsprechend ist das Materielle, das sich seiner Verwandlung in das Logische widersetzt, die auf die Revolution zulaufende Tätigkeit. Sie hat sich als die Verwirklichung der Philosophie geltend gemacht. Folglich verwirklicht sich die Philosophie in der von ihr uneinholbaren materiellen Praxis.

Horkheimer behält diese Vorzeichen für die Idee der kritischen Theorie bei. Zugleich radikalisiert er sie. Materialismus ist für ihn keine Weltanschauung. Vielmehr drückt er aus, daß die Welt in verklärenden Sinndeutungen nicht aufgeht und daß alle ihre Deutungen aus materiellen Bedingungen hervorgehen.[38] Anders gesagt: Materialismus ist statt einer Theorie über die Welt die Hinterfragung der Theorie. Das geht noch über die Marxsche Kritik an Feuerbach hinaus. Zwar ist der Materialismus auf die revolutionäre Praxis zu beziehen. Doch das besprochene Problem der revolutionären Praxis verhindert, diesen Bezug zu setzen. Entsprechend wird der Materialismus zur Hinterfragung der Theorie im Bezug auf die revolutionäre Praxis, ohne daß er diese Praxis für sich veranschlagen dürfte. Als solcher Materialismus gehört er zur kritischen Theorie. Der kritischen Theorie zufolge kann die Vernunft, die ihre Eigenvoraussetzung bezweifelt, die Welt nicht mehr nur im Rahmen einer Interpretation verstehen, sondern muß vom Einspruch der Wirklichkeit gegen ihre Deutung ausgehen. Ebendas besagt der Materialismus. Der Materialismus der kritischen Theorie ist der Zweifel der Vernunft an ihrer Eigenvoraussetzung unter dem Gesichtspunkt einer materiellen Tätigkeit, die er nicht zu beglaubigen vermag.

37 *Marx*, Thesen über Feuerbach, op. cit., S. 5.

38 *Max Horkheimer*, Materialismus und Moral, in: *ders.*, Gesammelte Schriften III, Frankfurt am Main 1988, S. 111-149, hier: S. 149. Ferner *ders.*, Materialismus und Metaphysik, in: op. cit., S. 70-105. Horkheimers Materialismusbegriff untersucht *Alfred Schmidt*, Die geistige Physiognomie Horkheimers, in: *ders.*, Drei Studien über Materialismus. Schopenhauer, Horkheimer, Glücksproblem, München 1977, S. 81-134.

Adorno versteht den Materialismus ähnlich. Für ihn bildet Materialismus den »Inbegriff der Kritik am Idealismus und an der Realität, für welche der Idealismus optiert, indem er sie verzerrt« (ND 197). Der Idealismus verzerrt die Welt, weil er annimmt, das Wirkliche sei im Prinzip vernünftig, gehe also zuletzt in ihrer begrifflichen Deutung auf. Durch ebendiese Verzerrung optiert er für die Wirklichkeit. Beides erfolgt unter der Voraussetzung, daß Vernunft die Bedingungen ihrer Verwirklichung umfaßt. Ebendiese Voraussetzung bestreitet der Materialismus. Deshalb ist er der Inbegriff der Kritik am Idealismus. Die Kennzeichnung »Inbegriff der Kritik« ist wörtlich zu nehmen. Adorno vollendet die skizzierte Tradition, indem er den Materialismus ausschließlich als Kritik konzipiert. Dadurch unterscheidet sich dieser sowohl vom positivistischen als auch vom spekulativen Materialismus. Der positivistische Materialismus ist das, was gemeinhin unter Materialismus verstanden wird. Er bestimmt alle Tatsachen als zuletzt materielle Tatsachen. Der spekulative Materialismus ist die Position einer Minderheit. Er bestimmt die Dialektik von Bestimmungen als die Logik der Materie, deren unfertiger Kosmos vorwärts auf ein Noch-Nicht geht.[39] Gegen beides steht der kritische Materialismus. Er ist weder eine Theorie über Tatsachen noch eine Theorie vom offenen Weltbau. Stattdessen verwandelt er die Erkenntnis des Tatsächlichen in dessen Hinterfragung und nimmt die absolute All-Einheit des Wirklichen auch dann nicht hin, wenn sie sich als Antizipation gestaltet.

Adornos kritischer Materialismus bietet keine Lehre von der Wirklichkeit. Vielmehr fällt er über die Wirklichkeit das Urteil: daß sie von Herrschaft bedingt ist. Das kann er, weil er sich als Einspruch des Materiellen gegen seine theoretische Erfassung geltend macht, die es in den funktionalen Rahmen dessen, was der Fall ist, stellt. Ein solcher Materialismus ist der Name für den Sachverhalt, daß die Theorie stolpert und darum kritisch werden muß.

39 *Ernst Bloch*, Das Materialismusproblem. Seine Geschichte und Substanz (= Gesamtausgabe VII), Frankfurt am Main 1972.

XI

Als solcher Stolperstein ist der kritische Materialismus das Merkmal nicht nur der kritischen Theorie. Er ist auch das Merkmal der negativen Dialektik. Deren Verfahren sind die notwendigen Verfahren, um Einspruch gegen die Erfassung der Dinge im Rahmen einer traditionellen Theorie zu erheben. Insofern schließt sich der kritische Materialismus mit der negativen Dialektik zusammen. Aber es gilt auch das Umgekehrte. Die negative Dialektik schließt sich mit dem kritischen Materialismus zusammen. Sie ist nichts anderes als Materialismus. Denn ihr Thema, das aller begrifflichen Identifikation Nichtidentische, stellt unter dem Gesichtspunkt seiner Nichtidentität etwas Leibhaft-Materielles dar (ND 193 f.). Damit ist der folgende Sachverhalt gemeint.

Wie oben gesehen, gelangt die Nichtidentität von Begriff und Begriffenem nur innerhalb der begrifflichen Identifikation zur Geltung. Sie zeigt den Widerstand des Begriffenen gegen den Begriff an. Demnach besteht die Nichtidentität darin, das Andere des Begriffs zutage zu bringen. Das scheint eine logische Operation zu sein. Das Denken wird seiner internen Ausrichtung auf anderes gerecht, indem es etwas so als etwas aussagt, daß in dieser Aussage die Andersheit des von der Aussage Identifizierten sich gegenüber dieser geltend macht. In der Tat nimmt eine solche Aussage die Grundoperation der negativ-dialektischen Logik vor. Aber zugleich übersteigt sie die Logik. Die Logik besteht in den Verfahren des Denkens. Findet sich unter seinen Verfahren ein Verfahren, das das Andere des Denkens zur Geltung bringt, dann bringt dieses Verfahren das Andere zu den Verfahren des Denkens zur Geltung. Entsprechend geht die Logik, zu der dieses Verfahren gehört, auf das Andere der Logik. Das Nichtidentische zutage zu bringen ist daher mehr als eine logische Operation. Es bezeugt etwas Metalogisches.

Dieses Zeugnis eines Metalogischen in der logischen Operation führt den Materialismus ein. Als etwas Metalogisches weist das Nichtidentische, das im identifizierenden Denken sich geltend macht, auf einen Bereich, der vom Denken unabhängig ist. Obwohl das Metalogische nur in der logischen Operation bezeugt wird, läßt es sich daher als solches nehmen. Und wird das, was vom Denken unabhängig ist, als solches genommen, dann ist es etwas Leibhaft-Materielles. Das heißt: Wenn das Nichtidentische statt unter dem Gesichtspunkt der Identifikation unter dem Gesichtspunkt seiner Nichtidentität betrachtet wird, dann betrachtet man es als Leibhaft-Materielles. Der Gesichtspunkt der Nichtidentität wiederum ist der Gesichtspunkt des Nichtidentischen als Nichtidentisches. Er ist der Gesichtspunkt des Nichtidentischen als solches. Demnach stellt das Nichtidentische als solches etwas Leibhaft-Materielles dar. Die Logik der negativen Dialektik mündet in eine materialistische Metalogik.

Ersichtlich leidet dieses Argument darunter, daß es den immanenten Blick durch einen Blick »von außen« (ND 193) ergänzt. Das Nichtidentische soll aus der Immanenz der Identität befreit werden. Dadurch schlägt die immanente Kritik des identifizierenden Denkens in eine transzendente Kritik um. Materialismus ist der Titel für diesen Umschlag. Allerdings gibt es ein Argument, das den Umschlag beglaubigt. Es lautet auf den Herrschaftscharakter der Immanenz. Die Immanenz ist Herrschaft, weil sie das Andere tabuiert. Sie arbeitet unter dem Berührungsverbot dessen, was ihren Bannkreis übersteigt, schneidet durch diese Selbstbeherrschung das, was sie nicht zu beherrschen wüßte, ab und unterwirft in diesem Zug ihre Sache wie sich selbst der Kontrolle, die sie zu ihrer Selbsterhaltung benötigt (ND 32ff.). Ein Kerngedanke negativer Dialektik besagt, daß man dieser Herrschaft nur in immanent-negativer Bewegung zu widersprechen vermag. Kritik muß daher immanent sein. Aber eine Kritik, die nur immanent bleibt, affirmiert zuletzt diese Herrschaft. Sie kann nicht denken, was anders wäre. Daher hat sie sich mit der Kritik von außen zu verbinden. Ohne sie bliebe die Verneinung im Bann der Bejahung. Allerdings darf die Kritik von außen nicht einfach hinzukommen. Weil sie von dem Begriff der immanenten Kritik beglaubigt wird, muß sie sich auch in deren Vollzug einstellen. Das bedeutet: Die immanente Kritik bildet den logischen Ort von Transzendenz.

Adorno verbindet solche Transzendenz innerhalb der Immanenz mit Schelling (ND 183f.). Zugleich dient ihm Schelling auch bei der Ausformulierung des Materialismus als Zeuge. Schellings Lehre von Drang und Sucht der Natur zum Geist soll den Blick auf das Nichtidentische von außen verdeutlichen (ND 202). Es ist nicht leicht zu sehen, wie Adorno diese Lehre mit der negativen Dialektik genau verbindet. Schellings Konzeption besagt, daß das ursprünglich eine Absolute sich in seinen vorvernünftigen Grund einerseits und seine vernünftige Ordnung anderseits ausdifferenziert.[40] Diese Ausdifferenzierung beruht darauf, daß das Absolute als die Sehnsucht nach Darstellung bestimmt ist. Eine Darstellung beinhaltet den Unterschied zwischen dem Dargestellten und dem, worin es sich darstellt. Bliebe das eine Absolute das eine Absolute, so ließe sich dieser Unterschied nicht eintragen. Aber auch mehrere Absolute ermöglichen diese Darstellung nicht, weil das Absolute dann von einer Ordnung von Absoluten bedingt würde und kein Absolutes wäre. Folglich bedarf das Absolute zu seiner Darstellung eines Nichtabsoluten. Anders gesagt: Es bedarf des Kontingenten. In ihm stellt es sich dar. Das Kontingente kann wiederum nicht gleichursprünglich mit dem Absoluten sein, weil dieses dann als das Glied eines Ursprungspaares bedingt und kein Absolutes wäre. Darum muß das Absolute das Kontingente erzeugen. Allerdings darf die absolute Erzeugung des Kontingenten dieses nicht zum Binnenmoment des Absoluten machen. Denn dann wäre der Unterschied, dessen das Absolute für seine Darstellung bedarf, nur formal. Das Absolute würde nur sich selber begegnen. Hieraus ergibt sich, daß das Absolute das Kontingente sowohl erzeugen als auch freisetzen muß.

Schellings Gedanke einer Entlassung des Kontingenten aus dem Absoluten scheint wenig mit dem Problem einer Kritik von innen und Kritik von außen zu tun zu haben. Doch die methodischen Erwägungen der *Weltalter* helfen weiter.[41] In ihnen kehrt die Frage der Reflexion wieder. Als das Urbild alles Wissens versteht Schelling die ursprüngliche Einheit der Physis. Denn das Wissen vollzieht sich in Abbildungen von Sachverhalten, und das Urbild solcher Abbildungen wäre die Einheit aller Sachverhalte, die Welteinheit. Das Urbild alles Wissens ist aber noch nicht das durchgeführte Wissen. Um das Wissen durchzuführen, müssen die Sachverhalte auch tatsächlich abgebildet werden. Es sind Bilder von der Welt zu erzeugen. Sofern diese Bilder das Wissen von der Welt durchführen, führen sie das Urbild des Wissens, die Welteinheit, durch. Umgekehrt bedeutet das, daß jenes Urbild sich in den einzelnen

40 *Friedrich Wilhelm Joseph Schelling*, Philosophische Untersuchungen über das Wesen der menschlichen Freiheit und die damit zusammenhängenden Gegenstände, in: *ders.*, Werke IV, München 1927, S. 223-308, hier: S. 250 ff.

41 *Friedrich Wilhelm Joseph Schelling*, Die Weltalter, in: *ders.*, Werke IV, München 1927, S. 571-720, hier: S. 578 ff.

Abbildungen widerspiegelt. Solche Widerspiegelung des Urbilds in den Abbildern der Welt bedeutet die Reflexion des Urbildes. Sie erfolgt in den Unterscheidungen und Entwicklungen der Dialektik. Die ursprüngliche Einheit hat sich den Trennungen dialektischen Denkens zu unterwerfen. Das alles erfolgt um ihrer wissenden Darstellung willen. Zugleich aber bleibt die Einheit den Trennungen entzogen. Denn jede der Reflexionen des dialektischen Denkens erfolgt in einem kontingenten Einzelbild. Die unterscheidende Dialektik ermöglicht die Darstellung des Urbildes, das sie mit ihren Trennungen zugleich verfehlt.

Hier entpuppt sich das Denken als die Darstellung von etwas, dessen radikale Andersheit es anzeigt. Mit der eingeführten Begrifflichkeit läßt sich das auch so ausdrücken: Das Urbild, das seine Darstellung durch die Verfahren des Denkens erfährt, ist das Metalogische, das sich im Logischen reflektiert. Nichts anderes besagt Schellings Lehre vom Drang der Natur zum Geist. Natur ist das Metalogische, Geist das Logische. Jenes hat die Sehnsucht nach diesem, weil allein das Logische das Metalogische darzustellen vermag. Entsprechend vollzieht das dialektische Denken die Selbstdarstellung der vorbegrifflichen Natur. Das Metalogische stellt sich in dem dar, von dem es verzerrt wird.

Dieser Gedanke ist auf Adornos Problem zu beziehen. Eine negative Dialektik kann allerdings die Identität, die das sich selber unterscheidende Absolute aufweist, nicht voraussetzen. Sie würde sonst das Nichtidentische als Widerspiegelung von Identität verstehen. Demnach darf sie von Schellings Faktoren allein die Sucht und den Drang als Strukturmomente des dialektischen Denkens geltend machen. Das bedeutet, daß sie die dialektische Begriffsbewegung als Darstellung solcher Sucht liest. Dann aber lassen sich die Widersprüche des Begriffenen gegen seinen Begriff als Erscheinungen eines Materiell-Leibhaften deuten, das sich als Drang zur Artikulation äußert. Entscheidend ist hier, daß das Materiell-Leibhafte als nichts anderes denn als dieser Drang bestimmt ist. Das metalogische Materielle ist nur in der Sehnsucht nach seiner logischen Reflexion auszumachen. Allerdings genügt diese Bestimmtheit. Denn sie erlaubt es, das Logische – die begriffliche Identifikation von etwas als etwas – als den Vollzug einer materiellen Bestimmtheit zu deuten. Auf diese Weise bildete die Immanenz der negativen Dialektik den logischen Ort der Transzendenz des

Leiblich-Materiellen über den Begriff. Die immanente Kritik des identifizierenden Denkens schlägt in dessen transzendente Kritik um.

XII

Das Leiblich-Materielle transzendiert nicht nur das Begriffliche. Es bildet auch in sich Transzendenz. Denn der Ort seiner Transzendenz ist durch Negativität gekennzeichnet. Im Leibhaft-Materiellen aber vollzieht sich Negativität nicht in logischen Verneinungen. Sie vollzieht sich als physisches Leiden. Somit macht sich das Materielle als Leiden geltend. Leiden wiederum bildet keinen positiven Bestand, sondern drängt auf sein Vergehen. »Weh spricht: ›vergeh!‹«[42] Das heißt: Der Drang des Leibhaft-Materiellen zur Darstellung ist zugleich der Drang zur Aufhebung des Leidens. Adorno schließt hieraus: »Darum konvergiert das spezifisch Materialistische mit dem Kritischen, mit gesellschaftlich verändernder Praxis.« (ND 203) Denn erst die Revolution des Bestehenden würde die Aufhebung des Leidens durchführen, die der Drang des Leibhaft-Materiellen nach seiner Artikulation beinhaltet. Entsprechend fordert die Transzendenz des Materiellen über den Begriff zugleich die Transzendenz über die Wirklichkeit des Leidens. Ebendiese Transzendenz hat die kritische Theorie im Sinn. Folglich umfaßt die Sehnsucht des Leibhaft-Materiellen nach Darstellung sowohl die Grundoperation der negativen Dialektik als auch die Idee der kritischen Theorie. Jene Grundoperation – die Darstellung des Nichtidentischen im identifizierenden Denken – und diese Idee – die Erkenntnis der Welt als Urteilsspruch unter dem Gesichtspunkt der Revolution – finden in dem Konzept eines Materiellen zusammen, dessen Drang zur Darstellung der Drang zur Leidensaufhebung ist.

Hiernach bleibt Adornos Materialismus wesentlich kritisch. Er vollzieht sich als Kritik des Logischen und als Kritik der Klassenherrschaft, indem er beide auf die Aufhebung des materiellen Leidens ausrichtet. Ein solcher Materialismus stellt kein metakritisches Geschäft dar. Positionen der Metakritik haben das kritische

42 *Friedrich Nietzsche*, Also sprach Zarathustra. Ein Buch für Alle und Keinen (= Werke VI/1), Berlin 1968, S. 398. Vgl. ND, 203.

Denken stets begleitet. Sie wollen den Hintergrund herausstreichen, von dem die Kritik bedingt wird. Hierzu machten Hamann und Herder die Sprache, Habermas die kommunikative Vernunft der Lebenswelt als Voraussetzungen der Kritik geltend.[43] Adornos kritischer Materialismus hingegen versteht das Leiblich-Materielle nicht als metakritische Voraussetzung. Das Metalogische ist nicht das Metakritische. Vielmehr nimmt er es als das kritische Moment selber. Materialismus ist Kritik, weil Kritik Materialismus ist. Das meint: Indem die Kritik sich in der negativen Dialektik des identifizierenden Denkens vollzieht, vollzieht sie die Sehnsucht des Materiellen nach Darstellung; und weil das Materielle nirgends auszumachen ist als in seiner Sehnsucht nach Darstellung, ist der Materialismus jene Kritik. Darum bleibt die Darstellung des Metalogischen Kritik.

Diese kritische Artikulation des Leibhaft-Materiellen ist die Sache des Geistes. Seine Identifikationen gehen auf die Artikulation des Nichtidentischen und bilden dadurch den Ort der doppelten materiellen Transzendenz. Somit zielt der Geist auf die Erfüllung der leibhaft-materiellen Sucht nach Darstellung, die zugleich die Sucht nach Aufhebung des leibhaft-materiellen Leidens ist. Geist stellt nichts anderes dar als die Erfüllungsbewegung des Materiellen. Er ist das Pleroma der Materie durch Aufhebung ihres Leidens. Adornos kritischer Materialismus mündet daher in eine Philosophie des Geistes, die diesen allein aus der materiellen Sucht versteht. Das bedeutet: Geist ist die »Auferstehung des Fleisches« (ND 207).

43 Dazu *Garbis Kortian*, Métacritique, Paris 1979.

Habermas und die neuzeitliche Subjektivität

I

Der Kern der von Jürgen Habermas entwickelten Theorie des kommunikativen Handelns[1] besteht in dem folgenden. Teilnehmer einer Interaktion verständigen sich über etwas in der Welt, indem der eine den Anspruch erhebt, daß seine Meinung, etwas sei so und so, gelte, woraufhin der andere diesen Geltungsanspruch anerkennt oder ablehnt. Da der Anspruch, eine Meinung gelte, auf eine solche Anerkennung durch den anderen angelegt ist, ist die Reaktion des anderen dem Geltungsanspruch nicht äußerlich. Im Gegenteil. Weil nur dann etwas als gültig beansprucht wird, wenn man auch beansprucht, der andere müsse es anerkennen, ist ein Geltungsanspruch nur innerhalb einer Sprechhandlung begreifbar, die sich an einen anderen richtet, der den Anspruch anerkennt oder ablehnt. So befinden sich diejenigen, die mit Ernst etwas über die Welt meinen – also diejenigen, die etwas über die Welt meinen mit dem Anspruch, ihre Meinungen *gälten* –, immer schon in einem Sprechhandlungszusammenhang, der wesentlich intersubjektiv konstituiert ist. Dieser Sprechhandlungszusammenhang der Interaktionsteilnehmer besteht nicht außerhalb ihrer Lebenswelt. Denn zum einen bildet die Lebenswelt den für eine kommunikative Verständigung notwendigen Horizont, über den man intuitiv verfügt und ohne den man gar nicht die gemeinsamen Voraussetzungen, eine diskursive Verständigung zu unternehmen, besäße. Und zum anderen stellt sie die Mittel bereit, mit denen man sich in der Kommunikation über etwas in der Welt verständigen kann. Das Interaktionsmodell der Verständigung ist daher grundlegend an der sprachlichen Alltagspraxis der Lebenswelt orientiert und keine freischwebende Abstraktion.

Zugleich aber ist es mehr als nur eine Explikation lebensweltlicher Praxis: Es ist auch eine Explikation von Vernunft. Denn unter »Vernunft« kann (neben anderem) die Disposition eines Subjekts verstanden werden, Wissen zu erwerben und zu verwenden. Wis-

1 *Jürgen Habermas*, Theorie des kommunikativen Handelns, 2 Bde., Frankfurt am Main 1981.

sen wiederum spricht sich aus in Meinungen, in denen man etwas Zutreffendes über die Welt meint und die darum Geltung beanspruchen. Vernunft ist folglich (neben anderem) die Disposition, geltende Meinungen zu haben. Da nun jedoch Geltungsansprüche für Meinungen nur innerhalb der Verständigungssituation erhoben werden können, ist Vernunft damit auch diejenige Disposition eines Subjekts, sich innerhalb jener lebensweltlich verankerten Verständigungssituation bewegen zu können. Und das heißt, daß Vernunft die Fähigkeit eines Subjekts ist, Geltungsansprüche, die auf intersubjektive Anerkennung aus sind, zu erheben und sich an Geltungsansprüchen, die andere erheben, zu orientieren. Kommunikatives Handeln impliziert eine kommunikative Vernunft.

In diesem kommunikativen, auf Verständigung ausgerichteten Vernunftbegriff ist die Möglichkeit enthalten, die aus der Lebenswelt stammende Sprachpraxis formal zu untersuchen. Diese formale Untersuchung stellt das Wissen um die Regeln und Bedingungen dar, die solche Verständigungspraxis gestalten. Unabhängig von allen konkreten Regeln und Bedingungen, auf die eine solche formalpragmatische Analyse stoßen wird, hat ihr erstes und grundlegendes Ergebnis zu sein, daß Teilnehmer an einem Verständigungshandeln auf einen Konsens über das, was gelten darf, abzielen. Sich miteinander über etwas verständigen heißt schließlich nichts anderes als: einen Konsens erzielen. Der Begriff des Konsenses hat aber zum Implikat erstens die Absicht der Teilnehmer, einander zu überzeugen, nicht zu überreden oder gar zum Einverständnis zu zwingen, und zweitens die Bereitschaft der Teilnehmer, sich von den anderen überzeugen, nicht aber überreden oder gar zum Einverständnis zwingen zu lassen. Es geht im Konsens also um gegenseitige Anerkennung in einer zwanglosen Einigung. Wenn nun die zwanglose Einigung das Implikat des Konsenses ist, dieser aber das Implikat der Geltungsansprüche der Rede im Verständigungshandeln, dann ergibt sich direkt aus unserer ernsthaften Rede über die Welt die Forderung, nach einer zwanglosen Einigung mit anderen zu streben. Die Fähigkeit, sich an Geltungsansprüchen zu orientieren, wiederum war als Vernunft, diese darum als kommunikativ bestimmt worden. Es folgt: Kommunikative Vernunft strebt nach zwangloser, herrschaftsfreier Einigung unter sich gegenseitig anerkennenden Interaktionsteilnehmern. Das ist der Kern der Theorie des kommunikativen Handelns.

Obgleich die Implikate der Zwanglosigkeit und gegenseitigen Anerkennung im allgemeinen auf wenig Widerstand stoßen dürften, ist es auf den ersten Blick wunderlich, daß ein derart einfaches, ja schlichtes Konzept die Aufmerksamkeit erhält, die es erhält. Ist seine Reichweite aufgrund der Konzentration auf Verständigung nicht viel zu beschränkt, um von Interesse für ein generelles Nachdenken über Vernunft und Handeln zu sein? Auf den zweiten Blick wird die – je nach Façon negative oder positive – Attraktivität des Konzepts jedoch deutlicher. Denn mit dem Begriff der kommunikativen Vernunft kann Habermas eine Überwindung des Problems neuzeitlicher Rationalität in Angriff nehmen, das die Moderne beschäftigt, ohne zugleich damit die Moderne und ihre Rationalitätsansprüche selbst preiszugeben. Erst die *lösende Verbindung* mit dem philosophischen Diskurs der Moderne, die Habermas nicht zufälligerweise selbst mit großem Aufwand herausstellt,[2] verschafft seinem Vernunftkonzept die Bedeutung, die es aus sich selbst heraus vermutlich nie beziehen könnte.

II

Die Grundbestimmung der neuzeitlichen Rationalität kann »Subjektivität« heißen. Das wird bekanntlich spätestens bei Descartes deutlich, der auf seiner Suche nach einem unumstößlichen Grund der Wahrheit auf das Cogito trifft, findet seinen Ausdruck in aller Konsequenz aber erst bei Kant. Denn Kant gelangt zum Subjekt nicht über die cartesianische Frage danach, was unumstößlich wahr sei, sondern über die noch grundlegendere Frage danach, was Wahrheit oder Falschheit eines Gedankens überhaupt erst ermögliche. Die Möglichkeit eines Gedankens, wahr oder falsch zu sein, kann die »objektive Gültigkeit«[3] dieses Gedankens genannt werden. »Objektive Gültigkeit« heißt hier folglich nicht: objektives Zutreffen eines Gedankens. »Objektive Gültigkeit« heißt hier vielmehr: daß ein Gedanke sich auf Objekte überhaupt bezieht – zunächst einmal ganz unabhängig davon, ob dieser Bezug ein zutreffender

2 *Jürgen Habermas*, Der philosophische Diskurs der Moderne. Zwölf Vorlesungen, Frankfurt am Main 1985.

3 *Immanuel Kant*, Kritik der reinen Vernunft A 57 = B 81.

oder ein unzutreffender ist.[4] Damit ein Gedanke sich auf Objekte überhaupt zu beziehen vermag, muß er freilich Informationen über Objekte verarbeiten können. Solche Verarbeitung muß bestimmten Vollzugsregeln gemäß sein, die es erlauben, Gedanken, die Informationen über Objekte beinhalten, zu denken. Kant bringt derartige Regeln als Kategorien auf den Begriff. Sie sind die Regeln, denen alles unterstehen muß, was zu Gedanken, die über Objekte handeln – das heißt: zu Gedanken, die objektiv gültig sind – beizutragen vermag.

Solche Regeln, gemäß denen wir informationshaltige Gedanken denken, sind Regeln, die zu befolgen eine Einheit hervorbringt: Im Gedanken »Der Tisch ist braun« wird die *Einheit* des Sachverhalts gedacht, daß der Tisch braun ist. Diese Einheit des Sachverhalts ist in den Informationen, die sich zu jenem Gedanken denken lassen, von alleine nicht vorhanden. Denn nur vermittels des Gedankens, der Tisch sei braun, lassen sich die mannigfachen Informationen über den Tisch und sein Braunsein so fassen, daß sie den Sinn erhalten, über den Sachverhalt, daß der Tisch braun ist, zu informieren, während sie ansonsten nur verstreute Informationen darstellen. Ja, ohne den Gedanken, zu dem sich das logische Subjekt »Tisch« und das logische Prädikat »braun sein« verbinden lassen, wären noch die Informationen, die jeweils zum logischen Subjekt und zum logischen Prädikat verarbeitet wurden, nicht einmal begreifbare Informationen. Der Tisch, das Braunsein sind ja nichts außerhalb der Sachverhalte, in denen sie erfahren werden.[5] Alle Informationen über die Welt sind also nur brauchbar, sofern sie zum Sachverhalt vereinigt werden. Dessen Einheit aber gibt es nur im kategorial geregelten Gedanken, der den Sachverhalt denkt.

Es ist demnach die kategorial geregelte Einheit des Gedankens, die die Einheit des Sachverhalts hervorbringt. Der Gedanke freilich wird gedacht; er selbst kann seine Einheit darum nur aus Gründen des Denkens besitzen. Das Denken wiederum vermag Informationen zur Einheit eines Gedankens genau deshalb zusammenzudenken, weil es das Denken eines einheitlichen, eines iden-

4 Dazu *Gerold Prauss*, Erscheinung bei Kant. Ein Problem der Kritik der reinen Vernunft, Berlin 1971, S. 86 ff.

5 Unabhängig von Kant, aber mit kantianischen Folgen zeigt das *Hector-Neri Castañeda*, Perception, Belief, and the Structure of Physical Objects and Consciousness, in: Synthese 35 (1977), S. 285-351.

tischen Subjekts ist, das alle seine Informationen begleiten kann. Denn über das Bewußtsein dessen, daß diese Informationen allesamt *seine* Informationen sind, kann das Subjekt die Einheit der Informationen, die sich sonst in ihrer Mannigfaltigkeit verlören, im Sachverhalt herstellen. So ist es das identische Subjekt, Kants berühmtes »Ich denke, das alle meine Vorstellungen begleiten können muß«,[6] das die kategorial bestimmte Einheit des Gedankens begründet und damit die Einheit der Sachverhalte. Daher läßt sich aber auch die objektive Gültigkeit von Gedanken an das denkende Subjekt heften. Denn wenn die Möglichkeit der Gedanken, wahr oder falsch zu sein, von ihrer kategorialen Regelhaftigkeit abhängt, diese aber in Funktionen der Einheit besteht, die von der Identität des »Ich denke« abhängen, dann können Gedanken nur darum in den Raum möglicher Geltung treten, weil sie die Gedanken eines denkenden Subjekts sind. Das Subjekt ist demgemäß nicht so sehr der Wahrheitsgrund, sondern tiefer noch der Geltungsgrund von Gedanken.[7] Ist nun Rationalität die Fähigkeit, Wissen zu erwerben und zu verwenden, Wissen selbst aber gebunden an den begründeten Bezug auf Objekte, so ergibt sich aus diesen Überlegungen, daß Rationalität mit allem Recht »Subjektivität« geheißen werden darf.

Die sich derart bei Kant aussprechende neuzeitliche Gleichsetzung von Rationalität und Subjektivität birgt allerdings eine ernste Schwierigkeit in sich. Wenn die Geltung von Gedanken über die Welt vom denkenden Subjekt abhängt, dann muß all das, was gelten darf, den verarbeitenden Vollzügen des Subjekts gemäß sein; was ihnen nicht gemäß wäre, käme schließlich gar nicht erst in den Bereich möglicher Geltung hinein. Zugleich jedoch sind die Informationen, die das Subjekt zu Gedanken verarbeitet, Informationen über etwas, das nicht das denkende Subjekt selbst ist, sondern Informationen über ein Objekt. Folglich ist das denkende Subjekt auf Informationen angewiesen, die von etwas anderem als ihm selbst ausgehen, und errichtet doch ebenfalls eine unübersteigbare Mauer der möglichen Geltung um sich herum. Es schließt so das benötigte Andere in seinem Anderssein aus. Subjekt und Objekt sind daher voneinander unendlich entzweit, obgleich sie doch ohne einander gar nicht begreifbar sind.

Derjenige, der diese Entzweiung – Folge der Kernbestimmung

6 *Kant*, Kritik der reinen Vernunft B 131.

7 Dazu *Hans Wagner*, Philosophie und Reflexion, München 1959, S. 318 ff.

neuzeitlicher Rationalität – auf den Begriff gebracht hat, ist Hegel. Denn obgleich er wesentliche Anstöße von anderen, vor allem Schiller, Jacobi, Hölderlin,[8] erfahren hat, erfaßt erst Hegel die der Subjektivität innewohnende Entzweiung in ihrer ganzen Reichweite. Vielleicht am eindringlichsten geschieht das in den frühen, den sogenannten »theologischen« Jugendschriften. Dort wird gezeigt: Weil die Beziehung des geltungsbegründenden Subjekts zum Objekt einerseits das Messen des Objekts mit dem Maß subjektiver Vernunft bedeutet, andererseits die logische Trennung beider beinhaltet, bedeutet solches Messen die Zurichtung des vernünftig Erfaßten durch ein ihm Fremdes. »Begreifen ist beherrschen«,[9] bestimmt Hegel folgerichtig: das subjektive Beherrschen des begriffenen Objekts. Dieser – auch das Politische durchziehenden – begreifenden Herrschaft entzweiter Subjektivität stellt der junge Hegel das Bild einer Vernunft entgegen, die sich mit den Objekten versöhnt vollzieht: eine Vernunft, die den Titel der »Liebe« trägt. Diesen Titel trägt sie mit gutem Grund. Denn in der Liebe sind das liebende Subjekt und das geliebte Objekt zwar zwei verschiedene Relate der Liebesrelation, aber sie sind einander nicht fremd, sind nicht entzweit. Im Gegenteil. Sie sind eins miteinander, wie es sonst wohl keine Relate einer Relation sind. Liebende Vernunft soll daher die beherrschende Vernunft ersetzen.

In den Jugendschriften wird das Bild einer versöhnten Vernunft der beherrschenden Vernunft jedoch nur entgegengesetzt. Es gelingt Hegel daher nicht, noch die versöhnte und die beherrschende Vernunft miteinander zu versöhnen, und damit ist ihm eine wahre Versöhnung der Entzweiten nicht gelungen, wie ihm am Ende seiner Frankfurter Periode selber schmerzlich bewußt wird. Um wahre Versöhnung zu erreichen, müßten die Entzweiungen *als Entzweiungen* auch in der Versöhnung bewahrt werden; denn erst dann stünden sie nicht mehr der Versöhnung unversöhnt gegenüber.

Um dies denken zu können, benötigt Hegel die dialektische Begrifflichkeit, die er dann in der *Phänomenologie des Geistes* entwickelt. Erst wenn auch die Entzweiungen Erscheinungsweisen des Geistes – Phänomene von dessen Selbstentfremdung auf seinem

8 Dazu *Dieter Henrich*, Hegel im Kontext, Frankfurt am Main 1971. Ferner *Christoph Jamme* und *Helmut Schneider* (Hrsg.), Der Weg zum System. Materialien zum jungen Hegel, Frankfurt am Main 1990.

9 *Georg Wilhelm Friedrich Hegel*, Theologische Jugendschriften, Berlin 1907, S. 376.

Weg zu sich selbst – darstellen, können sie noch als Entzweiungen in der Einheit des Geistes begriffen werden. Voraussetzung dafür ist der Begriff des Geistes als eine in sich versöhnte Einheit: eine Einheit, die Trennungen aushalten kann, ohne an ihnen zu zerbrechen.

Bekanntlich setzt auch dieser entwickeltere Versuch, Versöhnung zu denken, sich Einwänden aus, die diesmal freilich nicht von Hegel gegen sich selbst vorgebracht wurden, sondern von seinen Kritikern. Insbesondere der Verdacht, daß vermittels der Totalität des Geistes, innerhalb deren noch Entzweiungen als dessen eigene Erscheinungsweisen begriffen werden können, nur eine erzwungene Versöhnung, ja das Niederwalzen der Differenzen erzielt wird, hat nachhaltig gewirkt. Unabhängig davon, ob man Hegels Lösung des Problems subjektiver Vernunft bejaht oder verneint, bleibt allerdings, daß er das Problem der Entzweiung thematisiert hat wie kein anderer. Wo von Rationalität als Subjektivität die Rede ist, sind daher zwei Eckpfeiler gesetzt: Kant als Durchdenker ihres grundlegenden Vollzugs und Hegel als Durchdenker ihrer grundlegenden Schwierigkeit.

III

Kant und Hegel, die beiden Eckpunkte der klassischen deutschen Philosophie, durften hier auch deshalb als die beiden Eckpunkte neuzeitlicher Rationalität – und also als die sachlichen Eckpunkte des philosophischen Diskurses der Moderne – verstanden werden, weil Habermas selbst seine Konzeption kommunikativer Vernunft an beiden ausrichtet. Wohlgemerkt: Kommunikative Vernunft soll Habermas zufolge nicht nur die Antwort auf Kant und Hegel darstellen, sondern auf: Schiller, Linkshegelianer, Rechtshegelianer, Nietzsche, Horkheimer und Adorno, Heidegger, Derrida, Bataille, Foucault, Castoriadis, Luhmann und wohl noch einige mehr. Wohlgemerkt auch: Der philosophische Diskurs der Moderne ist nicht auf seine beiden Eckpunkte Kant und Hegel zu reduzieren, als hätte der Rest nichts Wesentliches mehr beigetragen, so wenig wie schon die klassische deutsche Philosophie auf beide sich reduzieren ließe. Doch man kann die Teilnehmer am philosophischen Diskurs der Moderne grosso modo als Stimmen eines Gesprächs verstehen, die sich alle mit der von Kant und Hegel an ihren unterschiedlichen Enden begriffenen Sache der Subjektivität auseinandersetzen – mit welchen Unterschieden sie diese Sache auch immer behandeln. Das Recht, Kant und Hegel als die Eckpunkte neuzeitlicher Rationalität zu setzen, wird durch solche notwendigen Unterscheidungen nicht geschmälert.

Darum ist es nur folgerichtig, wenn neben allen anderen Einflüssen vornehmlich die doppelte Bindung an Kant und Hegel und beider Verwandlung durch das von Habermas vorgebrachte Vernunftmodell schimmern, ja von diesem mehr und mehr bewußt prononciert werden.[10]

Ihre eine Seite, die Bindung an Kant, besteht in dem schon erwähnten Tatbestand, daß die Theorie kommunikativen Handelns die Möglichkeit enthält, formale Voraussetzungen der kommunikativen Praxis zu untersuchen. Der Zusammenhang ist der folgende: Kants Entdeckung des Geltungsgrundes »Subjekt« erfolgt im Rahmen einer Untersuchung desjenigen, was mit unserer Erkenntnisart von Gegenständen, sofern diese *a priori* möglich sein soll, zu tun hat: Sie erfolgt im Rahmen der Transzendentalphilosophie. Das geltungsbegründende Subjekt wird nur darum thematisch, weil es sich als eine – allerdings die grundlegende – der Bedingungen jener apriorischen Erkenntnisart erweist. Solche Bedingungen der apriorischen Erkenntnis können auch Invarianten der Vernunft genannt werden. Denn als Bedingungen der apriorischen Erkenntnis dürfen sie nicht variieren, ohne daß von ihrer Varianz auch die Erkenntnis selbst betroffen würde. Aus dieser Perspektive stellt die Transzendentalphilosophie sich als die Suche nach den Invarianten der Vernunft dar. Eine Suche nach den Invarianten der Vernunft unternimmt indessen auch die formale Analyse, die die Theorie des kommunikativen Handelns enthält: Die formale Analyse des Verständigungshandelns sucht nach dessen invarianten Zügen, indem sie die tiefsitzenden und grundlegenden Vollzugsregeln der Verständigung herausarbeitet. Da dieses Handeln zugleich Ausdruck von Vernunft ist, entdeckt die Formalanalyse des Handelns damit auch die Invarianten der (kommunikativen) Vernunft. Sie ist gleichsam die Transzendentalphilosophie des Verständigungshandelns und seines Vernunftkonzepts. Aus diesem Grund versteht

10 *Jürgen Habermas*, Wege der Detranszendentalisierung. Von Kant zu Hegel und zurück, in: *ders.*, Wahrheit und Rechtfertigung. Philosophische Aufsätze, Frankfurt am Main 1999, S. 186-229.

Habermas die Theorie kommunikativen Handelns als einen »Kantischen Pragmatismus«:[11] als eine Transzendentalphilosophie der Sprachspiele und Lebensformen, die nicht mehr den Invarianten apriorischer Erkenntnisart, sondern den Invarianten des Sprechhandelns nachspürt.

Auf der anderen Seite ist das Modell einer Verständigung zwischen sich gegenseitig anerkennenden Interaktionsteilnehmern einer bestimmten Ausformulierung von Hegels Liebeskonzept verpflichtet. Dieses stellt einen Vorschlag zur Überwindung subjektivitätsphilosophischer Entzweiung dar, indem es Subjekt und Objekt in gegenseitiger Liebe miteinander versöhnt. Liebe beruht auf der Verschiedenheit Gleicher: Der Liebende liebt den anderen als einen ebenfalls Liebenden. Der Jenenser Hegel hatte daraus dann eine politische Theorie intersubjektiver Verhältnisse gemacht, in denen sich Individuen gegenseitig anerkennen als sich Anerkennende: Der Anerkennende anerkennt den von ihm verschiedenen Anderen als einen Gleichen, nämlich ebenfalls Anerkennenden.[12] Letztere Deutung der Verschiedenheit Gleicher – die Entfaltung der Liebe zum Anerkennungsmodell – sucht die Konzeption einer kommunikativen Vernunft weiterzuführen. Denn in der Verständigung herrscht niemand über den anderen, sondern man anerkennt sich als verschieden und doch als gleich: als gleichberechtigte Teilnehmer eines Strebens nach Konsens, die auf die gegenseitige Anerkennung der Geltungsansprüche setzen. So sind die Getrennten in der gemeinsamen, zwanglosen Kommunikation miteinander vereint. Zudem entspringt diese Kommunikation nicht einer freischwebenden subjektiven Vernunft, sondern dem Lebenszusammenhang und seiner Praxis. Daher stehen in ihr nicht beherrschende Formen subjektiver Vernunft dem Lebendigen gegenüber, sondern das Lebendige selbst schenkt der Vernunft diese Formen. So ist das Verständigungsmodell sowohl der Ausdruck der Versöh-

11 *Jürgen Habermas*, Realismus nach der sprachpragmatischen Wende, in: *ders.*, Wahrheit und Rechtfertigung, op. cit., S. 7-64, hier: S. 28.

12 Dazu *Manfred Riedel*, Hegels Kritik des Naturrechts, in: *ders.*, Studien zu Hegels Rechtsphilosophie, Frankfurt am Main 1969, S. 42 ff.; *Ludwig Siep*, Anerkennung als Prinzip der praktischen Philosophie. Untersuchungen zu Hegels Jenaer Philosophie des Geistes, Freiburg/München 1979; *Andreas Wildt*, Autonomie und Anerkennung. Hegels Moralitätskritik im Lichte seiner Fichte-Rezeption, Stuttgart 1982.

nung zwischen verschiedenen Subjekten als auch der Ausdruck der Versöhnung von (Lebens-)Welt und Vernunft, wie sie ebenfalls von Hegel im Begriff der »Liebe«, diesmal als Liebe zu den Dingen in der Welt, begriffen war. Aus diesen Gründen versteht Habermas seine Theorie nicht nur als kantischen Pragmatismus, sondern auch als explizite Rekonstruktion der Hegelschen Impulse.[13]

Da aber somit die kommunikative Vernunft beides weiterführen will: Transzendentalphilosophie *und* Überwindung der Entzweiung, hat sie ihrem eigenen Anspruch nach zugleich die Nachtseiten dieser beiden Eckpunkte des philosophischen Diskurses der Moderne überwunden. Denn wenn Stränge der kantischen Subjektivitätsphilosophie sich nur noch als Transzendentalpragmatik weiterziehen, dann sind sie gar keine Stränge einer Subjektivitätsphilosophie mehr, sondern umgewandelt zu Elementen einer intersubjektiven Sprechhandlungstheorie. Das Problem der Entzweiung, das aus der Subjektivität folgte, kann so für die kommunikative Vernunft nicht entstehen. Und wenn andererseits das Hegelsche Liebeskonzept durch das Anerkennungsverhältnis in der Kommunikation umformuliert worden ist, dann brauchen die späteren Umformulierungen, mit denen Hegel selbst dieses Konzept noch nach seiner Jenenser Zeit theoriefähig machen wollte, insbesondere sein Geistbegriff, nicht mehr zu ängstigen. Die Gefahr einer neuerlichen Erdrückung der Differenzen droht nicht weiter, da Interaktionsteilnehmer nur als differente Personen zu interagieren vermögen. Demnach scheint sowohl die Entzweiung der Vernunft als auch die Überlastung des Versöhnungskonzepts bewältigt worden zu sein.

Mit dem Modell kommunikativer Vernunft an Kant und Hegel anzuknüpfen ermöglicht folglich zweierlei. Zum einen vermag man *hegelianisch* das Problem neuzeitlicher Rationalität – das Problem der Subjektivität – zu bewältigen, indem man die subjektive Vernunft durch die kommunikative ersetzt. Da man sich dann im Verständigungshandeln jenseits des ummauerten, isolierten Subjekts befindet, befindet man sich auch jenseits von dessen Schwierigkeiten. Und zum anderen vermag man nichtsdestotrotz *kantianische* Ansprüche moderner Rationalität fortzuführen, indem man

13 *Habermas*, Der philosophische Diskurs der Moderne, op. cit., S. 54, S. 368 et passim.

den transzendentalen Impuls fortspinnt. Da man Invarianten des Sprechhandelns untersucht, wird die Möglichkeit zu allgemeingültiger Einsicht in die Strukturen der Vernunft nicht preisgegeben. Aus beidem zusammen erst kann das Konzept einer kommunikativen Vernunft seine Kraft gewinnen, die es aus seiner Schlichtheit allein nicht bezöge. Vor dem Hintergrund des durch Kant und Hegel bestimmten philosophischen Diskurses der Moderne tritt kommunikative Vernunft zugleich als Überwinderin neuzeitlicher Subjektivität auf wie als Erbin ihrer Leistungen.

IV

Hierin erschöpft sich die lösende Bindung an die Eckpfeiler des philosophischen Diskurses der Moderne jedoch nicht: Die von Habermas vollzogene Umwandlung Kants wie Hegels ermöglicht ihm, sich in zwei weiteren Zusammenhängen gewinnbringend zu positionieren.

Zum ersten stellt sie ihn in den siegreichen Hauptstrom der jüngeren Philosophieentwicklung. Man kann mit einigen Gründen das folgende Grobmodell der Geschichte der okzidentalen Philosophie annehmen.[14] Nach der ontologischen Frage nach dem Sein des Seienden hat die bewußtseinsphilosophische Frage nach der Eigenart unserer Vorstellungen vom Seienden Dominanz erlangt, welche letztere Frage wiederum schließlich durch die sprachphilosophische Frage nach den logischen Möglichkeiten einer Bezugnahme auf das Seiende ersetzt worden ist. Habermas jedenfalls schließt sich diesem Grobmodell an,[15] und er hat dafür tatsächlich gute Gründe. Sollte nämlich die Fragestellung der Sprachphilosophie die nunmehr angemessene Fragestellung sein, dann ist kommunikative Vernunft auch insofern die überwindende Erbin neuzeitlicher Subjektivität, als sie deren aus der »bewußtseinsphilosophischen« Fragestellung stammenden Theoreme sprachphilosophisch ins Angemessene wendet. Denn die kommunikationstheoretische Interpretation der Transzendentalphilosophie und

14 Dazu *Ernst Tugendhat*, Vorlesungen zur Einführung in die sprachanalytische Philosophie, Frankfurt am Main 1976, S. 79 ff.

15 *Jürgen Habermas*, Metaphysik nach Kant, in: *ders.*, Nachmetaphysisches Denken. Philosophische Aufsätze, Frankfurt am Main 1988, S. 18-34, hier: S. 20 f.

des Versöhnungsmodells ist eine Interpretation nach dem *linguistic turn*, da sie das Sprechhandeln und nicht das Bewußtsein zu ihrer Grundlage macht. Mit dieser Teilhabe am sprachphilosophischen Hauptstrom gewinnt die Theorie des kommunikativen Handelns noch einmal ein Doppeltes. Einerseits kann sie vor jeder Gestalt einer Subjektivitätsphilosophie zusätzlich zu ihren sachhaltigen Argumenten als diejenige Interpretation auftreten, die ohnehin auf dem fortgeschritteneren Boden steht. Und andererseits kann sie vor einer von der Subjektivitätsphilosophie abgekapselten Sprachanalyse, die ja inzwischen selbst in eine tiefe Krise gekommen ist und nach auswärtiger Hilfe sucht,[16] als diejenige Interpretation auftreten, die als überwindende Erbin der Subjektivitätsphilosophie über Denkerfahrungen verfügt, die weiter reichen als die Erfahrungen derjenigen Sprachanalytiker, die sich in ihrer selbstgewählten Isolation mehr und mehr zu Sterilität verdammen.

Zum zweiten verortet die kommunikationstheoretische Wende Kants und Hegels sich vorteilhaft in der Geschichte von Habermas' eigenem sozialphilosophischen Ursprung: der kritischen Theorie. Herbert Marcuse hatte 1937 in einem Aufsatz, der die Bedingungen kritischer Theorie darlegen sollte, geschrieben: »Vernunft ist die Grundkategorie philosophischen Denkens, die einzige, wodurch es sich mit dem Schicksal der Menschheit verbunden hält. [...] Vernunft, Geist, Moralität, Erkenntnis, Glückseligkeit sind nicht nur Kategorien bürgerlicher Philosophie, sondern Angelegenheiten der Menschheit. Als solche sind sie zu bewahren, ja neu zu gewinnen.«[17] Einige Jahre später hatte die Erkenntnis einer Dialektik der Aufklärung dieses Pathos eines Neugewinns der Vernunft zerrieben. Denn die Dialektik der Aufklärung besteht darin, daß subjektive Vernunft als Befreierin der Menschen diese zugleich in vollkommene Unfreiheit stürzt: daß »die vollends aufgeklärte Welt [...] im Zeichen triumphalen Unheils«[18] strahlt. Man erinnert sich: Die nach Gründen fragende, aufklärende Vernunft ent-

16 Symptomatisch in seiner hellsichtigen Diagnose und seinem hilflosen Stochern in der kontinentalen Philosophie auf der Suche nach Unterstützung: *John McDowell*, Mind and World, ²Cambridge, Mass. 1996.

17 *Herbert Marcuse*, Philosophie und kritische Theorie, in: *ders.*, Kultur und Gesellschaft I, Frankfurt am Main 1965, S. 102-127.

18 *Max Horkheimer* und *Theodor W. Adorno*, Dialektik der Aufklärung. Philosophische Fragmente (= Gesammelte Schriften III), Frankfurt am Main 1981, S. 19.

zaubert zunächst mythische Legitimationen des Bestehenden und schafft so die Herrschaft, die das Bestehende aus seinem schieren, mythisch unablässig wiederholten Bestand begründet, ab. Mythische Tatsachen werden zu Rechtssachen und können daher auf ihre Rechtsgründe hin befragt, letztlich auch abgelehnt werden. Es ist dann die subjektive Vernunft, die, das Recht der Sachen, ihre Gründe und Ursachen aufklärend, herrscht. Doch wenn Subjektivität ihr Gegenüber beherrscht, schließt sie – wie schon Hegel gesehen habe – all das aus, was ihr nicht gemäß ist. Was als Sache gelten darf, ist demnach *eo ipso* vernünftig, und das heißt, es ist der Subjektivität kommensurabel. Dann aber müssen die Sachen nicht mehr hinterfragt werden, sondern genügen in ihrer Sachhaltigkeit, die ja ohnehin vernünftig ist. Rechtssachen werden so wieder zu Tatsachen. Das wiederum bedeutet, daß das Subjekt die aufgeklärte Welt als Tatsache zu akzeptieren hat und sie nicht mehr hinterfragen kann. Es gibt keine Rechtssachen mehr, nur noch Tatsachen. So wird die Selbstbefreiung des aufklärenden Subjekts aus dem mythisch Gegebenen zur Selbstbindung an die Tatsächlichkeit der aufgeklärten Welt. Die Befreiung resultiert in neuer Unfreiheit: Aufklärung wird selbst mythisch.

Diesem Gedankengang einer Dialektik der Aufklärung zufolge ist die Moderne als Zeit der subjektiven Vernunft der Stand der Unfreiheit als Ergebnis der Befreiung des Subjekts. Weil aber Moderne der Stand der Unfreiheit *als Ergebnis der Befreiung* ist, kann man sich aus ihr selbst nicht mehr befreien. Eine Befreiung müßte ja notwendigerweise mit aufklärender, emanzipativer Vernunft geschehen, und diese war als die Urheberin der Herrschaft bestimmt worden. Moderne Unfreiheit ist demnach total. Die emanzipative Menschengeschichte ist darum an ihr Ende gekommen: Aus der unfreien Moderne führt kein Weg mehr hinaus. Für das von Marcuse geforderte Anknüpfen an oder Neugewinnen der Vernunft bedeutet diese Folgerung, daß es die Dialektik der Vernunft in grundsätzlicher Weise unterschätzt hat. Subjektive Vernunft – Aufklärung – mündet ihrer Sache gemäß in einer totalitären Herrschaft, aus der ein Ausweg nicht mehr möglich ist. Die Begriffe des Bewahrens und selbst des Neugewinnens sind dieser Situation ersichtlicherweise völlig unangemessen.

Dieser katastrophischen Drehung kritischer Theorie kann Habermas sich entziehen. Denn wenn die Theorie einer kommunikativen Vernunft gezeigt hat, daß mit Subjektivität noch nicht der neuzeitlichen Vernunft letztes Wort gesprochen ist, dann dürfen auch die Überlegungen der *Dialektik der Aufklärung*, darf deren »hemmungslose Vernunftskepsis«[19] nicht als letzte Antwort gelten. Die *Dialektik der Aufklärung* ist zu einseitig, weil sie die neuzeitliche Rationalität ungerechtfertigterweise ausschließlich auf Subjektivität festlegt. Gegen sie sucht das Modell kommunikativen Handelns – erbend *und* überwindend – die Tagseiten der Rationalität der Moderne zu bewahren, indem sie den transzendentalen Impetus ins kommunikationstheoretisch gelesene Anerkennungsmodell Hegels einpflanzt. Ihrem Anspruch nach erfüllt sie damit Marcuses Forderung: Sie gewinnt im verwandelnden Rückgriff auf »bürgerliche«, nämlich auf Kants und Hegels Philosophie den Begriff der Vernunft neu.[20] Dieser neu gewonnene kommunikative Vernunftbegriff, der die Implikate der Zwanglosigkeit und Freiheit enthält, ist innerhalb der Tradition kritischer Theorie die Fortsetzung von deren frühen emanzipatorischen Beweggründen. Und weil er weiterhin aufklärend und befreiend wirken kann, ohne hierin sogleich in Unfreiheit umzuschlagen, ist die emanzipative Menschengeschichte – anders als es die Dialektik der Aufklärung erzwingt – noch längst nicht an ihrem Ende. Im Gegenteil. Die konsensstiftenden Kommunikationen müssen gegen die Relikte verständigungshindernder Rationalität allererst auf den Weg gebracht werden: Menschen sind noch dabei, ihre Geschichte endlich freier und zwangloser zu gestalten. Dazu hat Aufklärung ungebrochen weiterzugehen, im Streben nach einem menschenangemessenen geschichtlichen Stadium.

So ermöglicht die von Habermas vollzogene lösende Bindung an Kant und Hegel es ihm nicht nur, die überwindende Erbschaft neuzeitlicher Rationalität anzutreten, sondern zudem – gleichsam nebenbei – die vernunft- und modernekritischen Vorbehalte, die

19 *Habermas*, Der philosophische Diskurs der Moderne, op. cit., S. 156.

20 Eine ausdrückliche Bezugnahme auf Marcuse findet sich bei *Jürgen Habermas*, Replik auf Einwände; in: *ders.*, Vorstudien und Ergänzungen zur Theorie des kommunikativen Handelns, Frankfurt am Main 1984, S. 475-571, hier: S. 493 ff. Ferner *Jürgen Habermas*, Die verspätete Nation, in: *ders.*, Philosophisch-politische Profile, Frankfurt am Main 1981, S. 222-233, hier: S. 327 ff., sowie seine Darstellung der älteren kritischen Theorie in der Theorie des kommunikativen Handelns II, op. cit., S. 559 ff.

aus Habermas' eigenen Frankfurter Kontexten erklungen waren, zu beseitigen. Weil sie einen »Kantischen Pragmatismus« verfolgt, setzt die Theorie einer kommunikativen Vernunft den philosophischen Diskurs der Moderne fort. Weil sie aber zugleich die Subjektivitätsphilosophie im sprachphilosophischen Anerkennungsmodell überwindet, wird sie von der Entzweiung und der Dialektik der Aufklärung nicht mehr betroffen. Es besteht demnach kein Grund, die Entwicklung der neuzeitlichen Rationalität an ihrem katastrophalen Ende zu sehen. Aus der Perspektive kommunikativer Vernunft ist die Moderne vielmehr *ein unvollendetes Projekt.*

V

Aus dem Schlagwort vom unvollendeten Projekt der Moderne folgen analytisch (und also trivialerweise) zwei Bestimmungen: (i) Die Moderne ist ein Projekt, und (ii) das Projekt ist unvollendet. Soll demnach das Schlagwort irgendeinen Sinn haben, müssen sich diese beiden Bestimmungen explizieren lassen. Interessanterweise wird ihre Explikation in dem kleinen, mit dem Schlagwort betitelten Text nirgends geleistet.[21]

Im Gegenteil spricht dieser Text kaum vom unvollendeten Projekt der Moderne, sondern ist statt dessen damit beschäftigt, diejenigen Positionen zu attackieren, die sich selbst mit Hilfe eines die Moderne negierenden Präfixes – sei es ein »anti-«, »prä-« oder »post-« – verstehen oder jedenfalls von Habermas so verstanden werden. Aus diesen Attacken ergeben sich zwar ex negativo Umrisse dessen, was es mit dem unvollendeten Projekt der Moderne auf sich haben könnte, doch schlagen sich diese Umrisse nirgendwo zu greifbaren Explikationen jener Bestimmungen nieder.

Nun impliziert die Annahme, etwas sei ein Projekt, auch die Annahme, daß es das Projekt eines Jemand sei. Als Plan, Vorhaben, Entwurf benötigt es schließlich einen Planenden, Vorhabenden, Entwerfenden. Wer aber ist dieser Planende, Vorhabende, Entwerfende im Fall der Moderne? Traditionelle Antworten könnten heißen: Gott oder die Geschichte. Beides ist wohl kaum im Sinne eines bewußt »nachmetaphysischen« Denkers, wie Haber-

21 *Jürgen Habermas*, Die Moderne – ein unvollendetes Projekt, in: *ders.*, Kleine politische Schriften (I-IV), Frankfurt am Main 1981, S. 444-464.

mas einer sein will. Gott wurde ja von der Metaphysikkritik aus dem Bereich dessen, worüber wir entscheidbar sprechen können, verbannt; die Handlungsinstanz Geschichte von der Kritik an der Geschichtsmetaphysik durch die machenden und handelnden Menschen ersetzt. Die Kritik an der Metaphysik betrifft freilich alle übermenschlichen Instanzen, die man als entwerfende Instanzen supponiert – heißen sie nun Gott oder die Geschichte oder auch die Natur oder das Sein. Was über den Menschen ins Ganze hinausgreift, verfällt sofort dem Verdikt, man könne über es, eine Totalität jenseits des Erfahrungshorizontes, im Sinne einer Handlungsinstanz entscheidbar nicht reden. So bleiben nur die Menschen als die Projizierenden des Projekts der Moderne. Die Moderne ist folglich ein Menschheitsprojekt. In solcher Auffassung steckt jedoch eine weitreichende Vorentscheidung. Denn der Projekte entwerfende und sie machende Mensch ist nichts anderes als das denkende und handelnde Subjekt: Ausdruck neuzeitlicher Rationalität. Ein Projekt entwerfen kann man nur dann, wenn man das, was sein soll, an seinem eigenen Planen ausrichtet, wenn man also seine eigenen Vollzüge zum Grund des Realisierbaren und Realisierens macht. Und genau diese Begründung des Realisierbaren und des Realisierens durch das realisierende Subjekt – dessen begründender Zugriff auf das, was gelten darf – ist ja der Brennpunkt der neuzeitlichen Rationalität. Damit freilich erweist sich die Bestimmung, die Moderne sei ein Projekt, über ihre Entfaltung zur Bestimmung, sie sei ein Projekt des Menschen, selbst als eine *moderne* Bestimmung. Denn sie kann nur ein Projekt des Menschen sein, wenn dieser in der Form neuzeitlicher Subjektivität begriffen wird. In jener Bestimmung liegt somit die Vorentscheidung beschlossen, die Moderne zu affirmieren: Indem diese als »Projekt« bestimmt wird, wird sie bejaht insofern, als ihr die Konzeption des projizierenden Subjekts zugrunde liegt.

Ähnliches geschieht in der zweiten Bestimmung, die das Projekt als »unvollendet« begreift. Wenn etwas unvollendet ist, dann ist es – zumindest in regulativer Hinsicht – vollendbar. Vollendbarkeit wiederum beinhaltet Zielgerichtetheit auf ein Ende hin. Eine vollendbare Sache steht so in einem Zeitfluß, in dem es einen Anfang gibt, sodann einen Punkt, an dem der jetzige, noch unvollendete Zustand jener Sache erreicht ist, und schließlich einen – zumindest regulativen – Endpunkt, auf den hin sich die Sache entwickeln soll.

Weiterhin beinhaltet die Vollendbarkeit einer Sache deren Möglichkeit zur Steigerung. Sobald die vollendbare Sache ihr Ende erreicht hat, befindet sie sich in einem höherwertigen Zustand als in dem, der als noch unvollendet gilt, weil sie dann erst ihr mögliches Ende erreicht und mit ihm erst auch die volle Anzahl ihrer möglichen Bestimmungen durchlaufen hat. Ende heißt darum nicht nur zeitliches Ende, sondern auch sachliches Ende in dem Sinn, daß die Sache dann als voll entwickelt gelten darf. Beides zusammen, zeitliche Prozessualität und sachliche Vervollkommnung, ergibt den Begriff des Fortschritts. Die vollendbare Sache schreitet durch ihre noch unvollendeten Ausprägungen fort zu ihrer sachlichen Vollendung, die auch das zeitliche Ende des Fortschreitens darstellt. So impliziert die Rede von der Unvollendetheit des Projekts der Moderne auch die Rede vom Fortschritt. Ebenso aber wie das projizierende Subjekt ein moderner Begriff ist, ist auch der Fortschritt eine genuin moderne Konzeption. Denn er ist Konstituens des modernen, des neuzeitlichen Zeitbewußtseins. Ineins mit dem Gedanken einer »nova aetas«, einer *neuen* Zeit, als die jetzt das gedacht wird, was sonst als *unser* Zeitalter, »nostrum aevum«, galt, wird der eigene zeitliche Standort in den Horizont einer in das Neue fortschreitenden Geschichte gestellt. Erst also wenn man sich als Neuzeit, Moderne versteht, kommt der Fortschrittsgedanke auf.[22] Wenn daher Habermas das Projekt der Moderne ein »unvollendetes« heißt, dann vollzieht er auch hierin eine Bestimmung, die nicht nur die Moderne bestimmt, sondern selbst modern ist.

Das Schlagwort vom unvollendeten Projekt der Moderne steht demnach *a limine* auf dem Boden der Moderne. Dagegen wäre nichts einzuwenden – wenn die Rechtsgründe dieses Bodens dargetan würden. Doch nicht nur bedenkt Habermas die Rechtsgründe jener Bestimmungen nicht, er kann auf der Grundlage seiner Konzeption auch gar keine geben. Für das erste Implikat seines Schlagworts, das projizierende Subjekt, springt das sofort ins Auge. Neuzeitliche Subjektivität ist von ihm schließlich groß und breit als verfehlte, von der Intersubjektivität zu überwindende Konzeption herausgestellt worden. Damit indessen ist auch die Unmöglichkeit eines Rechtsgrunds für das zweite Implikat besiegelt. Denn die

22 *Reinhart Koselleck*, Neuzeit, in: *ders.*, Vergangene Zukunft. Zur Semantik geschichtlicher Zeiten, Frankfurt am Main 1979, S. 300-348.

Unvollendetheit ist die Unvollendetheit des Projektemachens und also ebenfalls von der Konzeption des Subjekts, welches Projekte macht, abhängig. Beide Implikate sind so merkwürdig rechtlos. Sie lassen jedoch nicht nur aufgrund ihrer notwendigen Rechtlosigkeit stutzen. Denn mit ihnen hat das unablässig fortschreitende Projektemachen, hat das Zurechtstutzen der Wirklichkeit auf das subjektive Maß: hat *Subjektivität* sich noch als Implikat der im Zeichen des kommunikativen Handelns stehenden Moderne erwiesen. Subjektivität also als Implikat der Moderne kommunikativer Vernunft – wäre demnach die verständigungstheoretische Überwindung der neuzeitlichen Subjektivität gar nicht so erfolgreich, wie sie vorgibt?

VI

Das angeblich überwindende Beerben Kants und Hegels war als Dreh- und Angelpunkt des von Habermas entwickelten Modells bestimmt worden. In Wahrheit hat das Konzept einer kommunikativen Vernunft weder Kant noch Hegel hinter sich gelassen.

Gründe dafür, daß das Verständigungsmodell die an Hegel ausgerichtete Versöhnung der Entzweiungen keineswegs zu leisten vermag, liefert kein anderer als Hegel selbst. Das Verständigungsmodell beruht auf der Ausformulierung der Versöhnung im Konzept des Sprechhandelns. Sie nimmt demnach das Medium der Sprache zu ihrem Grund. Im Kapitel über den entfremdeten Geist aus der *Phänomenologie des Geistes* freilich zeigt Hegel, daß Sprache gerade nicht das Medium der Versöhnung sein kann, sondern umgekehrt das Medium der Entfremdung ist.[23] Denn es geht in der Sprache – der Kommunikation, dem intersubjektiven Sprechhandeln – gar nicht so sehr um die Sachen, es geht hauptsächlich um das Miteinandersprechen selbst. Damit aber verschwindet die Sachhaltigkeit mehr und mehr, es bleibt das bloße Reden. »Diß Urtheilen und Sprechen ist daher das Wahre und Unbezwingba-

23 Daß sich das gegen die Kommunikationstheorie kehren läßt, zeigt *Rüdiger Bubner*, Rousseau, Hegel und die Dialektik der Aufklärung, in: *Jochen Schmidt* (Hrsg.), Aufklärung und Gegenaufklärung in der europäischen Literatur, Philosophie und Politik von der Antike bis zur Gegenwart, Darmstadt 1989, S. 404-420.

re, während es alles überwältigt; dasjenige, um welches es in dieser realen Welt allein wahrhafft zu thun ist.«[24] Diese reale Welt, in der man nur urteilt und spricht, ist folglich eine entfremdete, entzweite Welt. Denn sie ist von den Sachen, über die sie spricht, so weit entfernt, daß nur das Reden als das, worauf es ankommt, gilt, nicht aber die Sache selbst. So verbindet zwar die Kommunikation – wenn's hoch kommt – die miteinander Redenden, doch sie trennt die Redenden von den Dingen, indem sie dafür sorgt, daß sich Sachhaltigkeit auflöst.

Weil aber die Sache und das Reden über sie voneinander getrennt sind, schlägt auch der vom jungen Hegel entdeckte Zusammenhang von Entzweiung und Herrschaft wieder durch. Denn da die Rede über *die* Sache von dieser entzweit verläuft, wird letztere weiterhin beherrscht, wenn die Rede über sie spricht. Die Rede ist ein Fremdes, das sich die Sache einverleibt. Wahre Versöhnung findet in der Kommunikation darum nicht statt. Gewiß, genau solche Entzweiung zwischen intersubjektiver Verständigung und Welt wollte Habermas durch die lebensweltliche Einbindung der Kommunikation verhindern. Weil Kommunikation lebensweltlich ist, sei das Verständigungshandeln der Welt nicht fremd. Vor dem Gesagten zeigt sich aber nur, daß das von Habermas angebotene Lebensweltkonzept selbst der Entfremdung zuzurechnen ist. Denn sollte die Lebenswelt immer schon durch kommunikatives Sprechhandeln geprägt sein, dann ist sie auch immer schon in der Entfremdung von den Sachen befangen. Eine solche Lebenswelt ist, hegelianisch gesprochen, substanzlos, bewegt sich im Spiel kommunikativer Luftfechtereien – und impliziert darum die Herrschaft der Subjekte über ihr Anderes, dessen Anderssein ihnen eben Luft geworden ist.

Dieser aus Hegel selbst gewonnene Einwand darf nicht mit einem beliebten Vorwurf gegen Habermas verwechselt werden, der dem Verständigungsmodell eine Verharmlosung der Natur des Diskurses vorhält.[25] Solch ein Vorwurf sagt – oft im Gestus dessen, der die Vorgänge mit der prätendierten Kälte eines heroischen Realismus betrachtet –, Diskurse gingen ohnehin nicht auf Verstän-

24 *Georg Wilhelm Friedrich Hegel*, Phänomenologie des Geistes (= Gesammelte Werke IX), Hamburg 1980, S. 283.

25 Nur einer von vielen: *Jean-François Lyotard*, La condition postmoderne, Paris 1979, S. 23 ff.

digung, sondern seien agonal, auf Machtansprüche hin angelegt. Wer Verständigung meine, verdecke damit nur den tatsächlichen diskursiven Kampf um Macht. Der von Hegel her stammende Einwand geht aber viel tiefer als solch auftrumpfender Agonismus. Er stellt der Verständigung nicht abstrakt den Kampf um Macht entgegen, sondern erweist Verständigung selbst, die nicht-agonale Form des Diskurses, als Entfremdung und damit als Herrschaft. Konsens selbst ist unversöhnte Entzweiung. Weil der Hegelsche Einwand das Verständigungsmodell derart von innen heraus entlarvt, schiebt er zugleich möglichen Ausflüchten zu Verbesserungen den Riegel vor. Die Verständigung ist ihrer eigenen Sache nach Entfremdung.

Diese ins Herz des Verständigungsmodells treffende Erkenntnis zeigt, daß das Konzept der kommunikativen Vernunft Hegels Einsicht in die Entzweiung nicht aufzuheben vermag. Kommunikative Vernunft schleppt im Gegenteil Entzweiung weiter mit sich. Mindestens ebenso durchschlagend indessen macht sich die kantische Seite geltend. Auch deren Kern, das Subjekt als Geltungsgrund, ist vom Verständigungsmodell in keiner Weise ersetzt worden, sondern wird umgekehrt überall von ihm vorausgesetzt.

Das Verständigungsmodell beruht auf der Analyse dessen, was es heißt, einen Geltungsanspruch für eine Meinung zu erheben. Die Meinung, die gelten soll, ist ein Gedanke, von dem ich meine, daß er zutreffe. Einen solchen Anspruch auf die Geltung eines Gedankens zu erheben setzt voraus, daß ein Gedanke überhaupt gelten kann. Damit nun auch hier die Kommunikation und nicht das Subjekt den Grund für das Gelten eines Gedankens abgibt, müßte gezeigt werden, daß ohne Kommunikation nicht nur *Ansprüche auf* das Gelten eines Gedankens nicht erhoben werden können, sondern auch der Bereich der *Geltung selbst* diesem Gedanken verschlossen bleibt. Der Bereich der Geltung eines Gedankens wird jedoch aufgeschlossen darüber, daß er einen Bestandteil der Welt bestimmt. Diese Bestandteile der Welt sind Sachverhalte. Über Sachverhalte wiederum erhalten wir Informationen, die sich nicht von selbst zur einheitlichen Erkenntnis des Sachverhalts zusammenschließen, sondern erst zur Einheit des Sachverhalts gebracht werden müssen. Diese Einheit des Sachverhalts wird gedacht in der Einheit des Gedankens. Um die Einheit des Gedankens zu denken, benötigen wir aber keine Kommunikationsgemeinschaft.

Eine Vereinigung meiner Informationen zum Gedanken über einen Sachverhalt kann durch die Kommunikationsgemeinschaft ja nicht geleistet werden. Diese wird erst dann benötigt, wenn der Gedanke mitgeteilt werden soll. Was wir hingegen benötigen, um Informationen zur Einheit des Gedankens denken zu können, ist genau das identische denkende Subjekt, das seine Informationen begleiten kann und das nach der Lehre von der Intersubjektivität längst erledigt sein sollte. Gäbe es dieses identische Subjekt nicht, so verlören die Informationen über einen Sachverhalt sich in ihrer Zerstreutheit, so daß Gedanken, die Bestandteile der Welt bestimmen, gar nicht denkbar wären.

Nun könnte man hiergegen einwenden, daß immerzu nur von Gedanken, die gelten sollen, die Rede sei, von denen aus der Weg zum denkenden Subjekt ja tatsächlich nicht weit ist. Ganz anders aber könnte die Sache aussehen, wenn man die Reflexion auf den Gedanken durch die sprachphilosophische Reflexion auf die Sätze, die Gedanken ausdrücken, ersetzt. Denn vermittels der Sprache scheint die Kommunikationsgemeinschaft, innerhalb deren wir miteinander sprechen, von Beginn an im Spiel zu sein. Schließlich sind die Verwendung der Worte und die Bildung der Sätze abhängig von sprachlichen Regeln, und diese stellen doch Regeln des Sprachspiels – also Regeln eines intersubjektiven Zusammenhangs – dar. Das mag so sein. Doch trägt es zur entscheidenden Frage nichts bei. Die Frage ist die Frage nach dem Geltungsgrund, jetzt umformuliert als Frage nach dem Geltungsgrund eines Satzes. Die Sätze, um die es hierbei geht, sind die assertorischen Sätze: diejenigen Sätze, die einen Bestandteil der Welt bestimmen. Die entscheidende Frage fragt demnach nach dem Geltungsgrund assertorischer Sätze. Die Frage kann aber nicht lauten: Unter welchen Regeln verwenden wir Worte so, daß sie einen assertorischen Satz ergeben? Das wäre eine Frage nach den Tatsachen eines Wortgebrauchs, die den Grund der Geltung des Satzes nicht erhellt. Sie kann nur lauten: Wie kommt der assertorische Satz dazu, zu gelten? Sie ist eine Frage nach der Rechtssache des Wortgebrauchs. Ein assertorischer Satz aber hat Geltung nur deshalb, weil er eine Einheit ausdrückt. Er will ja einen Bestandteil der Welt bestimmen, also einen Sachverhalt, und ein Sachverhalt ist die Einheit der sich so und so verhaltenden Sache. Der Geltungsgrund eines assertorischen Satzes kann demnach nur diejenige Einheit sein, als die man die

Einheit des Sachverhaltes bestimmt. Die disparaten Informationen über den Sachverhalt vermag man aber nicht anders zu der Einheit zu bringen, in der der assertorische Satz den Sachverhalt bestimmt, als mit Hilfe des identischen Subjekts, das alle seine Informationen begleiten und folglich deren Einheit im Satz aussagen kann. Die Einheit, die der assertorische Satz ausdrückt und vermittels deren ihm Geltung aufgeschlossen wird, ist darum der Gedanke. Und es ist folglich das denkende Subjekt, das den Geltungsgrund noch unserer Sätze abgibt. Die sprachphilosophische Wende führt darum vom Subjekt nicht weg.

Auch dieser Einwand ist von einem verwandten Vorwurf an Habermas zu unterscheiden. Seitens der Subjektivitätsphilosophie wird oft eingebracht, Habermas könne den *Vollzug von Selbstbewußtsein* im Kommunikationsmodell nicht erklären; er müsse es und mit ihm die Subjektivitätsphilosophie daher voraussetzen.[26] Ganz abgesehen vom Gelingen oder Mißlingen der Argumentation hierfür – der Vorwurf kann die zur Entscheidung stehende Sache schon seiner Zielsetzung nach gar nicht betreffen. Denn auch er betrifft nur Tatsachen, nicht aber Rechtssachen. Der Vorwurf will sagen: Die Tatsache des Selbstbewußtseins kann mit kommunikativer Vernunft nicht erklärt werden. Konsequenterweise bemüht sich die von Habermas vorgebrachte Antikritik daraufhin, zu zeigen, daß diese Tatsache sehr wohl kommunikativ erklärt werden kann.[27] Doch das Problem der Subjektivität ist nicht das Problem der Tatsache des Selbstbewußtseins. Das Problem der Subjektivität ist vielmehr das Problem des Subjekts als Geltungsgrund. Selbst wenn also das Faktum des Selbstbewußtseins sich kommunikativ erklären ließe, folgt daraus noch nicht, daß diese Antwort auf eine *quaestio facti* auch die *quaestio iuris* nach der Geltungsbegründung eines assertorischen Satzes beantwortete – genausowenig wie das Scheitern einer kommunikationstheoretischen Antwort auf die *quaestio facti* das Gelingen der Subjektivitätsphilosophie bezüglich der *quaestio iuris* bedeutet. Mag Selbstbewußtsein immerhin sich nur auf der Basis von Kommunikation vollziehen, was den

26 *Dieter Henrich*, Was ist Metaphysik – was Moderne? Thesen gegen Jürgen Habermas, in: *ders.*, Konzepte. Essays zur Philosophie in der Zeit, Frankfurt am Main 1987, S. 11-43; *Manfred Frank*, Selbstbewußtsein und Selbsterkenntnis. Essays zur analytischen Philosophie der Subjektivität, Stuttgart 1991, S. 447 ff.

27 *Habermas*, Metaphysik nach Kant, op. cit., S. 32.

Geltungsgrund eines assertorischen Satzes und des von ihm ausgedrückten Gedankens darstellt: das Subjekt oder die Kommunikationsgemeinschaft, wird dadurch nicht entschieden. Tatsachenfragen tragen zu Rechtsfragen nichts bei.

Habermas' Kommunikationsgemeinschaft aber betrifft die Rechtsfrage nach dem Geltungsgrund eines Satzes oder Gedankens ebensowenig wie der erwähnte Vorwurf. Denn auch die Kommunikationsgemeinschaft kann höchstens zur Tatsachenfrage nach den Bedingungen des Wortgebrauchs im Sprachspiel beitragen. Es ist daher nur folgerichtig, wenn das Modell kommunikativer Vernunft genau den Geltungsgrund eines Gedankens und des den Gedanken ausdrückenden Satzes unterschlägt, indem es allein vom *Geltungsanspruch* ausgeht. Da der Anspruch auf Geltung tatsächlich ein Anspruch an den anderen ist, befindet man sich mit ihm immer schon in der intersubjektiven Verständigungssituation. Doch der Grund dafür, einen Anspruch auf Geltung überhaupt erheben zu können, liegt vor dieser Verständigungssituation im Geltung erschließenden Denken des Gedankens beschlossen: *im* identischen Subjekt. Die kommunikative Vernunft sitzt demnach der subjektiven Vernunft bloß auf. Indem sie ihren Ausgang allein vom Geltungsanspruch, nicht vom Geltungsgrund nimmt, verschleiert sie zwar diese Abhängigkeit, überwindet sie jedoch nicht. Aufgrund solcher Abhängigkeit vermag Habermas der neuzeitlichen Subjektivität nicht zu entgehen. Keineswegs ist kommunikative Vernunft deren überwindende Erbin. Im Gegenteil. Weder vermag sie die von Hegel herausgestellte Entzweiung zu beheben noch eine Alternative zu Kants geltungsbegründendem Subjekt anzubieten. Sie bleibt an Subjektivität gebunden.

VII

Damit schwindet die Attraktivität des Modells gewaltig. Durch das überwindende Beerben der neuzeitlichen Rationalität im Abschied von Subjektivität als Vernunftbestimmung bezog die Theorie kommunikativer Vernunft ihre Stärke, die sie aus sich selbst heraus nicht hat. Mit dem Verlust dieser lösenden Bindung an Kant und Hegel schnurrt ihre Reichweite zusammen auf Erwägungen über das, was man eben brauchen mag, um sich miteinander zu verständigen. Weder erlaubt das Medium der Sprache die bewahrende Aufhebung der Hegelschen Versöhnung, noch ersetzen die intersubjektiven Geltungsansprüche den Geltungsgrund »Subjekt«. Die überwindende Positionierung im philosophischen Diskurs der Moderne ist damit verloren. In solcher Positionierung wollte die Theorie des kommunikativen Handelns die Tagseiten neuzeitlicher Vernunft bewahren und deren Nachtseiten mit der Subjektivitätsphilosophie aufklärerisch hinter sich lassen. Der Moderne neue Kleider wären dann: Verständigung, Zwanglosigkeit, Intersubjektivität. Hell und vor allem versöhnlich sähe die Moderne in diesen durch die doppelte Umwandlung Kants und Hegels gewirkten Kleidern aus. Aber sie ist ja ganz nackt.

Kommunikative Macht

I

Politische Philosophie ist mehr als eine Philosophie der Politik. Politische Philosophie hat die Politik nicht nur zum Gegenstand, sondern ist selber politisch. Dadurch stellt sie eine besondere Form der Reflexion dar. Indem sie über die Politik nachdenkt, denkt sie über sich selber nach, die sie eine der politischen Gestalten bildet. Die Philosophie, die eine politische Philosophie darstellt, bezieht sich somit immer auch auf sich, wenn sie sich auf ihren Gegenstand, die Politik, bezieht. Zugleich bezieht sich in der politischen Philosophie ebenfalls Politik auf sich selbst. Denn indem eine von deren Gestalten, die politische Philosophie, über Politik nachdenkt, denkt Politik in einer ihrer Gestalten über sich selber nach. Politische Philosophie ist demnach der Vollzug einer merkwürdigen doppelten Reflexion. In ihr findet ein ständiger Selbstbezug von Philosophie und von Politik statt.

Dieser Selbstbezug steht unter der Frage, die den Raum der Politik eröffnet: die Frage nach dem Guten. Wie immer man das Gute auch bestimmen will, als Gutes für uns oder als Gutes schlechthin, als Verfahren oder als Bestand, als Freiheit oder als Gesetz – die Frage des Sokrates ist der Fluchtpunkt, auf den das politische Handeln hinausläuft. Denn da noch die politische Enthaltsamkeit gegenüber der Frage nach dem Guten sich selber als etwas politisch Gutes geltend macht und also eine der Antworten auf diese Frage darstellt, bildet die Frage nach dem Guten die Voraussetzung aller Politik. So reguliert sich die Reflexion von Politik in der politischen Philosophie, die zugleich deren Selbstreflexion darstellt, im Blick auf die Idee des Guten. Politische Philosophie ist Nachdenken im Fluchtpunkt jener Idee.

Daher befindet sich die politische Philosophie ihrem Wesen nach im Streit. Zur Politik gehört es ja, daß die Auffassungen darüber, was gut sei, miteinander ringen, friedlich oder gewaltsam. »Groß ist der Kampf darum, ob das Gute oder das Schlechte werde:«, meinte derselbe Sokrates (μέγας ὁ ἀγών τὸ χρηστὸν ἢ κακὸν γενέσθαι).[1]

1 *Platon*, Politeia X, 608 b 4-5.

Als eine Gestalt der Politik birgt auch die politische Philosophie diesen Kampf. Ihre doppelte Reflexion steht im Zeichen des Streites um das Gute.

II

Politische Philosophie in dem beschriebenen Sinn ist das Denken von Jürgen Habermas. Inzwischen erlaubt die Studienausgabe seiner *Philosophischen Texte*, es zu überblicken.[2] Ihre weitgespannten Themen – von der Sprachpragmatik bis zur Modernitätsdiagnose, von der Theorie der Sozialwissenschaften bis zum Vernunftbegriff – sind ausgerichtet auf eine Idee des Guten, unter der die Politik steht. Daher erklären sich die immanente Streitbarkeit dieses Denkens und sein innerer Bezug auf die Rolle des öffentlichen Intellektuellen, der mit seinem Wort in die Kämpfe der Gegenwart eingreift.

Die Rolle des öffentlichen Intellektuellen, durch die Habermas, spätestens seit den hochschulpolitischen Auseinandersetzungen der sechziger Jahre des vorigen Jahrhunderts, aus der Menge seiner akademischen Kollegen heraussticht, wird immer wieder von seinem philosophischen Werk getrennt.[3] Gerade Habermas selbst ist um diese Trennung bemüht: »In d[e]m Handgemenge habe ich mich um eine möglichst strikte Trennung der Rollen des Intellektuellen auf der einen, des Wissenschaftlers und akademischen Lehrers auf der anderen Seite bemüht.«[4] Doch die Trennung ist künstlich. Die Studienausgabe der philosophischen Schriften läßt das ahnen. Ihr Verfasser muß eingestehen: »Freilich lassen sich die Veröffentlichungen nicht immer nach akademischen Abhandlungen und ›Kleinen politischen Schriften‹ trennscharf sortieren.«[5] Das entspricht der politischen Verfassung der politischen Philosophie. Sie verlangt den politischen Philosophen, der den Streit um das Gute

2 *Jürgen Habermas*, Philosophische Texte. Studienausgabe, Frankfurt am Main 2009. Im folgenden wird diese Ausgabe unter der Sigle »PT« zitiert.

3 Dazu *René Gabriëls*, Intellektuelle, in: *Hauke Brunkhorst* u.a. (Hrsg.), Habermas-Handbuch, Stuttgart 2009, S. 324-328; *William Outhwaite*, Habermas. A Critical Introduction, Cambridge 2009, S. 3 f.

4 *Jürgen Habermas*, Politische Theorie. Einleitung, in: PT IV, S. 9-34, hier: S. 10.

5 Ibidem.

ausficht. Der politische Philosoph aber ist, unter den Bedingungen des freiheitlichen Staates, der Intellektuelle, der in die öffentliche Meinung eingreift. Und er ist dies umso mehr, wenn seine eigene Lehre die kommunikative Vernunft der Öffentlichkeit zum rechtfertigenden Medium des Politischen erklärt. So stellt die Rolle des öffentlichen Intellektuellen, die Habermas wie kaum ein anderer auszufüllen weiß, keine Zutat zu den philosophischen Überlegungen seines Werkes dar. Vielmehr ergibt sie sich nahtlos aus der politischen Verfassung seiner Philosophie.

Die Idee des Guten aber, um die der politische Streit zuletzt stets geht, nimmt in dem nun überschaubaren Lebenswerk eine besondere Gestalt an. Sie ist »verflüssigt«, benennt nichts Substantielles, sondern etwas, das sich als Voraussetzung des gesellschaftlichen Handelns in dessen vielfältigen Vollzugsformen als die Verfahrensweise geltend machen läßt, die zum Maßstab des Handelns zu werden vermag. Für diese Voraussetzung verwendet Habermas verschiedene Ausdrücke: Diskursprinzip, Struktur der Argumentationspraxis, kommunikative Vernunft. Erst relativ spät, in seiner Rechtsphilosophie, hat er schließlich den Begriff gefunden, auf den sein Werk hinausläuft: »kommunikative Macht«.[6] Der Sache nach schließt der Begriff der kommunikativen Macht Habermas' philosophische Schriften zusammen. In ihm werden die Reflexion von Politik, die immer einen Machtvollzug bedeutet, und die Reflexion der Philosophie, die Habermas als Ausdruck kommunikativer Vernunft verfassen will, zusammengebunden. Er stellt mithin die Idee des Guten dieser politischen Philosophie dar.

III

Den ersten Schritt in die Richtung dieser Idee ging Habermas mit den Christian Gauss Lectures 1971 in Princeton.[7] Diese Vorlesungsreihe wird von ihm selber als der entscheidende Einschnitt seines

6 *Jürgen Habermas*, Volkssouveränität als Verfahren, in: PT IV, S. 35-69, hier: S. 59. Er steht allerdings spätestens seit seinem Aufsatz über Hannah Arendts Begriff der Macht, in: *Jürgen Habermas*, Philosophisch-politische Profile, Frankfurt am Main 1981, S. 228-249, im Hintergrund.

7 *Jürgen Habermas*, Vorlesungen zu einer sprachtheoretischen Grundlegung der Soziologie, in: PT I, S. 29-156, hier: S. 29 ff.

Denkens gewichtet, an dem er nicht mehr ein transzendentales Bewußtsein zum Konstituens der gesellschaftlichen Beziehungen nahm, sondern die Praktiken einer umgangssprachlichen Kommunikation mit Wahrheitsbezug. Die Rationalität der Kommunikation tritt so an die Stelle der Philosophie des Subjektes.

Zwar war dieses bereits in der nachhegelschen Philosophie detranszendentalisiert worden. Doch die Situierung des Subjektes in Raum und Zeit hat weiterhin am Subjekt als dem Konstituens der Gesellschaft festgehalten, und auch das klassenbewußte Proletariat, mit dem der Marxismus die individualistische Perspektive überwinden wollte, war nichts anderes als ein ins Überindividuelle aufgeblasenes Großsubjekt. Erst im Blick auf die Sprechakte handelnder Subjekte konnte das Paradigma der Subjektivität verlassen werden. Die Vernunft der Verständigung trat hervor. Deren Geflecht der Kommunikation bindet zudem, anders als die Linguistik des Strukturalismus, die Sprache an ihren Wahrheitsbezug. Das Sprachgeflecht bildet kein bloß systemisches Ineinander, sondern eine Verständigung im Raum der Gründe. Daher bleibt die Möglichkeit zur Kritik erhalten. Die in diesem Raum erhobenen Wahrheitsansprüche können auf ihre Einlösung hin überprüft werden, während ein sprachlicher Strukturalismus nur das System der Sprache zu beschreiben vermöchte. Der Schritt in das Paradigma der Kommunikation ermöglichte folglich zweierlei: den Abschied vom Subjekt als dem Konstituens der Gesellschaft und die Bewahrung der Möglichkeit zur Kritik. Die weiteren Schriften haben das Paradigma dann ausgestaltet. So lautet jedenfalls die Genealogie, die der Autor des Werkes selbst gibt.[8]

Zwei Begriffspaare ermessen den Grund dieser neuen Theorie. Zum einen erschließt der Gegensatz zwischen Erfolgsorientierung und Verständigungshandeln das Feld der soziologischen Handlungsbegriffe. Die Orientierung am Erfolg ist kennzeichnend für das strategische Handeln. Ihm entgegen stehen die Varianten des nicht-strategischen Handelns. Die klassische Soziologie bot zum Verständnis des nicht-strategischen Handelns zwei Modelle an.[9] Sie begriff es, einerseits, als normenreguliertes Handeln, das sich um

8 *Jürgen Habermas*, Sprachtheoretische Grundlegung der Soziologie. Einleitung, in: PT I, S. 9-28, hier: S. 11 ff.

9 *Jürgen Habermas*, Erläuterungen zum Begriff des kommunikativen Handelns, in: PT I, S. 157-196, hier: S. 167 ff.

der Aktualisierung eines bestehenden normativen Einverständnisses willen mit anderem Handeln verständigt. Die gesellschaftliche Ordnung ist dann ein System bestehender Normen und Institutionen, und die Befolgung dieser Normen bedeutet die Erfüllung einer gesellschaftlichen Erwartungshaltung (Rolle). Anderseits konnte das nicht-strategische Handeln nach dem Vorbild des Theaterspiels verstanden werden. Hier erfolgt die Verständigung mit anderem Handeln um der Selbstinszenierung willen, mit der man andere Handelnde beeindruckt. Die gesellschaftliche Ordnung ist dann ein Pluralismus von sich selbst behauptenden Identitäten, die sich vor Zuschauern präsentieren. Gegen diese beiden Modelle, deren erstes mit Talcott Parsons und deren zweites mit Erving Goffman verbunden ist, bringt Habermas den Begriff des Verständigungshandelns ins Spiel. Das normenregulierte Handeln setzt ein »übersozialisiertes« Subjekt des Handelns: Der Handelnde reproduziert bloß das System der Normen. Das dramaturgische Handeln wiederum setzt ein »untersozialisiertes« Subjekt des Handelns: Der Handelnde präsentiert sich bloß der Gesellschaft. Die Frage »Wie ist soziales Handeln möglich?«[10] benötigt daher eine dritte Antwort. Sie besteht in dem Begriff des Verständigungshandelns. Das Verständigungshandeln ist auf anderes Handeln dadurch bezogen, daß es in dem Raum verschiedener Geltungsansprüche die Ansprüche der anderen Handelnden anerkennt und im Blick auf eine gemeinsame Verständigung aufgreift.[11] Es verbindet hierin die Spontaneität des dramaturgischen Handelns mit der Gesetzlichkeit des normenregulierten Handelns. Spontan ist es, weil es selber einen Geltungsanspruch erhebt und nicht nur ein Normensystem reproduziert; gesetzlich ist es, weil es den Grundnormen der Kommunikation – Wahrheit, Richtigkeit, Wahrhaftigkeit – unterliegt. So entfaltet das Verständigungshandeln die Gesetzlichkeit der spontanen Kommunikation.

Das ist das erste Begriffspaar: Verständigungshandeln versus Erfolgsorientierung. Das zweite Begriffspaar besteht in der Komplementärbeziehung von Lebenswelt und kommunikativem Handeln. Es verbindet die Lehre vom Handeln mit der Theorie der Gesellschaft. Die Lebenswelt ist der Horizont, aus dem die Handelnden

10 Ibidem, S. 157.
11 Ibidem, S. 176.

ihre Interpretationsleistungen bestreiten.[12] In diesem Horizont finden die Prozesse der Verständigung statt. Die Lebenswelt beheimatet somit das kommunikative Handeln: Sie ermöglicht die Erfahrung der zwanglos einigenden argumentativen Rede. Aus dieser Erfahrung entsteht ein eigentümliches Wissen um den lebensweltlichen Horizont. Es ist implizit, holistisch und, weil die Voraussetzung der Verständigung betreffend, nicht disponibel. Von ihm kann sich das strategische Handeln, am Erfolg orientiert, entfernen; ja, es kann sich sogar gegen es wenden. Das kommunikative Handeln hingegen lebt stets aus der Erfahrung der Lebenswelt. »Die Aneignung von Traditionen, die Erneuerung von Solidaritäten, die Vergesellschaftung von Individuen bedürfen der naturwüchsigen Hermeneutik der Alltagskommunikation und damit des Mediums sprachlicher Konsensbildung.«[13] Mithin verweist der Begriff des sozialen Handelns auf eine bestimmte Form der Gesellschaft: die Lebenswelt, in der das Verständigungshandeln geschieht. Auch sie ist von der Normativität der spontanen Kommunikation geprägt.

Auf dieser Grundlage wird der doppelte Zug des neuen Paradigmas sichtbar. An die Stelle des Subjektes ist die Verständigung im Horizont der Lebenswelt als Konstituens der Gesellschaft getreten. Zugleich bewahren die Geltungsansprüche der Kommunikation die Möglichkeit zur Kritik. Sie beruhen auf zwei allgemeinen Hinsichten. Zum einen vermag das strategische Handeln vom Boden des lebensweltlichen Verständigungshandelns aus kritisiert zu werden: sofern es nämlich die Alltagskommunikation »kolonialisiert«.[14] Zum andern sind auch die Traditionen der Alltagskommunikation selber der Kritik, deren Voraussetzung sie darstellen, nicht enthoben. Denn sie können mit den Geltungsansprüchen der Kommunikation, die sie als kontingente Traditionen bedingen, in einen Widerstreit geraten. So werden Grundlegung und Kritik der Gesellschaft gleichermaßen ermöglicht.

12 Ibidem, S. 178 ff.

13 Ibidem, S. 192.

14 Dazu *Mattias Iser*, Kolonialisierung, in: *Brunkhorst* u. a. (Hrsg.), op. cit., S. 328-331; *William Outhwaite*, op. cit., S. 80 ff.

IV

Aber es bleibt eine Lücke: Das Bedürfnis nach Kritik und Intersubjektivität ist selber nicht begründet. Die Genealogie der Theorien, aus der es hergeleitet wurde, stellt eine reine Suggestion dar, solange sie selber keinen Grund besitzt, der sie bestimmt. Warum also sollte das Verständigungshandeln als Grundlage der Lehre von der Gesellschaft dienen? Um diese Frage zu beantworten, ist das Prinzip der Kommunikation selber zu legitimieren. Nicht nur bedarf die Wissenschaft von der Gesellschaft ihrer »sprachtheoretischen Grundlegung«.[15] Auch diese Grundlegung bedarf der Begründung. Anders gesagt: Die Normativität der Verständigung muß gerechtfertigt werden. Ihre Rechtfertigung aber erfolgt in der Ethik, die das Paradigma der Kommunikation als den Maßstab des Handelns nicht nur behauptet, sondern ausweist.

Das Diskursprinzip zum Prinzip der Ethik zu erheben ist der Schritt, mit dem Habermas das Verständigungshandeln als den Maßstab alles Handelns zu rechtfertigen sucht. Als Prinzip der Ethik besitzt es die Normativität, die ihm als bloß faktischem Produkt einer sozialwissenschaftlichen Theoriegeschichte nicht zukommt. Jenen Schritt geht Habermas unter Anleitung von Karl-Otto Apels Diskursethik.[16] Er ist indessen von dieser durch seinen Verzicht auf die starken transzendentalen Ansprüche unterschieden, durch die Apels Entwurf sich auszeichnet. Der Ausgangspunkt ist die Einsicht, daß man Normen nicht ansehe, ob sie zu Recht bestünden. Die normative Frage, so könnte man hier mit Christine Korsgaard einfügen, ist ja eine Frage der ersten Person Singular: die Frage »Warum soll ich das tun?«. Wenn sie an eine Norm, die als solche über den einzelnen hinausreicht, gestellt wird, kann es nur ein Verfahren geben, die Geltung der Norm zu begründen. Die Norm muß die Zustimmung aller Teilnehmer einer Verständigung über sie finden können – ein jeder muß sie, unter den Bedingungen eines rationalen Diskurses, zu akzeptieren vermögen. Hieraus folgt der Universalisierungsgrundsatz des Diskursprinzips: »Bei gültigen Normen müssen Ergebnisse und Nebenfolgen, die sich voraussichtlich aus einer allgemeinen Befolgung für die Be-

15 *Habermas*, Vorlesungen sprachtheoretische Grundlegung op. cit., S. 29 ff.

16 Dazu *Rainer Forst*, Diskursethik, in: *Brunkhorst* u. a. (Hg.), op. cit., S. 306-307.

friedigung der Interessen eines jeden ergeben, von allen zwanglos akzeptiert werden können«.[17] Er liegt dem Durchgang der Normen durch den Diskurs zugrunde.

Das so eingeführte Universalisierungsprinzip enthält vier pragmatische Bedingungen, denen alle Teilnehmer an einem Diskurs über Normen sich unterstellen. (i) Sie erkennen die Inklusivität des Diskurses an, da ansonsten die Akzeptabilität einer Norm nicht für alle gewährleistet werden kann und die Geltung der Norm vor der Frage »Warum soll ich das tun?« zweifelhaft würde. (ii) Aus demselben Grund erkennen sie die Gleichverteilung von kommunikativer Freiheit an. (iii) Sie unterstellen einander Aufrichtigkeit, da ansonsten keine Argumentation geführt werden könnte. (iv) Sie erkennen die Zwanglosigkeit des Diskurses an, da die Akzeptabilität einer Norm nicht aus deren faktischer Auferlegtheit hergeleitet werden kann. Anders gesagt: Es zählt nur der berühmte »zwanglose Zwang des besseren Arguments«.[18] Die vier pragmatischen Bedingungen des Diskursprinzips reichen aber nicht aus, um moralische Normen zu begründen. Sie gelten ja nur als pragmatische Voraussetzungen der Argumentation. Um das Handeln auch außerhalb der Argumentation anzuleiten, muß das Diskursprinzip sich hingegen weiter spezifizieren lassen. Dies gelingt, indem es mit den Lebenserfahrungen einer moralischen Gemeinschaft verbunden wird.[19] Denn aus solchen Lebenserfahrungen entspringt ein Wissen darum, daß moralische Aussagen ihre Richtigkeit beanspruchen. Und dem moralischen Wissen verwandeln sich die vier Bedingungen des Diskursprinzips in existentielle Ansprüche. Es geht jetzt nicht mehr nur um die Teilnahme an einer Argumentation, sondern um die Richtigkeit normativer Gehalte. Sie wird gewährleistet durch den diskursiven Durchgang durch das Medium verfügbarer Gründe, besteht sonach nicht in einem rechtfertigungstranszendenten Bezugspunkt, sondern in ihrer ideal gerechtfertigten Akzeptabilität.[20]

17 *Jürgen Habermas*, Treffen Hegels Einwände gegen Kant auch auf die Diskursethik zu?, in: PT III, S. 116-140, hier: S. 119 u. ö.

18 *Jürgen Habermas*, Kommunikatives Handeln und detranszendentalisierte Vernunft, in: PT II, S. 146-207, hier: S. 150.

19 *Jürgen Habermas*, Zur Architektonik der Diskursdifferenzierung. Kleine Replik auf eine große Auseinandersetzung, in: PT III, S. 435-460, hier: S. 446 ff.

20 *Jürgen Habermas*, Richtigkeit versus Wahrheit. Zum Sinn der Sollgeltung moralischer Urteile und Normen, in: PT III, S. 382-434, hier: S. 397.

Das heißt: Existentiell anspruchsvolle Normen sind dann richtig, wenn sie anerkennungswürdig sind. Das Diskursprinzip spezifiziert sich hierdurch zu dem Prinzip der Generierung von Normen, die auch außerhalb der Argumentationspraxis gelten. Die Lebenswelt selber kommt dem Diskursprinzip entgegen, um es mit dem Wissen um die existentiellen Ansprüche moralischer Normen zu verbinden – und zugleich wiederum in ihm den Grund des Verfahrens zu erkennen, moralisches Wissen zu gewinnen.

Das Paradigma der Kommunikation hat somit seinen Grund gefunden. Weil die Handlungsnormen sich über das Diskursprinzip generieren lassen, ist die Kommunikation der Maßstab des Handelns. Wie kann man den Status dieses Grundes verstehen? Habermas betont, daß das Diskursprinzip keine transzendentale Notwendigkeit besitze und auch kein präskriptives Muß darstelle.[21] Die Detranszendentalisierung, die seine Lehre vornimmt, ist deutlich. Mit Kant verbindet Habermas zwar die Prüfung moralischer Normen durch einen Grundsatz der Verallgemeinerung, doch die Abgrenzung erfolgt gleich mehrfach: An die Stelle der Maximenreflexion des Subjektes tritt die Argumentationspraxis des öffentlichen Diskurses; an die Stelle des Faktums der Vernunft tritt die Herleitung aus allgemeinen Voraussetzungen der Argumentation; an die Stelle des strengen Formalismus treten entgegenkommende Lebensformen.[22] All dies situiert den Handelnden im kommunikativen Raum, der immer auch im Verständigungshandeln der Lebenswelt besteht. Transzendental ist das Diskursprinzip daher nur in einem »schwachen«[23] Sinn. Es ist die Voraussetzung einer Praxis, zu der es keine Alternativen gibt. Begründet erweist sich das Prinzip nur durch den Nachweis, daß jeder, der sich auf eine Argumentation einläßt, es als gültig unterstellt.[24] Insofern hat er keine Alternative zu ihm. Doch das Faktum, daß er sich auf die Argumentation einläßt, ist nicht alternativlos. Aus diesem Grund

21 *Jürgen Habermas*, Erläuterungen zur Diskursethik, in: PT III, S. 179-308, hier: S. 261.

22 *Habermas*, Treffen Hegels Einwände gegen Kant auch auf die Diskursethik zu?, op. cit., S. 128 ff.

23 *Jürgen Habermas*, Diskursethik. Notizen zu einem Begründungsprogramm, in: PT III, S. 31-115, hier: S. 60.

24 *Habermas*, Treffen Hegels Einwände gegen Kant auch auf die Diskursethik zu?, op. cit., S. 120.

ist es nur ein »schwaches« transzendentales Prinzip, das auf entgegenkommende Lebensformen angewiesen ist, ohne die die Handelnden sich gar nicht auf die Argumentation einließen.

Das Paradigma der Kommunikation erweist sich folglich als etwas, das einer bestimmten Faktizität alternativlos zugrunde liegt. Diese Begründung gleicht der »transzendentalen Methode« des Neukantianismus, die ebenfalls von einem Faktum auf dessen Bedingungen zurückschloß. Sie ist in der Tat nur in einem »schwachen« Sinne transzendental zu nennen. Denn sie legt nur die Bedingungen dar, die erfüllt sein müssen, wenn etwas gültig sein möchte, nicht aber, daß etwas gültig ist. So auch bei Habermas. Wenn die Argumentationspraxis gültig sein möchte, dann muß sie das Diskursprinzip anerkennen. Ob aber das Faktum der Argumentation selber Gültigkeit besitzt, kann nicht letztbegründet werden. Es hängt davon ab, daß man sich auf die Argumentation überhaupt einläßt. Dies ermöglichen die Lebenswelten, die der Argumentation nicht nur entgegenkommen, sondern das Diskursprinzip und seine vier Implikate auch in Handlungsgründe außerhalb der Argumentation umsetzen.

V

Die Bedeutung der lebensweltlichen Kommunikation ist so erneut zutage getreten. Ohne sie hinge das Diskursprinzip in der Luft. Das aber führt auf die Theorie der Gesellschaft zurück. Wie kann die kommunikative Struktur der Lebenswelt begründet werden, wenn sie selber doch das Diskursprinzip insofern mitbegründet, als man sich ohne sie auf die Argumentationspraxis gar nicht einlassen würde – und folglich das Prinzip nicht in Geltung träte?

Hier sind zwei Dinge zu unterscheiden. Zum einen muß das Diskursprinzip selber lebensweltlich wirksam werden. Das heißt, es muß als Bedingung der Argumentation nicht nur deren Geltung, sondern auch deren Faktizität betreffen. Die kommunikative Struktur der Lebenswelt ist ja etwas Faktisches. Zugleich ist sie, ihrem Begriff nach, vom Diskursprinzip geregelt. Das Prinzip argumentativer Geltung hat mithin eine faktische Struktur anzuleiten. Zum andern muß das Diskursprinzip zur Legitimation dieser Struktur dienen können. Denn wenn es auch von der ihm entgegenkommenden Lebenswelt abhängt, so muß es doch rückwirkend deren Struktur legitimieren können, um nicht im Illegitimen zu verharren. Beide Probleme werden von der politischen Theorie im engeren Sinn behandelt. Denn die Strukturierung der Lebenswelt ist eine Angelegenheit der Politik. Und die Legitimität solcher Strukturierung ist ebenfalls eine politische Frage. Das Paradigma der Kommunikation mündet folglich in die politische Artikulation des Diskursprinzips.

Das erste Problem führt in den Komplex von Faktischem und Kontrafaktischem[25] hinein. Das Diskursprinzip ist eine kontrafaktische Unterstellung.[26] Die tatsächlichen Argumentationen erfüllen nur selten den Grundsatz der Universalisierung mit seinen vier Implikaten der Inklusivität, Gleichverteilung der Freiheit, Aufrichtigkeit und Zwanglosigkeit. Die Unterstellungen übersteigen daher die Tatsachen. Insofern ist das Prinzip kontrafaktisch. Zugleich stellt es indessen mehr dar als eine regulative Idee im Sinne Kants. Denn die Voraussetzungen, die das Diskursprinzip ausdrückt, muß ein jeder faktisch machen, wenn er in die Argumentation eintreten will.[27] Die idealisierten Voraussetzungen erweisen sich hierdurch als konstitutiv für das Verständigungshandeln. Die kontrafaktischen Unterstellungen konstituieren die Fakten der Kommunikation. Das heißt konkret: Man bemüht sich, daß alle irgend relevanten Stimmen Gehör finden, daß die besten Argumente zur Geltung gelangen und daß nur der zwanglose Zwang des besseren Argumentes die Stellungnahmen bestimmen. Diese eigentümliche Spannung zwischen idealisierten Voraussetzungen und tatsächlicher Verständigung erweist sich als der Zwang, unter kontrafaktischen Voraussetzungen faktisch zu handeln. Habermas sieht dies als eine weitere Detranszendentalisierung Kants an: An die Stelle der Nötigung durch den kategorischen Imperativ, die Kant aus dem Widerstreit von Intelligiblem und Phänomenalem herleitet, tritt der Zwang, daß das weltliche Handeln sich unter kontrafaktischen Bedingungen faktisch vollziehe. Die kontrafaktischen Bedingungen sind nichts bloß Intelligibles. Sie sind den kommunikativen Strukturen

25 Dazu *Andreas Koller*, Kontrafaktische Voraussetzungen, in: *Brunkhorst* u.a. (Hrsg.), op. cit., S. 338-343.

26 *Jürgen Habermas*, Diskursethik und Gesellschaftstheorie. Ein Interview mit T. Hviid Nielsen, in: PT III, S. 141-178, hier: S. 162.

27 Ibidem, S. 163

der Lebenswelt ablesbar. Aber sie zwingen das faktische Handeln, sich ihnen gemäß zu gestalten, wenn es nicht seinem eigenen Maßstab, dem Diskursprinzip, zuwiderlaufen möchte. Daraus folgt, daß die kommunikativen Strukturen der Lebenswelt insgesamt unter dem Zwang stehen, das faktische Miteinander der Handelnden an das Diskursprinzip anzunähern, das sie implizit anleitet. Habermas nennt dies eine »Transzendenz von innen«.[28]

Das Ziel solcher Transzendenz ist eine unbegrenzte Kommunikationsgemeinschaft. In ihr wären die kontrafaktischen Voraussetzungen und das faktische Handeln zur Deckung gebracht. Sie bleibt Ideal. Aber ihre Idee ist allen aufgegeben, die sich überhaupt auf Argumentationen einlassen. Der Zwang, unter dem die kommunikativ Handelnden stehen, lautet daher: jene Idee zu verwirklichen. Genauer gesagt, wird der Zwang von den idealisierten Unterstellungen der Kommunikation bewirkt, während die Idee der unbegrenzten Kommunikationsgemeinschaft eine methodische Fiktion darstellt.[29] Jene sind keine Ideale, denen die Wirklichkeit sich annähern müsse, sondern Unterstellungen, die ein jeder Teilnehmer der Argumentation macht. Die unbegrenzte Kommunikationsgemeinschaft hingegen bleibt eine aufgegebene Fiktion, zu der uns die Unterstellungen bewegen. »Die regulative Idee der Gültigkeit von Äußerungen ist konstitutiv für die durch kommunikatives Handeln erzeugten sozialen Tatsachen.«[30] Allerdings bleibt es dabei, daß es sich hier nicht um ein präskriptives Muß handelt. Denn ob man sich auf die Argumentation einläßt oder nicht, bleibt weiterhin ein schieres Faktum ohne normativen Gehalt. Sonach entsteht die Lage, daß einerseits das kontrafaktische Prinzip faktische Kraft besitzt und anderseits das Faktum der Argumentationsteilnahme jenes Prinzip überhaupt erst in Geltung setzt.

Der Gedankengang ist dann der folgende. Das Diskursprinzip regelt die kommunikative Struktur der Lebenswelt; die Teilnehmer dieser Struktur stehen unter der Aufgabe, die Kommunikationsgemeinschaft zu entgrenzen; ihr Handeln findet in dieser Aufgabe seinen Beweggrund; sie beziehen den Anderen in diese Gemeinschaft ein; auch der Andere wird, einmal einbezogen, von der faktischen Kraft des Kontrafaktischen bewegt; die Kommunikationsgemein-

28 Ibidem, S. 164.
29 Dazu *Andreas Koller*, op. cit., S. 340.
30 *Habermas*, Interview mit Nielsen, op. cit., S. 163.

schaft dehnt sich mehr und mehr aus; die Lebenswelt kommt dem Diskursprinzip mehr und mehr entgegen; entsprechend dehnt das Diskursprinzip seine Geltung mehr und mehr aus. So würde die Idee der unbegrenzten Kommunikationsgemeinschaft – die Einbeziehung des Anderen – asymptotisch verwirklicht.

VI

Wie aber kann die Legitimität der Verwirklichung erwiesen werden? Diese Frage führt auf die Behandlung des zweiten Problems. Wenn gezeigt werden kann, daß die kommunikative Struktur der Lebenswelt Legitimität besitzt, dann ist auch die Ausdehnung dieser Struktur legitim. Legitimität besitzt die kommunikative Struktur der Lebenswelt wiederum dann, wenn sie in der Legitimationsquelle des menschlichen Miteinanders überhaupt verwurzelt ist. Und das heißt: Sie ist dann legitim, wenn sie in der Legitimitätsquelle der Politik, die ja die Gestaltung des menschlichen Miteinanders darstellt, verwurzelt ist. Die faktische Kraft kontrafaktischer Voraussetzungen erlangt mithin dann Legitimität, wenn sie sich an die Legitimitätsquelle der Politik anzubinden vermag.

Als den Rechtstitel auf politische Legitimität hat das neuzeitliche Denken immer wieder die Souveränität herausgestellt. Wer souverän ist, der unterliegt keiner weiteren politischen Bedingung. Seine Legitimität kann daher von nirgendwoher bestritten werden. Wer aber ist souverän? Die Antworten variieren von der Fürstensouveränität über die Staatssouveränität bis zur Volkssouveränität. Habermas schließt in seiner politischen Theorie an die Lehre von der Volkssouveränität an.[31] Sie kommt für ihn in der Form des demokratischen Rechtsstaates zu sich. Der demokratische Rechtsstaat ist daher nicht nur eine Staatsform neben andern. Er ist die Staatsform, die die Quelle der Legitimität am besten zu artikulieren vermag: die Volkssouveränität. Habermas zeigt die rechtsstaatliche Artikulation der Volkssouveränität dadurch, daß er die zwei Legitimationsquellen der modernen Demokratie, die Herrschaft des Gesetzes und die Souveränität des Volkes, als Prinzipien versteht, die sich gegenseitig implizieren. Seine Überlegung lautet: Staats-

31 *Habermas*, Volkssouveränität als Verfahren, op. cit., S. 35 ff.

bürger können nur dann politisch partizipieren, wenn sie aufgrund subjektiver Freiheitsrechte unabhängig sind; sie sind aber auch nur dann subjektiv frei, wenn sie politisch partizipieren können.[32] Nun wird die politische Partizipation von dem Prinzip der Volkssouveränität gewährleistet, das den uneingeschränkten Willen der vereinigten Bürger benennt. Die subjektiven Freiheitsrechte wiederum werden von dem Prinzip der Herrschaft des Gesetzes gewährleistet. Folglich gibt es keine Volkssouveränität ohne Herrschaft des Gesetzes und keine Herrschaft des Gesetzes ohne Volkssouveränität. Der demokratische Rechtsstaat artikuliert daher nicht nur in der Dimension, die unmittelbar auf die Volkssouveränität zurückgeht, sondern auch in der Dimension der *rule of law* die Souveränität der vereinigten Bürger.

Diese grundsätzliche Erwägung zeigt, daß die Volkssouveränität nicht, wie etwa bei Rousseau, als Bedingung im Rücken des Staates verstanden werden soll. Eine Trennung zwischen *pouvoir constituant* und *pouvoir constitué* gibt es bei Habermas im Grunde nicht. Vielmehr ist die verfassungsgebende Gewalt des Volkes – also seine Souveränität – mit seiner verfaßten Gewalt untrennbar verbunden. Hierzu muß freilich die Volkssouveränität als ein »Verfahren«[33] und die Verfassung als ein »Projekt« begriffen werden, »das den Gründungsakt als einen über Generationen fortgeführten Prozeß der Verfassungsgebung verstetigt«.[34] Die Volkssouveränität als Verfahren ist nichts anderes als das kontrafaktische Diskursprinzip in seiner faktischen Wirksamkeit: Sie benennt das freie und gleiche Miteinanderhandeln der Bürger, das zu einer Verfassung führt. Der Begriff der verfassungsgebenden Gewalt nimmt die »Simulation«[35] eines solchen kommunikativen Handelns vor. Damit dessen Eigenart nicht wieder zurückgenommen wird, muß auch das Ergebnis jenes Handelns, die Verfassung selbst, dem Diskursprinzip unterstehen. Und das heißt, sie muß als die kommunikativ zu erfüllende Aufgabe begriffen werden, »die unausgeschöpfte normative Substanz des in der Verfassungsurkunde festgelegten Systems der

32 *Jürgen Habermas*, Der demokratische Rechtsstaat – eine paradoxe Verbindung widersprüchlicher Prinzipien?, in: PT IV, S. 154-175, hier: S. 156; *Outhwaite*, op. cit., S. 135 ff.

33 *Habermas*, Volkssouveränität als Verfahren, op. cit., S. 63 ff.

34 *Habermas*, Der demokratische Rechtsstaat, op. cit., S. 157.

35 Ibidem, S. 169.

Rechte zu aktualisieren«.[36] Die verfassungsgebenden Versammlungen von Philadelphia und Paris waren mithin keine abgeschlossenen Geschehnisse. Sie haben vielmehr einen fortwährenden »Verfassungsdiskurs«[37] gestiftet. In ihm drückt sich die Souveränität des Volkes aus, so daß dessen verfassungsgebende Gewalt innerhalb seiner verfaßten Gewalt wirkt.

Die Legitimation der Politik durch die Souveränität des Volkes bedeutet sonach, daß die Politik durch das Diskursprinzip legitimiert wird, das in der Volkssouveränität als Verfahren sich geltend macht. Dann aber ist auch die kommunikative Struktur der Lebenswelt legitimiert: Sie ist ja das Medium jenes Verfahrens, das die Quelle der politischen Legitimation darstellt. Und nun schließt sich endlich der Kreis. Die Lehre von der Gesellschaft fand ihre Begründung im kommunikativen Handeln. Das kommunikative Handeln wurde begründet, weil das Diskursprinzip als Norm des Handelns sich erwies. Das Diskursprinzip konnte sich aber nur deshalb als Norm des Handelns erweisen, weil es auf entgegenkommende Lebensformen setzte, aus denen heraus die Teilnehmer des Diskurses den Diskurs überhaupt aufnehmen. Die entgegenkommenden Lebensformen sodann waren kommunikativ strukturiert, weil das kontrafaktische Diskursprinzip faktische Kraft besitzt. Legitim aber ist diese Strukturierung deshalb, weil die Politik, durch sie sie ihre Struktur erhalten, von der Volkssouveränität als Verfahren legitimiert wird – also von einer Gestalt eben des Diskursprinzips, das der entgegenkommenden Lebensformen bedarf. Das Diskursprinzip legitimiert mithin die Lebensformen, von denen es in seiner Geltung abhängt. Einen letzten Punkt, durch den alles begründet würde, gibt es in diesem Bilde nicht. Statt seiner macht sich das Diskursprinzip von mehreren Seiten aus geltend, die sich im Zusammenspiel tragen sollen.

VII

Dieses Zusammenspiel erstreckt sich keineswegs nur auf Fragen der praktischen Vernunft. Auch die theoretische Philosophie wird von ihm bestimmt. In einer Verbindung von Einsichten Kants mit

36 Ibidem, S. 166.
37 Ibidem, S. 157.

Überlegungen des Pragmatismus versteht Habermas unsere Erkenntnis der Welt als deren Entwurf im Rahmen kommunikativer Verständigung.

Der hier aufleuchtende »kantische Pragmatismus«[38] wird von einer Frage bewegt, die sich aus dem Paradigma einer lebensweltlich situierten Vernunft ergibt. Die Frage lautet: Behält eine lebensweltlich situierte Vernunft die revisionäre Kraft zur Veränderung der Weltwahrnehmung?[39] Mit der Frage trennt sich Habermas stillschweigend von den heute geläufigen Konzeptionen der theoretischen Vernunft, die die analytische Philosophie vorgelegt hat. Diese Konzeptionen laufen bei all ihrem Reichtum höchstens auf eine – mit Strawson zu sprechen – deskriptive Metaphysik hinaus, die sich ausdrücklich von den revisionären Metaphysiken abgrenzt. Während die revisionären Metaphysiken ein besseres Begriffsschema zu entwerfen suchen, geben sich deskriptive Metaphysiken damit zufrieden, unser tatsächliches Begriffsschema zu beschreiben. Habermas hingen hält, indem er jene Frage stellt, an dem Anspruch der begrifflichen Revision fest – um dafür freilich den Begriff der Metaphysik fahrenzulassen.[40] An deren Stelle treten die Erwägungen eines pragmatischen Denkens, das Abschlußgedanken über das Erste und Letzte durch Entwürfe ersetzt, die es aus unhintergehbaren Unterstellungen des Sprechhandelns gewinnt. So will Habermas mehr und weniger zugleich als die deskriptive Metaphysik der Sprachanalyse: mehr, insofern die Kraft zur Revision bewahrt werden soll; weniger, insofern der Pragmatismus die Metaphysik ersetzt.

In diesem Zuge lassen sich vier pragmatische Unterstellungen der Kommunikation artikulieren. Erstens unterstellt man eine gemeinsame Welt unabhängig existierender Gegenstände.[41] Denn in der Kommunikation will man sich über etwas verständigen; man muß sich folglich in seiner Rede auf etwas beziehen können. Dieses »etwas« sind die Tatsachen einer Welt unabhängig existierender

38 *Jürgen Habermas*, Realismus nach der sprachpragmatischen Wende, in: PT II, S. 316-375, hier: S. 322.

39 *Habermas*, Kommunikatives Handeln und detranszendentalisierte Vernunft, op. cit., S. 148.

40 *Jürgen Habermas*, Metaphysik nach Kant, in: PT V, S. 155-173, hier: S. 160 ff.

41 *Habermas*, Kommunikatives Handeln und detranszendentalisierte Vernunft, op. cit., S. 153 ff.

Gegenstände. Die Bezugnahme der Verständigung führt so zum Weltentwurf. Diese Unterstellung einer Welt unabhängig existierender Gegenstände ist keine bloß regulative Idee. Sie ist konstitutiv für die Bezugnahme auf alles, wovon Tatsachen festgestellt werden können. Aber sie ist zugleich so formal, daß offenbleibt, wie Gegenstände überhaupt begrifflich zu bestimmen seien. Es folgt mithin keine Ontologie aus der pragmatischen Unterstellung. Zudem zieht die Form rationaler Diskurse die Grenze vor der apodiktischen Behauptung, die Welt sei eine Welt unabhängig existierender Gegenstände. Die Behauptung artikuliert nur eine der Unterstellungen, die die Teilnehmer einer Argumentation machen. Für die Idee einer Welt unabhängig existierender Gegenstände gilt sonach dasselbe, was für die Voraussetzungen des Diskurses allgemein gilt: Sie gilt als konstitutive Idee nur für die, die sich faktisch auf die Kommunikation einlassen.

Die zweite Unterstellung besteht darin, allen Teilnehmern des Diskurses Rationalität oder Zurechnungsfähigkeit zuzuschreiben.[42] Zurechnungsfähigkeit heißt: Man kann Gründe für seine Äußerungen und sein Handeln angeben.[43] Eine solche Zurechnungsfähigkeit ist für die Diskursteilnehmer eine Gewißheit. Denn wer die Argumentation auf sich nimmt, der setzt voraus, daß die andern tatsächlich aus Gründen handeln und sprechen; sein Unterfangen würde sonst sinnlos. Die Voraussetzung der Zurechnungsfähigkeit ist somit eine Idealisierung, die konstitutiv ist, um das Spiel der Argumente mitzuspielen, und die Unterstellung von Rationalität wird für die kommunikativen Subjekte gewiß. Der Idee einer Welt unabhängig existierender Gegenstände tritt die Idee rationaler Subjekte an die Seite.

Die dritte Unterstellung besagt, daß kontextüberschreitende Geltungsansprüche, die im Zuge der Argumentation erhoben werden, unbedingte Ansprüche seien.[44] Diese Unterstellung der Unbedingtheit läuft auf einen Totalitätsbegriff hinaus. Die Ansprüche sollen ja sämtliche Bedingungen von Kontexten übersteigen. Sie nehmen sonach eine Totalität in den Blick, über die sich zu erstrekken sie beanspruchen. Die Totalität, die hier unterstellt wird, ist aber nicht der Gesamtzusammenhang einer objektiven Welt. Eine

42 Ibidem, S. 150.

43 Ibidem, S. 160.

44 Ibidem, S. 150.

solche Unterstellung wäre ungerechtfertigt, da sie aus der Pragmatik des Diskurses eine Ontologie gewinnen wollte. Die Unterstellung der Unbedingtheit kontextüberschreitender Geltungsansprüche richtet sich statt dessen auf die Totalität der sozialen Welt. Diese wird unter der Idee einer möglichst inklusiven Argumentationspraxis begriffen.[45] Die Idee einer inklusiven Argumentation entgrenzt die tatsächlichen Formen der Verständigung räumlich, zeitlich und sachlich. Hierin liegt die Unbedingtheit jener Geltungsansprüche: Sie übersteigen die Schranken der aktualen Gesellschaft.

Die vierte und letzte Unterstellung schließlich betrifft die kommunikative Vernunft selbst. Sie wird als oberster Gerichtshof begriffen, der die Dezentrierung der einzelnen Perspektiven erzwingt.[46] Zu der Idee einer Totalität der Kommunikationsgemeinschaft gesellt sich so die Idee einer Vernunft, die diese Totalität regelt. Auch diese Unterstellung ist mehr als eine regulative Idee. Sie bewirkt vielmehr ein bestimmtes Verhalten der Diskursteilnehmer, die sich unter dem Gericht des besseren Argumentes wissen, und besitzt demnach operative Kraft.[47] Zugleich aber bleibt sie ein pragmatischer Entwurf aus den Vollzügen der Argumentation heraus, ohne auf weitergehende Geltung Anspruch zu erheben.

Zusammengenommen haben die vier Unterstellungen zur Folge, daß die Verständigung rationaler Subjekte über eine Welt unabhängig existierender Gegenstände einerseits auf intersubjektive Anerkennung hin angelegt ist, um überhaupt wirksam zu sein, daß sie aber anderseits über alles faktische Einverständnis auf die gedachte Totalität der argumentativen Praxis unter dem Gerichtshof der kommunikativen Vernunft hinausweist. Die vier Unterstellungen münden mithin in die »steile Idealisierung«,[48] daß alle relevanten Gründe zum Zuge kommen.

Wie also behält die situierte Vernunft die revisionäre Kraft zur Veränderung der Weltwahrnehmung? Habermas' Antwort lautet nach alledem: Indem sie sich auf ihre pragmatischen Unterstellungen besinnt, diese artikuliert und aus ihnen die vier Ideen einer Welt, rationaler Subjekte, der Totalität des Sozialen und des Zwangs zur Dezentrierung gewinnt. Diese vier Ideen revidieren unser Begriffs-

45 Ibidem, S. 170f.
46 Ibidem, S. 150.
47 Ibidem, S. 178.
48 Ibidem, S. 207.

schema. Sie beschreiben nicht nur die Kategorien und Begriffe, mit denen wir arbeiten, sondern bilden Fluchtpunkte, auf die wir unsere Kategorien und Begriffe auszurichten haben, sofern wir die Teilnehmer einer Kommunikation sind. Der revisionäre Pragmatismus, den Habermas vorschlägt, ist dabei »kantisch« insofern, als er mit seinen vier Unterstellungen das vierfache Erbe Kants antritt.[49] Denn die erste Unterstellung ist die detranszendentalisierte kosmologische Idee; von ihr ist nunmehr der formale Gedanke einer Welt unabhängig existierender Gegenstände übriggeblieben. Die zweite Unterstellung ist die detranszendentalisierte Idee der Freiheit; von ihr ist der Gedanke der Zurechenbarkeit im Raum der Gründe geblieben. Die dritte Unterstellung ist die detranszendentalisierte Bewegung der Vernunft auf ein Unbedingtes hin; sie hat sich in die Idee einer inklusiven sozialen Welt verwandelt. Und die vierte Unterstellung ist die detranszendentalisierte Idee der Vernunft als des Vermögens der Prinzipien; sie wurde zu dem Gerichtshof der kommunikativen Vernunft, der den zwanglosen Zwang des besseren Arguments ausübt. In diesem Sinn verändert das Paradigma der Kommunikation die theoretische Philosophie in die Form eines kantischen Pragmatismus.

VIII

Habermas geht indessen noch weiter. Er denkt über eine Form der »Transzendentalphilosophie nach dem Pragmatismus« nach.[50] Sie besteht darin, die Bedingungen zu rekonstruieren, unter denen etwas zum Objekt werden kann. Die formale Unterstellung einer Welt unabhängig existierender Gegenstände wird so in eine Theorie der Gegenständlichkeit überführt – freilich weiterhin ohne ontologische Ansprüche. Dieser Ansprüche enthält sich Habermas dadurch, daß er die fraglichen Bedingungen für Gegenstände als Bedingungen von alternativlosen Praktiken versteht. Es geht also um eine Artikulation dessen, was die Subjekte zu jenen Praktiken befähigt. Solche Artikulationen benennen die Bedingungen für Gegenständlichkeit in Analogie zur Analyse des transzendentalen Bewußtseins. Wie Kant durch die Untersuchung der Urteilsformen

49 Ibidem, S. 151.

50 *Habermas*, Realismus nach der sprachpragmatischen Wende, op. cit., S. 324 ff.

die Kategorien des Denkens herzuleiten und sie dann als die Bedingungen der Gegenstände aufzuweisen suchte, so sucht Habermas durch die Artikulation der Argumentationsbedingungen die Bedingungen dessen darzulegen, was der kommunikativen Vernunft ein Gegenstand zu sein vermag. Daraus folgt, daß die Erkenntnis von Gegenständen nicht in dem notwendigen Sinn »Objektivität« besitzt wie bei Kant, sondern auf die Alltagspraxis der Kommunikation eingeschränkt ist, und es folgt weiter, daß die transzendentalen Bedingungen für einen epistemischen Zugang zur Welt selber in der Welt sind.[51] Die Transzendentalphilosophie nach dem Pragmatismus ist also keine Prinzipientheorie, sondern eine Artikulation von Praktiken, die es ermöglicht, darzulegen, was in solchen Praktiken ein Gegenstand heißen darf.

Der Kerngedanke dieser eigentümlichen Form der Transzendentalphilosophie besteht in einem »schwachen Naturalismus«.[52] Er begreift die Wirklichkeit als eine Beschränkung der kommunikativen Alltagspraxis, an der diese sich abarbeite. In Problemlösungen und Lernprozessen mache sich die Wirklichkeit bemerkbar. Diese Lernprozesse werden so verstanden, daß sie vorgängige Lernprozesse fortsetzten. Die Strukturen, in denen unsere Lernprozesse stattfinden und in denen folglich Wirklichkeit sich bemerkbar macht, sind somit selber Ergebnisse von Lernprozessen.

Die lebensweltliche Perspektive der Kommunikationsteilnehmer und der Entwurf einer Welt unabhängig existierender Objekte verschränken sich in diesem Gedanken ineinander. Die Lebenswelt wird, als das Ergebnis von Lernprozessen, in die Kontinuität der objektiven Welt gestellt. Zugleich bleibt dieser Naturalismus ebenso »schwach« wie zuvor die Transzendentalphilosophie, da es sich weiterhin um Entwürfe aus dem pragmatischen Argumentationsprozeß handelt. Und dieser hat zu seinem Fluchtpunkt das Paradigma der Kommunikation, in dessen Zeichen der schwache Naturalismus entworfen wird. Die schwache Transzendentalphilosophie und der schwache Naturalismus sind kommunikationstheoretische Derivate.

51 Ibidem, S. 334.
52 Ibidem, S. 345 ff.

Das Diskursprinzip hat hiermit seine Reichweite geltend gemacht. Es bietet den Maßstab des Handelns, den es normativ zu rechtfertigen gilt, und die implizite Regel der Lebenswelt, die man deskriptiv darlegen kann. Aus den pragmatischen Unterstellungen, die mit ihm verbunden sind, entspringen sodann die theoretischen Entwürfe einer gegenständlichen Welt. Lebenswelt und Handlungsmaßstab laufen endlich in der Volkssouveränität als Verfahren zusammen. Sie legitimiert die kommunikative Gestaltung der Lebenswelt und bewirkt sie. Die Volkssouveränität als Verfahren, die Lebenswelt und Handlungsmaßstab ineinander fügt, ist somit normativ und faktisch zugleich.

In diesem Zugleich von Faktizität und Geltung aber besteht die kommunikative Macht. Die Begriffe »Diskursprinzip« oder »kommunikative Vernunft« sind insofern zweideutig, als sie es offenlassen, inwieweit die Normativität der Grundlegung (Prinzip) oder des Begründens (Vernunft) mit der Faktizität der Handlungsmotivation einhergehen. Habermas meint freilich stets beides. Das Diskursprinzip ist nie nur geltende Norm; es ist stets auch wirkender Fakt. Seine pragmatischen Unterstellungen sollen ja gesellschaftliche Tatsachen darstellen.[53] Und Habermas' Bemühungen um die entgegenkommenden Lebenswelten, die Betonungen der konstitutiven Funktion diskursiver Idealisierungen, schließlich die Verkörperung der Kommunikation in der politischen Gewalt des Volkes zeigen, daß die geltende Norm selber als Beweggrund im Faktischen verstanden wird. Anders als Kants Faktum der Vernunft freilich, in dem auch Maximenprüfung – also Geltung – und Handlungsbewirkung – also eine besondere Form von Faktizität – zusammenfallen, bildet das Zugleich von Faktizität und Geltung im Diskursprinzip jedoch keine innere Angelegenheit des Subjektes. Es betrifft vielmehr dessen äußere Lebenswelt, die eine Welt vieler Subjekte ist, die miteinander kommunizieren. Die Handlungsbewirkung stellt daher eine Sache des menschlichen Miteinanders dar. Deren Kommunikation bringt den Einzelnen dazu, auf eine bestimmte Weise zu handeln: aus rationalen Gründen, deren ideale Akzeptabilität sich im Diskurs bewährt hat. Darum übt die Kommunika-

53 Dazu *Andreas Koller*, op. cit., S. 339.

tion Macht über die Einzelnen aus, und darum ist der eindeutigste Name des Diskursprinzips der Name, den Habermas für die Volkssouveränität gebraucht: kommunikative Macht.[54]

Die Idee der kommunikativen Macht ist mithin die Idee, die den Fluchtpunkt des Paradigmas der Kommunikation bildet. In ihrem Zeichen stehen alle anderen Ideen, die praktischen ebenso wie die theoretischen. Sie leitet jene »Transzendenz von innen« an, die von den bestehenden Lebenswelten zu solchen fortführt, die die implizite Regel der Kommunikation zu ihrer ausdrücklichen Gestalt haben, und sie bildet den Fixpunkt der Entwürfe einer Welt unabhängiger Gegenstände, rationaler Subjekte, einer Totalität der sozialen Welt und eines Gerichtshofes der kommunikativen Vernunft, die mit dem zwanglosen Zwang des besseren Argumentes unser Dasein regiert. Die Idee der kommunikativen Macht stellt somit in der Tat die Idee des Guten dar, um derentwillen das Denken von Jürgen Habermas sich gestaltet. Sie orientiert es, und sie soll durchgesetzt werden in einer immer größeren Einbeziehung des Anderen. Habermas' Denken aber erweist sich sonach als jene politische Philosophie, von der eingangs die Rede war. Es steht im Kampf um das Gute, das es als kommunikative Macht versteht. Von diesem Guten her gewinnt es seine Begriffe bis in das theoretische Denken hinein; dieses Gute ist folglich das Licht, in dem alles andere aufscheint und seinen Sinn gewinnt.

X

Die Reflexion der Politik, die Habermas vollzieht, tritt damit zutage. Die politische Arbeit an der und aus der kommunikativen Macht artikuliert sich als die Grundnorm des Handelns und Erkennens. Die Einbeziehung des Anderen in die Praxis der Argumentation, deren politische Legitimation und die Kritik an andersartigen, nicht-diskursiven Lebensformen sind das, was diese Lehre zu begründen und durchzusetzen sucht. Die politische Philosophie aber hatte sich eingangs als eine doppelte Reflexion gezeigt: als die Reflexion der Politik und als die Reflexion der Philosophie. Die

54 *Jürgen Habermas*, Hermeneutische und analytische Philosophie. Zwei komplementäre Spielarten der linguistischen Wende, in: PT II, S. 29-69, hier: S. 59 ff.

erste Reflexion – die Reflexion der Politik – ist nun in ihrer ganzen Breite deutlich geworden. Was aber ist mit der zweiten Reflexion, der Reflexion der Philosophie? Anders gefragt: Wie begreift sich eine Philosophie, die sich als eine Gestalt der Durchsetzung kommunikativer Vernunft weiß?

Die Antwort lautet: Sie begreift sich als Platzhalterin und Interpretin.[55] Mit Recht wurde festgestellt, daß der kleine Text mit dem Titel »Die Philosophie als Platzhalter und Interpret« einen Schlüssel zum gesamten Werk darstellt.[56] Vor dem Hintergrund unserer Überlegungen können wir ergänzen: Er ist der Schlüssel zu einer der beiden Seiten der Reflexion, von der alle politische Philosophie lebt. Der Text leistet die Selbstreflexion der Philosophie als einer Gestalt des Politischen. Wieder ist die Bezugnahme auf und die Abgrenzung von Kant leitend. Kants fundamentalistische Erkenntnistheorie – so Habermas – habe die Philosophie als Platzanweiser für die Wissenschaften verstanden, und sein ahistorisches Begriffssystem habe sie zu der Richterin über Wissenschaft, Moral und Kunst erhoben. Hiergegen sei die Vernunft lebensweltlich zu situieren und von dem Anspruch der Prinzipienableitung abzusehen. An deren Stelle tritt bei Habermas die Vergewisserung, daß bestimmte, immer schon vollzogene Operationen – nämlich die Unterstellungen der Argumentationspraxis – unersetzbar seien. Über solche Vergewisserung kann die Philosophie zwei neue Aufgaben erfüllen: Von der Platzanweiserin wird sie zur Platzhalterin, und von der Richterin über Wissenschaft, Moral und Kunst wird sie zu deren vermittelnder Interpretin.[57] Das Letztgenannte bedeutet: Indem die Philosophie die ausdifferenzierten Rationalitäten interpretiert, vermag sie sie aus deren Einkapselung in ihre jeweilige Sphäre herauszuholen. Die Interpretation der ausdifferenzierten Rationalitäten läßt sich auf jede Einzelrationalität ein. Dadurch kann sie sie zueinander in Beziehung setzen. Die Philosophie behält als Interpretin somit ihren Bezug zur Totalität: nicht als Richterin über das Ganze, sondern als vermittelnde Kraft. Dadurch wiederum wird sie zu jenem Platzhalter für Theorien mit universalistischen Ansprü-

55 *Jürgen Habermas*, Die Philosophie als Platzhalter und Interpret, in: PT V, S. 58-80, hier: s. 58 ff.

56 Dazu *Hauke Brunkhorst*, Platzhalter und Interpret, in: *ders.* u. a. (Hrsg.), op. cit., S. 214-220, hier: S. 215.

57 *Habermas*, op. cit., S. 78 f.

chen, der ihre alte Rolle als Platzanweiserin ersetzt. Die Einzelwissenschaften nehmen immer wieder Anlauf zu solchen Ansprüchen. Doch die ausdifferenzierte Rationalität widerstreitet dem Zugriff aufs Ganze. Die vermittelnde Philosophie aber vermag – zwar nicht das Ganze wiederherzustellen, doch – den leeren Platz der Theorie des Ganzen einzunehmen. Wissend, daß auch sie nicht den Abschlußgedanken denkt, auf den die universalistischen Ansprüche auszugreifen suchen, kann sie die Stelle dieses Gedankens besetzen und offenhalten, indem sie die immerwährende Vermittlung der besonderen Rationalitäten vollzieht.

In dieser doppelten Rolle erweist sich die Philosophie als ein »nachmetaphysisches Denken«.[58] Anstelle des Abschlußgedankens treten die Rationalität von Verfahren, die Endlichkeit des Denkens und der lebensweltliche Hintergrund. Es gibt keine All-Einheit des Ganzen, sondern nur die Verfahren der rationalen Vermittlung endlicher Größen. Sie erfolgen im Kontext der Lebenswelt mit dem Bewußtsein, daß jede Letztbegründung einem fallibilistischen Denken zu weichen habe. Die Philosophie besitzt mithin keinen privilegierten Zugang zu Einsichten. Sie steht vielmehr unter den Bedingungen von Expertenrationalitäten, die sie miteinander und mit dem Alltagsbewußtsein vermittelt.[59] Die Selbstreflexion der Philosophie läuft hiernach darauf hinaus, sie in die Kommunikation verschiedener Geltungsansprüche hineinzunehmen. Als Platzhalterin und Interpretin stellt die Philosophie nicht nur die Lehre dar, die solche Kommunikation behauptet. Sie ist die Kommunikation auch selber, indem sie die Ansprüche der Rationalitäten in den Prozeß einer Verständigung bringt. Genauer gesagt, ist sie dies in zweifachem Sinn: Sie kommuniziert mit den ausdifferenzierten Rationalitäten, indem sie sie interpretiert; und sie erschafft die Kommunikation der Rationalitäten untereinander, indem sie sie vermittelt. Die Philosophie ist so die Kommunikation, die die Kommunikation befördert. In dem Bewußtsein, daß sie die Verständigung niemals zu einem Abschluß führen wird, vermag sie sich selber als ein vorläufiges Verständigungshandeln zu begreifen, das von den anderen Kommunikationsformen insofern unterschieden ist, als es nicht nur Ansprüche in einem Verständigungsprozeß erhebt, sondern den Verständigungs-

58 *Jürgen Habermas*, Motive nachmetaphysischen Denkens, in: PT V, S. 174-202, hier: S. 174 ff.

59 *Habermas*, Metaphysik nach Kant, op. cit., S. 164.

prozeß selber beansprucht. Damit ist gemeint: Die Philosophie fordert, als Platzhalterin und Interpretin, die einzelnen Rationalitäten auf, an der Kommunikation teilzunehmen und in ihr ihre Ansprüche darzulegen. Sie erhebt folglich den Anspruch, daß alle Formen des Denkens ihre Ansprüche in den Diskurs einbringen mögen. Anders gesagt: Sie vollzieht sich in dem kommunikativen Anspruch, man möge kommunizieren.

Das also ist der Begriff der Philosophie, die im Zeichen der kommunikativen Macht steht: Sie wird zu dem Vollzug und zu dem Motor der »Produktivkraft Kommunikation«,[60] die sich auf sich selber wendet, indem sie sich selber produziert. Die besondere Idee des Guten, das kein substantielles Gutes ist, sondern die Idee eines wirkenden Verfahrens – Habermas selbst spricht daher nie vom Guten, nur vom Gerechten, das der Entsubstantialiserung besser entspreche[61] –, dringt hier so tief in das Denken ein, daß die Philosophie sich ganz als kommunikative Macht begreift. Sie vermittelt die Geltungsansprüche der Rationalitäten so, daß sie in die Kommunikation miteinander überhaupt erst eintreten, und erfolgt somit ebenso aus kommunikativer Macht, wie sie, der Raum der kommunikativen Vermittlung von Rationalitäten, solche Macht darstellt. Die Philosophie nach Habermas dient nicht nur ihrer Idee des Guten; sie ist diese selbst.

XI

In dieser Gleichsetzung ist das Denken des Jürgen Habermas zu sich selbst gekommen. Nicht allein streitet es für eine bestimmte Idee des Guten; es weiß sich selber als diese Idee und streitet mithin für sich selbst. Damit hat jene Gleichsetzung das Geheimnis dieser politischen Philosophie preisgegeben. Es lautet: Die politische Philosophie im Zeichen der kommunikativen Macht ist selber kommunikative Macht, vollzieht sich als kommunikative Macht und sucht sich als kommunikative Macht mehr und mehr durchzusetzen.

60 *Jürgen Habermas*, Konzeptionen der Moderne. Ein Rückblick auf zwei Traditionen, in: PT I, S. 366-399, hier: S. 396.

61 *Habermas*, Sprachtheoretische Grundlegung der Soziologie. Einleitung, op. cit., S. 26.

Hieraus erhellt aber auch, woran die Überzeugungskraft dieses Denkens hängt. Vieles wurde gegen Habermas eingewendet: Er habe die Institutionen vernachlässigt; er habe die Geschichte verdrängt; er habe einen Aspekt menschlichen Sprechens verabsolutiert; überhaupt habe er Sprache an die Stelle von Praxis gesetzt; und anderes mehr. An den meisten Einwänden ist etwas dran. Doch handelt es sich stets um Einwände gegen die äußere Erscheinung seines Denkens. Sie konnten darum auch immer wieder von Habermas in neue Umformulierungen seines Grundgedankens, mit größerem oder kleinerem Erfolg, eingebaut werden. Der Grundgedanke selber blieb indessen meist unberührt. Das liegt auch daran, daß Habermas ihn nicht artikuliert. An seine Stelle tritt, wie gesehen, eine Reihe von anderen Begriffen. Sie verstekken den eigentlich leitenden Begriff der kommunikativen Macht. So scheint er in Habermas' Schriften nur eine besondere Frage zu betreffen, die Frage der Volkssouveränität, während er in Wahrheit das Herz bildet, aus dem die gesamte politische Philosophie von Jürgen Habermas lebt: weil sie mit kommunikativer Macht identisch ist. Die Rekonstruktion dieser Philosophie unter der sokratischen Idee des Guten hat die Gleichsetzung zutage treten lassen. Darum freilich hängt auch die Überzeugungskraft jenes Denkens an diesem Begriff. Wir müssen fragen: Ist die Idee des Guten, die Habermas entwirft – ist die Idee der kommunikativen Macht eine begründete Idee?

Die Antwort lautet: Nein. Die Begründung dieser Idee erfolgt auf dieselbe Weise wie die Begründung des Diskursprinzips. Sie ist begründet, weil das Miteinanderhandeln der Diskursteilnehmer sie nicht hintergehen kann, ohne sich performativ zu widersprechen. Die Idee gilt sonach für alle, die an der Argumentationspraxis teilnehmen. Doch hier entstehen zwei Probleme.

Zunächst ist die Idee der kommunikativen Macht die Idee einer sich selber durchsetzenden Macht. Die ihr entgegenkommenden Lebensformen sollen ja mehr und mehr ausgedehnt werden, und das erfolgt durch die kommunikative Macht, die Menschen dazu bringt, gemäß dem Diskursprinzip zu handeln. Diese Durchsetzung der Macht wurde dadurch legitimiert, daß die Legitimation des politischen Handelns, die Volkssouveränität, ebenfalls als kommunikative Macht, nämlich als Verfahren der Verständigung, begriffen wurde. Aber das bedeutet, daß die Ausdehnung der kommunikativen Macht sich durch kommunikative Macht legitimiert. Sie findet ihre Begründung also in der schieren Faktizität ihres Vollzuges. Anders gesagt: Die kommunikative Macht ist »gut«, weil sie sich stets schon geltend macht. Das ist das erste Problem: An die Stelle der Begründung tritt die unausweichliche Überwältigung durch das, was man zu begründen hätte. Das führt zu dem zweiten Problem. Die Geltung der Idee einer kommunikativen Macht folgt, wie gesehen, aus den Voraussetzungen des Diskurses. Aber warum ist der Diskurs »gut«? Die Antwort kann nicht aus den Voraussetzungen des Diskurses folgen, weil dann bereits der Diskurs in Geltung ist. Nun könnte man sagen, die Frage, warum der Diskurs gut sei, lasse sich nur im Diskurs stellen. Daher könne man den Diskurs nicht daraufhin befragen, ob er gut sei: Man könne ja ohnehin nicht aus ihm herausspringen. Doch das ist ein Trugschluß. Denn der Diskurs begreift sich selber als kritisches Gegenbild zum instrumentellen Handeln. Er besitzt also, nach den eigenen Annahmen, eine Alternative, die darin besteht, aus dem Diskurs herauszutreten. Wenn es aber eine Alternative zu ihm gibt, dann kann man auch im Diskurs diese Alternative thematisieren. Und dann läßt sich im Diskurs ohne Widerspruch fragen, weshalb der Diskurs – das Verständigungshandeln – und nicht das instrumentelle Handeln »gut« sei. Anders gesagt: Man kann im Diskurs die Frage stellen, ob es nicht besser wäre, aus dem Diskurs hinauszutreten. Warum aber ist dann der Diskurs »gut«? Diese Frage findet keine Antwort. An ihre Stelle tritt erneut die stete Beschwörung, daß der Diskurs für seine Teilnehmer unhintergehbar sei. Die überwältigende Unausweichlichkeit der Kommunikation verdrängt ihre Begründung.

Die Idee der kommunikativen Macht ist sonach unbegründet. Schlimmer noch: Sie ersetzt ihre Begründung durch die Faktizität ihres Gegenstandes. Weil die kommunikative Macht so unausweichlich sei, wie sie sei, wird sie zum Ziel des Denkens erhoben, an dem alle Begriffe, die praktischen wie die theoretischen, hängen. Habermas glaubt, nach dem Ende eines inhaltlich Guten, das für die Vielfalt der Lebensformen verbindlich sei, könne nur noch die Anerkennung des Verfahrens gefordert werden, das den Diskurs über Normen leitet.[62] Doch die Bedingungen der Verständigung

62 *Habermas*, Zur Architektonik der Diskursdifferenzierung, op. cit., S. 440.

über das Gute sind nicht das Gute. Sie werden es nur faktisch, indem man ihre Unausweichlichkeit behauptet. Die Idee der kommunikativen Macht bildet hierdurch das Surrogat für den Inhalt, dessen Ausrottung sie voraussetzt. Sie löscht die Aufmerksamkeit dafür aus, daß dem Menschen bestimmte Inhalte etwas bedeuten. Nicht der Gehalt einer Auffassung zählt, sondern dessen ideale Akzeptabilität im Prozeß der Kommunikation. Aber der Gehalt einer Auffassung geht nicht in seiner idealen Akzeptabilität auf. Er besteht darin, was er dem Handelnden bedeutet. Dessen Perspektive der ersten Person kann nicht gänzlich in die Perspektive der zweiten Person überführt werden, ohne den Inhalt durch die Funktionalität im Diskurs zu ersetzen. Um Mißverständnisse zu vermeiden: Das ist keine Reformulierung des Formalismusvorwurfes an Kant, auf den Habermas selber ausführlich eingeht.[63] Denn das Verfahren, das Habermas an die Stelle des inhaltlich Guten setzt, ist auf eine ganz andere Weise formal als der kategorische Imperativ Kants, dessen Erbe im Zeitalter der Intersubjektivität es antreten will. Kant bringt den Inhalt der Maximen in eine bestimmte Form. Habermas aber setzt die Form an die Stelle des Inhalts. Es zählt nur die Form der äußeren Verständigung. Und diese Form der äußeren Verständigung – also ein bestimmtes Miteinander der Menschen – macht sich ohne Grund als das Gute geltend, was bei Kant noch der in die richtige Form gebrachte Inhalt war. Gut ist nunmehr die kommunikative Macht und was sie bewirkt.

Der Mensch wird hierdurch zu einer Funktion im Argumentationsprozeß. Er ist bloß ein Schaltglied des Durchlaufs durch den Diskurs, nicht mehr. Die einzigen Inhalte, die dieser Durchlauffunktion so bedeutsam sind, daß sie sie nicht aufgeben kann, sind die Inhalte der Aufrichtigkeit, Zwanglosigkeit, Inklusivität und der kommunikativen Freiheit. Alle dürfen also aufrichtig ihre Meinungen äußern, um dann dem zwanglosen Zwang des besseren Argumentes zu folgen. Was aber ein »besseres Argument«, was »Aufrichtigkeit« in Abgrenzung zur Selbsttäuschung, was »kommunikative Freiheit« in Abgrenzung zum Querulantentum, was »Inklusivität« in Abgrenzung zum »Irgendwer sagt etwas« ist, das kann nicht dargelegt werden, weil es eine Inhaltlichkeit ins Spiel bringt, die das

63 *Jürgen Habermas*, Rationalität der Verständigung. Sprechakttheoretische Erläuterungen zum Begriff der kommunkativen Rationalität, in: PT II, S. 105-145, hier: S. 116 ff.

Verfahren nicht hergibt. So tritt abermals die schiere Faktizität der Kommunikation an die Stelle des Sinns, den man zu kommunizieren wünscht.

Die Unausweichlichkeit von Faktizität, die ihre Begründung verdrängt, ist – nach Adornos Einsicht[64] – das, was den Kern von Ideologie ausmacht. Ideologie besteht hiernach nicht in Priestertrug oder darin, daß ein falsches Bewußtsein sich gegen das richtige Bewußtsein durch Einflußnahme, Propaganda oder Willensbeugung durchsetzte. Ideologie in Adornos Sinne besteht vielmehr darin, daß die Infragestellung eines Inhaltes durch dessen Bestehen ersetzt wird. Etwas ist, und weil es ist, ist es zu Recht. Die Rechtfertigung des Bestehenden wird hier durch das Bestehen selber vollzogen. Anders gesagt: Das Faktum, das sich als solches einhämmert, verdrängt die Frage nach seinem Recht. Ebendas vollzieht das Faktum der kommunikativen Macht. Deren Idee trat als kontrafaktische Unterstellung mit faktischer Wirkung auf. An die Stelle der Begründung des Kontrafaktischen hat sich indessen die Faktizität der Kommunikation geschoben. So verliert die kontrafaktische Unterstellung ihre Eigenart, gegen die Fakten zu stehen, und wird zu der Erscheinungsweise des tatsächlichen Miteinanders der Menschen. Die Lebensformen erhalten den Schein der Kommunikation, da diese nichts anderes für sich aufzuführen vermag als ihre Tatsächlichkeit. Das heißt, das Bestehende im Schein der Kommunikation überwältigt seine Rechtfertigung gerade dadurch, daß ständig suggeriert wird, es gehe doch nur um die diskursive Rechtfertigung unserer Auffassungen. Denn das Arkanum dieser Suggestion liegt darin, den Grund des Rechtfertigungsdiskurses durch seine Tatsächlichkeit zu verdrängen. So steht am Ende der unbegründete totale Austausch von Gründen, dem man sich beugen muß.

XII

Die Frage nach dem Guten führte Sokrates als das »größte Lehrstück« (μέγιστον μάθημα) für die Wächter der Polis ein.[65] Habermas liefert es auf seine Weise. Er verflüssigt die Idee des Guten zur

64 Ibidem, S. 440.

65 Politeia VI, 505 a 2.

Idee kommunikativer Macht, er identifiziert sein eigenes Denken mit dieser Idee, und er setzt die schiere Faktizität dieser Macht an die Stelle ihrer Begründung. Im Blick hierauf wird die Polis bewacht, und die so erzogenen Wächter tun ihr Bestes. Dies Gute, das wie die Sonne alles andere erscheinen läßt, erhellt die Welt des Jürgen Habermas ebenfalls auf seine Weise. Sie gleißt im Glanz der überwältigenden Unausweichlichkeit der Kommunikation. Dieser Glanz verdunkelt die Inhalte, die sich kommunikativ durchsetzen. Welche Inhalte sich in der Lebenswelt durchsetzen, wird vor diesem Hintergrund zuletzt fast gleichgültig, da die einzigen Inhalte, die dem Menschen als Durchlauffunktion des Diskurses geblieben sind, ihrer Bestimmtheit entbehren. Daß sie aber gleichgültig sind, dies prägt sich den Einzelnen als die Faktizität der kommunikativen Macht fortwährend ein, allen unbegründeten Geltungsansprüchen zum Trotz. Sie wissen, daß sie sich dieser Macht beugen müssen, um überhaupt noch als das bestehen zu können, was ihnen der Diskurs übrigläßt: Kommunikationsfunktionen. Zugleich aber bleibt bestehen, daß Habermas' Werk die einzige Philosophie von Weltwirkung ist, die im Deutschland der letzten fünfzig Jahre hervorgebracht wurde. »He is not only Germany's leading philosopher but one of the greatest thinkers of the age«[66] – die Panegyrik des Sekundanten ist wahr. Niemand hat die Tradition der klassischen deutschen Philosophie mit der Sozialforschung, mit dem Pragmatismus, mit der Sprachanalyse, mit der Hermeneutik, mit der Rechtswissenschaft, mit der Politologie, mit der Psychologie, mit der Modernitätsdiagnose so zu verbinden vermocht wie Habermas. Die Reichweite seines Denkens ist ohne Beispiel. Das heißt, daß das Beste, was wir haben, Ideologie ist. Was nun?

66 *Outhwaite*, op. cit., S. 166.

Nachweise

Kritik – Theorie – Krise.
Originalbeitrag.

Die Idee einer kritischen Theorie und die Erfahrung totalitärer Gesellschaften.
Neue Fassung eines Aufsatzes in: *Uta Gerhardt* (Hrsg.), Zeitperspektiven. Studien zu Kultur und Gesellschaft. Beiträge aus der Geschichte, Soziologie, Philosophie und Literaturwissenschaft, Stuttgart 2003, S. 202-231.

Unendliche Vorgeschichte. Die Modernitätsbestimmung der *Dialektik der Aufklärung*.
Stark überarbeitete Fassung eines Aufsatzes in: Zeitschrift für kritische Theorie 7 (1998), S. 41-61.

Kulturindustrie.
Zuerst erschienen in: *Gunnar Hindrichs* (Hrsg.), Max Horkheimer und Theodor W. Adorno: Dialektik der Aufklärung (= Klassiker Auslegen 62), Berlin 2017, S. 61-79.

Scheitern als Rettung. Ästhetische Erfahrung nach Adorno.
Zuerst erschienen in: Deutsche Vierteljahrsschrift für Literaturwissenschaft und Geistesgeschichte 74 (2000), S. 146-175.

Auferstehung des Fleisches. Adornos kritischer Materialismus.
Zuerst erschienen in: *Mario Schärli* und *Marc Nicolas Sommer* (Hrsg.), Das Ärgernis der Philosophie. Metaphysik in Adornos »Negativer Dialektik« (= Collegium Metaphysicum 22), Tübingen 2019, S. 121-144.

Habermas und die neuzeitliche Subjektivität.
Zuerst erschienen in: Allgemeine Zeitschrift für Philosophie 27 (2002), S. 67-82.

Kommunikative Macht.
Zuerst erschienen in: Philosophische Rundschau 56 (2009), S. 274-295.

Namenregister

Georg Wilhelm Friedrich Hegel im Suhrkamp Verlag

stw-Werkausgabe in zwanzig Bänden. Redaktion: Eva Moldenhauer und Karl Markus Michel. Mit einem Registerband. (Die Ausgabe ist text- und seitenidentisch mit der 1969 ff. erschienenen Theorie-Werkausgabe.) 12618 Seiten

Die Bände sind auch einzeln lieferbar

1: Frühe Schriften. stw 601. 637 Seiten

2: Jenaer Schriften. 1801-1807. stw 602. 593 Seiten

3: Phänomenologie des Geistes. stw 603. 599 Seiten

4: Nürnberger und Heidelberger Schriften 1808-1817. stw 604. 623 Seiten

5: Wissenschaft der Logik I. Erster Teil. Die objektive Logik. Erstes Buch. stw 605. 457 Seiten

6: Wissenschaft der Logik II. Erster Teil. Die objektive Logik. Zweites Buch. Zweiter Teil. Die subjektive Logik. stw 606. 575 Seiten

7: Grundlinien der Philosophie des Rechts oder Naturrecht und Staatswissenschaft im Grundrisse. Mit Hegels eigenhändigen Notizen und den mündlichen Zusätzen. stw 607. 531 Seiten

8: Enzyklopädie der philosophischen Wissenschaften im Grundrisse 1830. Erster Teil. Die Wissenschaft der Logik. Mit den mündlichen Zusätzen. stw 608. 393 Seiten

NF 115/1/6.09

9: Enzyklopädie der philosophischen Wissenschaften im Grundrisse 1830. Zweiter Teil. Die Naturphilosophie. Mit den mündlichen Zusätzen. stw 609. 539 Seiten

10: Enzyklopädie der philosophischen Wissenschaften im Grundrisse 1830. Zweiter Teil. Die Naturphilosophie. Dritter Teil. Die Philosophie des Geistes. Mit den mündlichen Zusätzen. stw 610. 432 Seiten

11: Berliner Schriften 1818-1831. stw 611. 432 Seiten

12: Vorlesungen über die Philosophie der Geschichte. stw 612. 568 Seiten

13: Vorlesungen über die Ästhetik I. stw 613. 546 Seiten

14: Vorlesungen über die Ästhetik II. stw 614. 462 Seiten

15: Vorlesungen über die Ästhetik III. stw 615. 578 Seiten

16: Vorlesungen über die Philosophie der Religion I. stw 616. 442 Seiten

17: Vorlesungen über die Philosophie der Religion II. Vorlesungen über die Beweise vom Dasein Gottes. stw 617. 540 Seiten

18: Vorlesungen über die Geschichte der Philosophie I. stw 618. 560 Seiten

19: Vorlesungen über die Geschichte der Philosophie II. stw 619. 600 Seiten

20: Vorlesungen über die Geschichte der Philosophie III. stw 620. 566 Seiten

NF 115/2/6.09

Einzelausgaben

Die Philosophie der Kunst. Vorlesung von 1826. Herausgegeben von Annemarie Gethmann-Siefert, Jeong-Im Kwon und Karsten Berr. stw 1722. 297 Seiten

Die Philosophie des Rechts. Vorlesung von 1821/22. Herausgegeben von Hansgeorg Hoppe. stw 1721. 237 Seiten

Zu Georg Wilhelm Friedrich Hegel *Eine Auswahl*

Materialien zu Hegels ›Phänomenologie des Geistes‹. Herausgegeben von Hans Friedrich Fulda und Dieter Henrich. stw 9. 445 Seiten

Materialien zu Hegels Rechtsphilosophie. Herausgegeben von Manfred Riedel. Band 1. stw 88. 437 Seiten

Der Weg zum System. Materialien zum jungen Hegel. Herausgegeben von Christoph Jamme und Helmut Schneider. stw 763. 307 Seiten

Herbert Schnädelbach (Hg.). Hegels Philosophie – Kommentare zu den Hauptwerken. Drei Bände.
stw 1475-1477. 1500 Seiten

- Band 1: Ludwig Siep, der Weg der »Phänomenologie des Geistes«. stw 1475 384 Seiten
- Band 2: Herbert Schnädelbach, Hegels praktische Philosophie. stw 1476. 400 Seiten
- Band 3: Hegels »Enzyklopädie der philosophischen Wissenschaften« (1830). Von Hermann Drüe, Annemarie Gethmann-Siefert, Christa Hackenesch, Walter Jaeschke, Wolfgang Neuser und Herbert Schnädelbach. stw 1477. 568 Seiten

NF 115/3/6.09